DROEMER ✪

Christian Schüle

Heimat

Ein Phantomschmerz

Besuchen Sie uns im Internet:
www.droemer.de

© 2017 Droemer Verlag
Ein Imprint der Verlagsgruppe
Droemer Knaur GmbH & Co. KG, München
Alle Rechte vorbehalten. Das Werk darf – auch teilweise – nur mit
Genehmigung des Verlags wiedergegeben werden.
Lektorat: Nadine Lipp
Covergestaltung: Jorge Schmidt, München
Coverabbildung: © AKG-Images
Satz: Adobe InDesign im Verlag
Druck und Bindung: CPI books GmbH, Leck
ISBN 978-3-426-27712-6

2 4 5 3 1

Inhalt

Auf einmal jedoch, entgegen meiner inneren literarischen Absicht, ruft der schwarze Hintergrund des Himmels im Süden dank einer wahren oder auch falschen Erinnerung einen anderen Himmel in mir wach, den ich vielleicht in einem anderen Leben erblickt habe, hoch im Norden, mit einem kleineren Fluss, mit traurigem Schilf und ohne jede Stadt. Ohne dass ich wüsste, wie, treibt mir eine Landschaft für Wildenten durch die Phantasie, und mit der Klarheit eines sonderbaren Traumes fühle ich mich dieser imaginären Landschaft ganz nahe.

Fernando Pessoa,
Buch der Unruhe, Fragment 51

I
Konstruktion der Heimat.
Sehnsucht und Sicherheit

Magie der Kirchturmglocken

Als stünde ich wieder am Ufer des Sees. Als sähe ich vor mir die Zinnen und Recken, die Grate und Täler, als fühlte ich die Erhabenheit und Grandezza der Alpen. Als röche ich die Erde, den Boden, den Atem der Algen. Als zögen Nebelschwaden übers Seewasser. Als spürte ich die Fülle des Wohllauts in der Stille des Moments.

Und weiter. Als täte man all das wieder und aufs Neue. Als wiederholte sich die Wiederholung der Wiederholung. Als übersetzte sich Vergangenes in Gegenwart, um gegenwärtig vergangen zu sein. Als riefe etwas: Komm heim! Zwei-, vier-, siebenmal. Nicht um Stunden geht es, nicht um die Uhr. Es geht nicht um die Verabredung einer zählbaren Einheit. Es geht um eine andere Zeit, um die Nicht-Zeit.

Die Kirchturmglocken schlagen, ihr Klang liegt überm Land. Jenes Land, jenes *eine,* so fern, so weit von diesem Landstrich entfernt, gerade nun, da die Lider herabfallen, mitten in Tokio oder New York oder Rosenheim oder Husum, einerlei, just hier und jetzt ersteht jenes von Kirchturmglockenschlägen eingeläutete, durch Alpen und See choreografierte Land der eigenen Kindheit innerlich auf. Die Grenze zwischen zwischen Individuum und Welt löst sich auf, als verschmelze man mit jenem in diesem Moment gar nicht vorhandenen Land. Unter tausend Kirchturmglockenschlägen würde man jetzt *seine* Glocke heraushören. Das gemähte Gras *seines* Nachbarn riechen. Das Land erinnern, als sei es *sein* mit einzigartiger Luft gefüllter Lebensraum.

Die Bindung an den Ort des eigenen Ursprungs – der ebenso gut die Plattenbausiedlung einer Metropole, die

Straßenschlucht einer Großstadt oder die Leere einer Mark sein kann – ist mehr als ein Glaube, mehr als Rückbindung, mehr als persönliche Religion. Mit dem Klang *meiner* Glocke aus *meinem* Raum breiten sich dessen Umstände in mir aus. Ich spüre die Verwurzelung meines Körpers in einem bestimmten Boden, und der Kirchturmglockenklang korrespondiert mit einem Gefühl, das diebstahlsicher im Archiv des eigenen ICHs verwahrt ist.

Als wäre es die Grundmelodie meiner selbst. Als reproduzierte das Gehirn stets aufs Neue ein übersinnliches Sein im profanen Dasein, das längst vergangen scheint in einem Leben, das, wie jedes Leben, immer am Vergehen ist. Als reduzierte es dieses Leben, das viele Jahrzehnte fern dieses Orts vonstattenging, auf einen einzigen akustischen Reiz. Als holte es den Ort, das Land und Leben hervor und speiste es in den Strom der Gegenwart ein. Eingeschrieben hat sich ein Bild, das man nie wieder verlieren wird, und die Frage ist von nun an, ob der Mensch direkt oder indirekt sein Leben lang nach dessen Spuren sucht. Wohin der Weg auch führt, das Bild ist immer schon da. Als wäre das Leben die Erinnerung an es selbst.

Und dann reist man im Geiste zurück, kehrt heim, geht wieder die Wege seiner Kindheit, und es offenbart sich etwas Unerklärliches: Vertrautheit, Vertrauen, Frieden, während in der anderen, der realen Welt die Menschen sich zerfetzen, zerstören, vergewaltigen, vernichten. Dieses Gefühl der Zerrissenheit in Herkunft und Dasein, in Nicht-Ort und Ort, bleibt, solange das eigene Leben sich an den Kirchturmglockenschlag erinnern lässt. Man kann es Geborgenheit nennen. Man könnte dazu Heimat sagen.

Die Gretchenfrage der Epoche

Heimat schmerzt, wenn man sie verloren hat. Heimat schmerzt, wenn man sie aufgeben muss. Heimat schmerzt, wenn man ihr wahllos ausgesetzt ist. Heimat schmerzt, weil sie womöglich eine Chimäre ist, weil es Heimat vielleicht gar nicht wirklich gibt, obwohl jeder eine eigene zu haben glaubt. Der Zusammenhang zwischen Heimat, Herkunft und Identität betrifft jeden, weil jeder für seine Identität Heimat und Herkunft braucht und einen Staat dafür nicht nötig hat. Jeder wurzelt in einem Boden. Jeder bezieht sich auf eine Gruppe. Jeder kommt aus einer Familie. Jeder lebt in einem Umfeld, ist auf Sicherheit und Vertrauen angewiesen. So ist der Mensch. Nicht alle haben eine explizite Heimat, obwohl alle eine explizite Herkunft haben (und nicht immer ergibt heimatliche Herkunft zugleich eine abrufbare Identität, wenn Identität überhaupt etwas abrufbar zur Verfügung Stehendes ist). Kaum etwas eignet dem mit Fantasie- und Vertrauensfähigkeit begabten Individuum mehr, als sich Heimat zu erträumen und sich am Phantomschmerz ihrer Abwesenheit wahlweise zu erfreuen oder darüber zu verzweifeln.

Jahrzehntelang war »Heimat« in Deutschland ein kontaminierter Begriff mit dem Geschmack von Blut-und-Boden-Bitterkeit und dem Geruch von Rassenreinheit. Heimat war verdorben, das Denken an Heimat vergiftet, eine schwärende Wunde; jedes Ansinnen von Heimatverklärung unterlag dem Verdacht auf schwiemeligen Revisionismus. Der Gestank alles Heimatlichen war einer der nachhaltigen Siege der völkischen Blut-und-Boden-Apologeten, die Volk und Rasse topografisch radikalisierten, geografisch definierten und das Nationale mit dem Sozialistischen unheilvoll vermählten. Die Gleichsetzung von Heimat mit Ausgrenzung, Folter, Mord, Totschlag, mit Verwesung, Vernichtung und Vertreibung ist das nicht vergehende und vermutlich unvergängliche Wahnsinns-Werk des Dritten Reichs.

Und heute, hier und jetzt? Die Jahre 2015 und 2016 haben die durch ihre beständige Globalisierung aufgeblähte und ins Unermessliche vergrößerte Welt auf eine existenzielle Monade reduziert, indem sie den Bürgern Deutschlands und der Europäischen Union eine denkbar schlichte Frage vor Augen geführt hat: Wie hältst du's mit der Heimat? Direkt oder als Teilnehmer einer demoskopischen Stilübung wurde niemand gefragt, aber die plötzliche Ankunft millionenfach Geflüchteter auf deutschem (wie europäischem) Boden warf und wirft in Gestalt jedes einzelnen dieser Fremden die Frage nach dem Eigenen auf, nach Wert und Konstruktion dessen, was der Sprachgebrauch als »Heimat« kennt. Mit dem Fremden kommt – jenseits kultureller oder politischer Wertung gesprochen – das Unheimliche ins Heimelige. Das Fremde definiert sich durch seine Un-Heimlichkeit: Durch die Absenz von Heim und Haus, durch den Mangel an oder den Verlust von Heimlichkeit, die ja nichts anderes ist als anheimelnde Geborgenheit einer friedsamen Gemeinschaft.

Die Frage nach der Bestimmung von Heimat ist eine der schwierigsten, obwohl sie so leicht zu beantworten scheint. Wer das Verhältnis zur Heimat erfragt, thematisiert immer einen Sachverhalt, der logisch und rational nicht erklärbar ist. Heimat lässt sich begrifflich nicht erschöpfend fassen und nur durch ein aufgespürtes Gefühl behaupten. Man könnte nicht sagen: Dies oder jenes ist exakt das, was meine Heimat ist. Das Nachdenken über unsere ewige Sehnsucht nach Heimat ist also Begehren und Entwurf zugleich. Ein psychologisches, philosophisches, kulturelles, politisches

Konzept aus Erinnerung, Wahrnehmung, Ich-Bewusstsein, Gemeinschaft, Sprache und Sitte.

Im verstaubt klingenden, aus dem Archiv abgelegter Ideen hervorgekramten Wort »Heimat« sind mit einem Mal die drängendsten Probleme unserer Tage kurzgeschlossen: Herkunft, Bleiberecht, Wanderung und vor allem das Streben nach Zugehörigkeit, Schutz und Sicherheit. Im Begriff Heimat verstecken sich Theorien zu Inklusion, Integration und Assimilation und neuerdings wieder der politische Anspruch auf »echtes« Volkstum, »wahre« Kultur, ethnische Homogenität und kollektive Identität. Das Wort »Heimat« ruft nach seiner Verklärung durch Nationalisten und seiner Vergiftung durch Nationalsozialisten zur Entgiftung und Klärung auf. Es erfordert Besinnung und fordert zur Reflexion heraus, weil im Konzept der Heimat Geschichte und Gegenwart nicht immer berechenbar abgemischt sind und niemand die *Qualität* dieser Verbindung vorhersagen kann.

Eine Re-Romantisierung von Heimat und Natur ist dieser Tage ebenso festzustellen wie die nostalgiesatte Verklärung der Boden-Scholle als Frontabschnitt im Kampf der Kulturen. War die Heimattümelei der Deutschen Romantik als Epoche ab 1800 eine trotz aller Poesiebehauptung auch politische Antwort auf den abstrakten Rationalismus, auf die sittliche Verstocktheit, Altersspießigkeit und Neigung der damaligen Ära, allem einen Anfang und ein Ende zuzuordnen, versucht das neo-romantische Denken *unserer* Tage im Zuge der Entgrenzung des Raums durch Globalität und Digitalismus, durch Heimat Halt und Haltung neu zu definieren. Das ist nicht ohne Gefahr für Europa als Lebensraum und Idee.

Die Europäische Gemeinschaft (und heute Europäische Union) war und ist der Versuch, getrennte, benachbarte, einander feindselige Heimatblöcke zu überwinden, eine gemeinsame neue Heimat zu schaffen. Die einseitige Begründung dieser Idee mit Handelsfreiheit rächt sich heute und zwingt zur Erkenntnis, weder emotionale Bindekraft noch ideellen Überbau zu haben. Wohin sind wir mit alldem gekommen? An einen Kristallisationspunkt? Vieles, wenn nicht alles steht auf dem Spiel. Auch wenn Stilisierung und Dramatisierung, die wohlfeil gewordene Rede vom Ende der Welt, die Anrufungen des Luziferischen, all die Präfigurationen des Apokalpytischen und Flakfeuer der Katastrophik, gefährliche Versuche zur Revitalisierung der eigenen Komfortzone sind, werden die Karten offenbar neu gemischt. Ein Spiel ist das freilich nicht mehr; etwas Großes ist in Bewegung gekommen, und alle sind gezwungenermaßen auf der Wanderschaft, durch Außen- wie Innenräume.

»Heimat« ist wieder en vogue und ein Motiv für politische Moden. Nah an der beschworenen Liebe zur Heimat entlang verlief zum Beispiel im Sommer 2016 die Frontlinie des mecklenburg-vorpommerischen Landtagswahlkampfs, als sowohl die SPD als auch die CDU, vor allem aber die AfD mit verschiedenen Assoziationen des Satzes »Für die Heimat« um Zustimmung und Stimmen warben. Ähnlich war dies bei der Neuauflage des Bundespräsidentschaftswahlkampfs in Österreich zu beobachten, in dem sowohl der als rechtspopulistisch bezeichnete FPÖ-Kandidat Norbert Hofer als zu gleichen Teilen auch der ehemalige Grüne Alexander van der Bellen – für den TV-Spot ins alpine Hochland platziert – ein Bundespräsident »für die Heimat« werden wollten. Und zur Landtagswahl in Rheinland-Pfalz im Frühjahr des Jahres sah man in zweiminütigen Wahlfilmchen, wie eine offenbar höchst naturverbundene CDU-Spitzenkandidatin Julia Klöckner mit ihrem Pudel über Wiesen und durch Auen spazierte und, in die Knie gehend, das Hündchen knuddelte, wozu ihre zarte Stimme aus dem Off erzählte: »Menschen brauchen Boden unter den Füßen. Erdung und Verwurzelung, Fortschritt und Tradition schließen sich nicht aus, schon gar nicht bei uns in Rheinland-Pfalz.« Schnitt. Dann saß Klöckner auf einem Traktor und stutzte schließlich Äste der Reben im Weinstock. »So bin ich von zu Hause geprägt, so mache ich Politik.« Die politische Botschaft dieser Inszenierung eigener Verheimatung: Ich will die Einführung eines Landesfamiliengelds. Die Überzeugung der Kandidatin: »Dass Jung und Alt die Generationen zusammenhalten, das ist mir wichtig. Wir brauchen eine Hand, die uns hält, wenn wir ins Leben gehen, und eine, die uns stützt, wenn wir älter werden.« Schnitt. Dann sie im Dienstwagen. »Auf mich können Sie sich verlassen.«

Im vergangenen Herbst schließlich legten Politiker der CSU und der sächsischen CDU gemeinsam ein Papier mit folgender Botschaft vor: Heimatliebe und Patriotismus sind Kraftquellen der Gesellschaft. Vor Jahren hätte man für diesen Satz heftige Häme einzustecken gehabt, nun klingt der Aufruf zur Wiederbelebung einer »Leit- und Rahmenkultur« wie der letzte Sirenengesang jener, die im Lärm der Weltgeschichte unterzugehen drohen, weil die Basslinie der Zivilität durch die Wiedererweckung des Nationalismus und Nationalchauvinismus peu à peu nach unten verschoben wird.

Die in diesem Buch vorliegenden Betrachtungen, Gedankensplitter und Fragmente setzen sich zum Ziel, den Begriff der Heimat auf der Basis seiner Landläufigkeit zeitgemäß zu durchdenken und womöglich neu zu verstehen. Sie streben die Erkundung des Ungefähren mittels des Konkreten an, was ein ambitiöses Unterfangen ist. Nach der Bestimmung von Heimat als Sehnsucht und Gefühl führt der Weg zur

Reproduktion des Heimatbezugs als Erinnerungsleistung des Gehirns. Der Pfad führt fort in den Transzendenzraum der Religion, die den nach Vertrauen suchenden Menschen ebenso beheimatet wie die bloße Natur und die konstruierte Nation, um deren Politik und Mythen es im zweiten Teil des Buches gehen wird. Nationalismus als politisierter Heimatschutz gegen die scheinbare oder empfundene Überfremdung Abertausender Wanderer auf der Flucht vor Tod und Elend führt zur Erörterung des Kampfs um Heimat als Konflikt der Kulturen am Beispiel des Kopftuchs. Kann Herkunft Identität stiften, oder gibt es nur den Plural der Identitäten? Im dritten Teil entfaltet sich schließlich das Spannungsverhältnis zwischen Integration und Identität. Unserer Tage, da eine große Krise der Zivilität festgestellt werden muss, wird Heimat aufgerüstet zum politischen Kampfbegriff, der das Eigene gegen das Schicksal des Fremden verteidigt, ohne dass abschließend geklärt wäre, was das Eigene eigentlich ist. Mit dem Versuch, die Zeichen einer neuen Zeit zu lesen und andere Heimat-Formationen aufzuspüren, sowie mit dem Plädoyer, Heimat als Idee eines neuen Gesellschaftsvertrags zu begreifen, enden diese Untersuchungen eines Phantomschmerzes keineswegs im luftleeren Raum, sondern auf dem bodenharten Grund dessen, was der Fall ist.

Was also könnte Heimat sein? Der lokale Boden, auf dem wir geboren sind? Die Region, aus der wir stammen? Muss von Heimat künftig nicht vielmehr im Plural gesprochen werden? Entstehen dieser Tage nicht zahllose neue Heimaten durch eine in ihrem Ausmaß bislang nicht für möglich gehaltene Wanderschaft des »Fremden«, das uns fremd ist, weil wir nicht mehr wissen, was das Eigene sein soll? Wer gehört wohin? Welchem Raum fühlen wir uns zugehörig?

Verstehen wir unter Heimat notwendig eine territorial definierte Gebietskörperschaft? Oder Menschen, die uns nah sind? Oder eine Familie? Die Sprachgemeinschaft? Die Protestgruppe? Die Sharing-Community? Das Netzwerk? Und was wäre die Basis einer, *unserer* Heimat: Die gemeinsame Ethnie? Die einheitliche Religion? Der Interessenverbund?

Um Heimat zu begreifen, muss man den Begriff vom Verhängnis seiner Assoziationen ebenso freisprechen wie vom Kitsch seiner nostalgiesatten Verklärbarkeit. In jedem Fall ist Heimat eine hochemotionale Angelegenheit: Sie vereint Schmerz und Liebe, Trauer und Pathos, und vielleicht vermag nichts eine Biografie mehr zu prägen als die lebenslange Sehnsucht nach der verschwundenen, aufgegebenen, verlorenen, geraubten, alles in allem: nicht mehr auffindbaren Heimat. Als wäre sie der unverstummbare Resonanzraum eines Kirchturmglockenschlags an einem sich ohne Weiteres von selbst verstehenden Ort. Aber nein, kein Ort versteht sich mehr von selbst. Darin mag die Tragik der späten Moderne liegen – oder die Verheißung einer Welt ohne Grenzen.

Zufall und Wahlfall

Heimat ist der Zu-Fall. Sie fällt uns zu und ist immer schon da. Wir können unsere Heimat nicht verantworten, wie wir auch nichts können für das Faktum unserer Geburt. Der Mensch kann seine primäre Heimat nicht wählen, was er wählt, ist ein Zuhause. Oder eine zweite, dritte, vierte Wahlheimat. Heimat ist Schicksal, wohingegen Wahlheimat das Ergebnis einer Befreiung vom Schicksal der Heimat ist; die gewählte Heimat ist frei vom Verhängnis einer auferlegten

Identitätszuschreibung, Heimat hingegen trägt manchmal schwer an der Unfreiheit einer nicht gehabten Wahl, an diesem Ort in dieser Zeit geboren worden zu sein (lassen wir für einen Moment jene außer Betracht, die kurz nach ihrer Geburt mit den Eltern an einen anderen Ort gezogen sind).

Wenn Heimat wahlfrei unser Selbst begründet, speist sich dieses Selbst aus dem Zugefallensein an einen nicht gewählten Ort, von dem wir, ob wir wollen oder nicht, unser ganzes Leben lang her-kommen und, mehr oder weniger stark, geprägt sein werden. Jede Biografie gründet also in Heimat. Durch die Biografie schreibt der Einzelne sein Leben einem Ort ein. Oder anders: Der Ort schreibt sich dem jeweiligen Menschen ein. Als Geburtsort ist Heimat ein untilgbares Faktum und als Beginn einer Biografie nicht auslöschbar. Der Beginn der eigenen Verortung ist meist physisch, leiblich, materiell; er kann aber genauso psychisch, mental oder virtuell sein.

Alles lässt sich tilgen, nicht aber die Bindung an den Ursprung unserer selbst am Ort der Untilgbarkeit. Die Koordinate des Ursprungs führt Heimat, Herkunft und Raum sehr nahe zu einer möglichen Identität zusammen. Heimat und Herkunft sind subjektiv wahr, denn Heimat ist immer die *eigene*, ist immer *meine:* der Boden, von dem ich komme, die Familie, von der ich abstamme, der Stamm, an dem ich gewachsen bin. Was hier und jetzt bereits feststeht: In der Heimat steckt immer auch ein Machtverhältnis, weil der Zufall Fremdbestimmung bedeutet. Man ist dem Zufall wahllos ausgeliefert und kann ihn durch kein Handeln steuern. Was einem Menschen ohne Wahl zufällt, beherrscht ihn auch. Er kann sich dagegen wehren und sträuben, gewiss, er kann jammern und leiden, aber er wird seine heimatliche Herkunft nie besiegen, selbst wenn er seine Heimat im Rückblick hasst, verachtet oder ignoriert. In letztem Fall hätte er ein Negativverhältnis zur Heimat, die aber auch dann sein Bezugspunkt bleibt. Heimat ist der Herrschaftsraum der Möglichkeit persönlicher Freiheit aus der Unfreiheit ihres Zufalls. Nach Wittgenstein ist die Welt all das, was der Fall ist. Der Zu-Fall der Heimat ist nicht der Fall, aber er steht am Beginn *meiner* Welt.

Die große Rede der sich jeder eindeutigen Erzählung verweigernden Gegenwart ist das Narrativ von der Einheit des Vielen. Das Narrativ ist eine Bekundung, ein Muster beglaubigter Zeichen. Das große Außerhalb meines kleinen Selbst ist zersplittert, die Lebenswelt segmentiert, die Gesellschaft fragmentiert, das Ganze eine Illusion und kein notwendiger Zusammenhang mehr. Netzwerk-Verbände sind flexibler als Totalitäten, Projekte gängiger als Programme. Frei flottieren Zeichen und Bedeutungen, rasen Bits und Bytes, rauschen und funken Teilchen durch den Äther. Für jede Wahrnehmung existiert eine bereits gemachte Erfahrung, für jedes abgerufene Erlebnis gibt es ein Bild. Jedes Bild wiederum ist das Surrogat für ein nicht erlebtes Ereignis. Das Einzige, was einem immerzu bleibt, während alles andere allen anderen gehört, ist die eigene Heimat. Das adelt die jeweilige Heimat zur Einzigartigkeit. Die ureigene Geschichte jedes Individuums ist also die Konstruktion einer Erzählung über die eigene Herkunft. Ich bin der Auto-Ethnograf meiner Herkunft; durch *mich* spricht *meine* Heimat. Oder anders: Ich spreche als Resultat meiner Heimat.

So gut wie alle Wissenschaften vom Menschen – vornehmlich die Cultural Studies, Anthropologie und Geschichtswissenschaft – sind sich einig darin, wie der italienische Literaturwissenschaftler Daniele Giglioli vermerkt hat, dass die Identität eines Menschen in der Erzählung besteht, die ihm aus sich zu machen gelingt. Eine Person ist ihre Geschichte, und Heimat ist das Narrativ dieser Geschichte. Nur in der Schilderung *meiner* Realität erlangt die Geschichte meiner Person Glaubwürdigkeit. Nur über das Narrativ wird Herkunft zur Identität. Nein, genauer gesagt, ist die Identität selbst das Narrativ: Ich bin, was ich von mir erzähle.

Freiheit durch Erinnerung

Die Kirchturmglocken, die Wiese. Die Straße, der Rasen mähende Vater. Der schmatzende Kies, das rote Cabrio, die Propellermaschine überm See, das Mädchen. Plötzlich ist meine Vergangenheit allgemeine Gegenwart. Die Zeit ist aufgehoben, der Raum verlassen. Ich bin jetzt der Gegenwärtige, durch den die Vergangenheit hindurchtönt. Ich gehe an einer gerade gemähten Wiese vorbei, da springt, blitzlichtartig, das Bild auf und friert vier, fünf Sekunden ein. Entgegen meiner Absicht und wider Willen sehe ich mich auf der Wiese vor dem Haus, als wären 30 Lebensjahre getilgt. Ich höre eine Propellermaschine, obwohl keine am Himmel ist. Ich rieche den See, obwohl in diesem Augenblick keiner vorhanden ist. Ich sehe die Berge und höre die Kirchturmglocke schlagen und warte auf das Auto des Vaters. Dann springt etwas wie auf einen anderen Vorführapparat über, und plötzlich ist das Mädchen zu sehen, das am Geländer einer Terrasse lehnt und über den großen Garten blickt. Grillen sind zu hören, obwohl in diesem Augenblick keine vernehmbar sind. Ich höre das Schmatzen des Kieses, auf dem ein roter Golf einfährt, und die Glocken schlagen vier- und drei- oder sechsmal. Im Hintergrund erhebt sich die alpine Landschaft, obwohl in diesem Moment nichts außer Stadt, Straßen und Häusern zu sehen ist.

Erinnerung ist nicht gleichzusetzen mit Gedächtnis, obwohl sie sich von Gedächtnis nicht trennen lässt. Das Gedächtnis wiederum lässt sich von Geist und jener von Gehirn nicht trennen. Erinnern ist ein Vorgang, Gedächtnis ein Lager. Erinnern ist die Plünderung des Gedächtnisses als Tätigkeit des Geistes mithilfe des Gehirns. Manchmal ist es ja so, dass man nicht umhinkommt zu sagen: Das Gehirn weiß mehr als man selbst. Erinnerungen können einem unwillkürlich passieren und willkürlich evoziert werden. Der Erinnernde ist wie ein Wanderer, der die Landschaft seiner eigenen biografischen Welt durchmisst, für andere unverständlich, nicht mitteilbar. In der Erinnerung vollzieht sich etwas Unerklärliches: Sie ist der einzige Mechanismus, mit dem die Naturgesetze überlistet werden können. Der Erinnernde verlässt den gegenwärtigen Raum und die gegenwärtige Zeit mitten im Raum der Gegenwart und in der aktuellen Zeit und flieht im Geiste zurück zum Ort seiner Heimat. Es ist einer der rätselhaftesten Momente, da den Menschen die affektiv besetzte Sinnesempfindung erneut überwältigt. Seine Heimat und seine Erinnerungen sind das Einzige, das dem Individuum allein gehört. Der Akt des Erinnerns ist so komplex, dass darin so gut wie alles spezifisch Menschliche involviert ist: Emotion, Gefühl, Traum, Bewusstsein, Geist, Poesie. Erinnerungen steigen unvermittelt auf wie Bilderblasen aus irgendeiner Verborgenheit. Sie entschweben der Tiefe des Geistes, urplötzlich, ohne dass man sie kontrollieren könnte. Kein Verstand ist in der Lage, eine Erinnerung zu bändigen. Ein Wort, ein Stadtname reicht aus, um den Fantasiestrom der eigenen Märchen anzuzapfen, in denen man selbst stets die zentrale Rolle spielt. Wohlbefinden schleicht sich heran, unwillkürlich fühlt man sich erhoben und lächelt ein wenig, und auf einmal fliegen mirakulöse Details auf, schwebt längst vergessen Geglaubtes ein. Erinnern heißt

Leben, oder andersherum: Leben ist Erinnern. Oder wie der renommierte Gedächtnisforscher Daniel Schacter befindet: »Wir sind Erinnerung.« Die Reise an einen entscheidenden, prägenden, von Emotionen codierten Ort zurück ist nur dem Menschen möglich. Die Magie des Erinnerns zeigt den Fortschritt der Evolution und ist zugleich die denkbar höchste Form von Freiheit. Durch diese Freiheit entsteht Schmerz. Und so entsteht Heim-Weh.

Das Proust-Phänomen

Sonntagmorgen, ein kalter Wintertag. Der junge Mann, um den es geht, weiß nicht, wie ihm geschieht. Er führt sich, ohne sich etwas dabei zu denken und bedrückt über den trüben Tag, einen Löffel Tee mit einem aufgeweichten Stückchen Madeleine an die Lippen. »In der Sekunde nun, da dieser mit den Gebäckkrümeln gemischte Schluck Tee meinen Gaumen berührte, zuckte ich zusammen und war wie gebannt durch etwas Ungewöhnliches, das sich in mir vollzog.« Der junge Mann spürt, wie etwas in ihm zitternd sich regt und verschiebt, wie es sich zu erheben versucht, als hätte etwas sich in großer Tiefe vom Ankertau gelöst. Langsam steigt es in ihm empor; er spürt den Widerstand und hört das Raunen der durchmessenen Räume. Unwillkürlich muss er an Combray denken, das Dorf seiner Jugend. Er sieht sich im Schlafzimmer liegen und auf den Kuss der Mutter warten. Und auf einmal ersteht Combray in ihm auf, er fühlt eine mächtige Freude und sucht die Quellen, aus denen ihm die Bilder zuströmen. »Es hatte mir mit einem Schlag, die Liebe, die Wechselfälle des Lebens gleichgültig werden lassen, seine Katastrophen ungefährlich, seine Kürze imaginär, und es erfüllte mich mit einer köstlichen Essenz; oder vielmehr: diese Essenz war nicht in mir, ich war sie selbst.«

Am Beginn seines Monumentalromans »Auf der Suche nach der verlorenen Zeit« hat der französische Schriftsteller Marcel Proust das eben beschriebene Erinnerungserlebnis zum vielleicht wirkmächtigsten und folgenschwersten in der Literaturgeschichte gemacht; der Rest des ersten Buchs »Unterwegs zu Swann« ist dann willentliche Erinnerung an einen Ort, den es als solchen nie gab. Die unwillkürliche Reise zurück in Kindheit und Jugend nennt die Literatur- und Gedächtniswissenschaft »Proust-Phänomen«. Wegweisende Studien haben empirisch belegen, jedoch nicht restlos erklären können, ob es vor allem die frühen Erinnerungen sind, die über Gerüche ausgelöst werden, oder ob es prinzipiell Erinnerungen sind, die nur über Geruchsassoziationen möglich sind. Nach dem 20. Lebensjahr, so das Resümee der Forscher, geht das Geruchsvermögen drastisch zurück, mit 70 riecht der Mensch nur noch einen Bruchteil dessen, was er mit 15 zu riechen vermochte; deswegen liegen gerade die Teenagerjahre so unversehrt und stark in der Erinnerung und lässt sich Heimat in gewisser Weise erriechen.

Gerüche vermögen einen von einem Moment zum anderen in eine Stimmung zu versetzen, die einem erst noch ein Rätsel ist; der Hauch von Stallmist, der von einem 100 Meter entfernten Karren weht und den Erwachsenen auf die Pferdekoppel seiner Kindertage bringt; die Frau, die durch den Duft eines Mitreisenden in der Bahn plötzlich eingeschüchtert ist, weil ihr Tanzlehrer in diesen für sie unglücklichen Probestunden denselben Duft hatte. Das scheinbar zu allem fähige menschliche Gehirn hat die charmante Unfähigkeit, Ort und Quelle eines erlebten Ereignisses keineswegs klar identifizieren zu können. Sie vermischen und vermengen sich. Habe ich tatsächlich *selbst* das gemähte Gras gerochen, die Kirchturmglocken *selbst* gehört? Oder habe ich einen mich emotional ergreifenden Film gesehen, in dem Gras gemäht wurde und ein Kirchturmglockenschlag zu hören war? Oder habe ich womöglich in einem mich fesselnden Buch gelesen, wie ein junger Mann meines Alters plötzlich auf die Suche nach der verlorenen Zeit geht und ich mich in der Erinnerung selbst darin wähnte, obwohl es das Rasenmähergeräusch und den Kirchturmglockenschlag nie gegeben hat?

Die Erinnerungsforschung unterscheidet zwischen dem deklarativen und dem nicht deklarativen Gedächtnis. Das deklarative ist das bewusste, willkürliche, das nicht deklarative das unbewusste, unwillkürliche Gedächtnis. Auf das deklarative Gedächtnis kann man intentional zugreifen, das nicht deklarative überkommt einen nach einem erinnernden unbewussten Auslöse-Reiz. Wenn einen das Rasenmähermotorengeräusch und das Kirchturmglockenschlagen also, ohne Ankündigung, unterhalb jeder Bewusstseinsschwelle in die Vergangenheit zurückführen, ist das eine nicht deklarative Erfahrung. Ist man so in der Kartografie der eigenen Kindheit angekommen, lassen sich ganz bewusst allerlei Bilder aufrufen, die sich einst im Umfeld der Wiese mit dem gemähten Gras abgespielt haben. Das wiederum ist die deklarative Form der Erinnerung. Die Vermischung zwischen der deklarativen und nicht deklarativen Form erklärt den Eigensinn meines Erinnerungsfilms in jenem Moment kurz vor Ladenschluss, da zwei, Jahre auseinanderliegende Szenen zugleich auftauchten, zeitlich gleichgeschaltet wurden und ich von der Wiese meiner Kindheit zum Gespür der ersten Liebe kam, ohne dass es dafür einen weiteren Anlass gegeben hätte als den des Geruchs von gemähtem Gras in einem Garten neben dem Supermarkt.

Über die Erinnerung wird das Gefühl für Zeit gebildet beziehungsweise: Während der mentalen Reise zurück wird Zeit getilgt. Der Erinnernde reist in den Resonanzraum jener Stimmung, in der er zu sich gekommen ist. Der Ort, an dem er aufgehoben war, weil der Widerspruch von Ich und Welt aufgehoben zu sein schien. Die Koordinate, an der die Spaltung von Subjekt und Objekt noch nicht ausgebrochen ist. Der Ort, der zunächst einmal nichts infrage und keine Fragen stellt. Der einen sein lässt, wie man ist, weil man durch ihn geworden ist, was man wurde.

Herrschaft der Emotionen

Der Film der Landschaft aus der Kindheit – der Kirchturmglockenschlag. Schnitt. Die Straßen an der Wiese. Schnitt. Der mähende Vater. Schnitt. Der schmatzende Kies. Schnitt. Das rote Cabrio. Schnitt. Die unerhörte wohltuende Selbstverständlichkeit von Kirchturm, Wiese, Vater, Kies und Cabrio. Jede bewusste Erinnerung ist mit Emotionen verkoppelt. Ist man traurig, hat man unangenehme Erinnerungen, ist man glücklich, angenehme. Empfindungen von Trauer oder Freude sind emotionale Wertungen. Je stärker die Emotion bei einem Ereignis im Spiel ist, desto deutlicher und besser ist die Erinnerung an dasselbe. Im menschlichen Gehirn, das als Baumeister seiner Wahrnehmung bekanntlich die Welt konstruiert, gibt es einen faszinierend autonomen Bereich, in dem explizite Erinnerungen an emotionale Erlebnisse geknüpft werden und auf implizite emotionale

Erinnerungen treffen: im Arbeitsgedächtnis mit dem von ihm erzeugten unmittelbaren bewussten Erlebnis.

Sagen wir, ein Junge verliebt sich in ein Mädchen und küsst es zum ersten Mal am Ufer eines Sees, nicht weit vom Haus seiner Eltern entfernt. Die beiden liegen im Gras, ein Rasenmähermotor ist zu hören, durch die Luft schwirrt ein Propellerflugzeug. Ein halbes Jahr später verlässt das Mädchen den Jungen, und nach einer Zeit der Trauer küsst er irgendwann ein anderes Mädchen. An den ersten Kuss als solchen erinnert er sich nicht mehr, wohl aber an den Geruch von gemähtem Gras und an die Glocken des Kirchturms, die während des Kusses geschlagen hatten. Hört er Jahre später einen Kirchturmglockenschlag oder riecht er gemähtes Gras, werden sowohl das implizite als auch das explizite Gedächtnissystem aktiviert. Der Glockenklang geht vom Hörsystem direkt zur Amygdala, dem im Zentralgehirn gelegenen Koordinationskern für emotionale Angelegenheiten, und löst implizit körperliche Reaktionen aus: Muskelanspannung, Veränderungen von Blutdruck und Herzfrequenz, verstärkte Transpiration. Der Ton wandert durch den Kortex zum Temporallappen-Gedächtnissystem, wo deklarative Erinnerungen aktiviert werden. Der Junge wird Jahre später als Mann unwillkürlich und im Nu einer Hundertstelsekunde an den ersten Kuss erinnert, und plötzlich erinnert er sich wieder willkürlich und bewusst, wo er an besagtem Nachmittag mit dem jungen Mädchen gelegen hatte, ja sogar, dass sie den Flug der Propellermaschine beobachtet hatten. Es ist eine deklarative Erinnerung an ein emotionales Erlebnis. Je höher die emotionalen Anteile eines Ereignisses sind, desto eher erinnert man sich an ein Ereignis. Es ist konstante Arbeit, die dahintersteht, Arbeit, die auf einer Mission beruht. Das Läuten der Kirchturmglocken ist die Kunst, die eigene Geschichte zu Gehör zu bringen und die Kulturgeschichte zu erinnern. Unmissverständlich hat der Zuhörer zu verstehen, dass er sich auf dem Boden christlicher Tradition befindet. Die Kunst des Kirchturmglockenläutens besteht darin, Heimat herzustellen. Aber wie und wodurch?

Wenn Erinnern Wiedererleben und Wiedererleben nichts anderes als neuronales Wiedererkennen ist, dann ist Erinnerung auch Erkenntnis. Erkenntnis wiederum setzt Bewusstsein voraus, und Bewusstsein trennt – in der Definition des Neurologen António R. Damásio – ein sogenanntes »Kernselbst« vom »Protoselbst«. Das Kernselbst ist uns bewusst. Es kann durch jedes beliebige Objekt wie eine Kirchturmglocke ausgelöst werden. Des Protoselbst dagegen sind wir uns nicht bewusst. Es ist Damásio zufolge eine »Ansammlung von wechselseitig verbundenen und zeitweise zusammenhängenden neuronalen Mustern, die den Zustand des Organismus von Augenblick zu Augenblick auf verschiedenen Ebenen des Gehirns repräsentieren«. Höher als Proto- und Kernselbst ist nur noch das autobiografische Selbst veranschlagt, das aus unbelichteten Erinnerungen an viele Momente der subjektiven Erfahrung in der Vergangenheit besteht.

Ab dem Alter von drei entsteht Selbstbezug. Das sogenannte »Selbst« ist, philosophisch betrachtet, der unmittelbar gegebene Inhalt des Selbst-Bewusstseins. Das heißt, dass das Individuum im Alltag ständig wechselnde Beziehungen zu seiner Umwelt und den eigenen geistigen Zuständen aufnimmt. Dass es genau darum weiß, um seine eigene Innenperspektive also, zeichnet es als selbstbewusstes Wesen aus und macht es erinnerungsfähig. Viele empirische Daten stützen die Vermutung, dass die bewusst erlebte Gegenwart eines Orts, eines Ereignisses, einer biografischen Erfahrung eine erinnerte Gegenwart der Vergangenheit im Bewusstseins-Kontinuum ist. Und die immerzu unwillkürlich und willkürlich erinnerte Gegenwart der eigenen Herkunft ist nichts anderes als: Heimat.

Worte und Sinne

Die Gleichschaltung von Boden und Bestimmung eignet sich als Politikum, weil es als einer der letzten Begriffe Beharrung und Bedrohung, Differenz und Position an die selbst erfahrene Emotion und Erinnerung bindet. Herkunft wertet und wird bewertet. Boden wird Begriff, Begriff wird Raum, Raum wird Revier, Revier wird Polis, Polis wird Politik. Dann versteht sich die Parzelle, die kleinste Einheit Heimatraum, nicht mehr als kleinste Einheit eines kultivierbaren Stücks Welt, sondern als Trutz eines mit archaischem Bildervorrat und vitaler Lust verteidigten Reviers gegen Kräfte von außen. Heimat ist dann die dem einen bekannte, allen anderen unbekannte Grammatik des Ortes und zugleich der Code der eigenen Bindung daran. Die Verständigung mittels Codes legt die Vermutung nahe, Heimat sei eine Frage der Sprache. Dann wäre Heimat also die Geschichte eines bestimmten Ortes, die aus mir spricht. Diese Sprache in und durch sich selbst wird von Generation zu Generation weiter übersetzt, aus dem Original in einen womöglich zeitgemäßen Slang, aber dennoch bleiben Wortstamm und Semantik einander treu. Jeder Mensch beherrscht *seine* Sprache, die die Sprache *seiner* Heimat ist. Man könnte auch Muttersprache dazu sagen, wobei das Sprachliche noch weiter tonalisch ausdifferenzierbar ist: hin zum Dialekt, zum Idiom, zum Akzent.

Orts-Namen sind im Boden wurzelnde Heimat-Geschichte als Begriff. In gewisser Weise überhöhen sie die Beschaffenheit der Natur: die Erde, den Samen, die Wurzel, und tragen diese Bodenbeschaffenheit als Bezeichnung für einen entsprechenden Ort weiter, ohne dass man sich über den Namen die Bedeutung eines Ortes klarmacht. Dafür gibt es Abertausende Beispiele. Etwa außerhalb der Stadt Hamburg gibt es die kleine S-Bahn-Station Billwerder-Moorfleet. Billwerder war einst eine im Vier- und Marschland zwischen dem kleinen Fluss Bille und der großen Elbe gelegene Insel. Etymologisch dechiffriert, bedeutet Billwerder: »Insel in der Bille«. *Bille* wiederum stammt aus dem Slawischen und meint »weiß«. Moorfleet, lehrt uns die Schwarm-Intelligenz von Wikipedia, ist Teil der feuchten Marschgegend und stammt von *Fleet* für den Wasserverlauf eines Seitenarms ab; man könnte sagen: *fleet* im Sinne von »fließen«. Billwerder-Moorfleet heißt also übersetzt: »die Insel-Erhebung in dem durch feuchte Marschgegend hindurch in die Elbe einfließenden weißen Fluss«.

So gut wie jeder deutsche Stadt-, Orts- und Dorfname lässt sich auf solcherart Naturgegebenheit zurückführen oder ist die aus dem Alt- oder Mittelhochdeutschen stammende Bezeichnung der natürlichen Gegebenheit eines spezifischen Orts. Die zweiten Silben deutscher Stadtnamen lauten bekanntlich gern: -burg, -hafen, -hausen, -furt. Entscheidend ist die Tatsache, dass sich durch den Namen, der in den Alltagsgebrauch der menschlichen Rede eingesickert ist und nicht mehr reflektiert wird, die Historie der Heimat in einem Wort zum Ausdruck bringt. Heimat im Sinne einer x- und y-Achsen-Punktualität heißt: genau hier und nirgendwo anders. Ortsnamen-Kunde, die Geschichte des Topos, des Bodens, zeigt sowohl die Namen ehemaliger Siedlungen wie ihrer geografischen Lage an. Etymologische

Archäologie könnte bei jeder deutschen (und anderen europäischen oder globalen) Stadt betrieben werden, und die Versprachlichung von Heimat durch den Ortsnamen assoziiert in aller Kürze die jeweilige Geschichte des jeweiligen Ortes.

Hamburg zum Beispiel. Nahe dem Fluss Elbe stand im 9. Jahrhundert die Hammaburg, später Hammenburg oder Hammanburch genannt, das, aus dem Mittelnieder- wie Althochdeutschen übersetzt, die folgende Orts-Begebenheit beschreibt: »die an einer Flussbiegung auf einer Landzunge gelegene Befestigungsanlage«. München zum Beispiel. Hier war man nahe dem Fluss Isar am Kloster »bei den Mönchen«. Der Begriff hat sich aus dem lateinischen Munichen des 12. Jahrhunderts von *apud munich,* also: »in der Nähe der Mönche«, über das Alt und Mittelhochdeutsche zu Múnich, dann zu Münch und schließlich zum neuhochdeutschen München entwickelt. Dresden zum Beispiel, dessen Name auf das slawische Wort *drezga* für »Wald, Dickicht« zurückgeht. Oder Stuttgart, das sich aus den Begriffen »Stuot« für eine Herde weiblicher Pferde und »Garten« für ein umfriedetes Gehege zusammensetzt. Oder Frankfurt am Main, das im Land der Franken die Furt, den Durchgang durch einen Fluss, bezeichnet, wodurch Frankfurt die Ehre hat, sich seit etwa 800 n. Chr. als »Siedlung an der Furt der Franken« zu verstehen.

Die Rede von der Heimat als Rede vom Ort der Herkunft ist immer auch eine sprachliche Identitäts-Konstruktion: die Erzählung von Werden und Gewordensein des Eigenen an diesem oder jenem Ort. Durch sein Toponym erhält der Zufall einen Namen, den der Bewohner im Ernstfall unter Einsatz des eigenen Lebens verteidigt.

Heimat als Transzendenzraum

Heimat ist gleichermaßen Raum wie Idee religiöser Rückbezüglichkeit. Ihre Möglichkeit zur Ambivalenz-Bewältigung ermöglicht vielen Individuen welcher Religion auch immer eine Religiosität ohne Gottesbezug (es sei denn, man erblickt im pantheistischen Sinne weiser Antikgriechen Gott in der Natur an sich).

Die spätmoderne, dauererregte, beschleunigte und in ihrer Multioptionalität bedrängende Lebenswelt ist gekennzeichnet durch einen hohen Grad an Paradoxien. Heimat als emotional erinnerbare Gegenwart hingegen ist ein fundamentales Versprechen auf Reduktion der Komplexitäten durch Kohärenz: auf den sinnstiftenden Einklang von Selbst und Umwelt, der Ambivalenzen ja gerade auflöst. In der Reduktion eignet Heimat sich als Schutzraum, der ermöglicht, was kaum noch vermittelbar ist: Transzendenz-Erfahrung. Heimat ist das, was sich auf Dauer durch sich selbst bewährt. Es erhält Geltung durch die Bindung des Menschen an Orte, Böden, Rituale, die durch die Biografie beglaubigt sind.

Jede Gesellschaft braucht Rituale für ihren Fortbestand, lehrte der Ethnologe Claude Lévi-Strauss, weswegen Gesellschaften strukturell konservativ sind. Vielleicht ist »Heimat« ja die Chiffre für das Ur-Vertrauen einer naturgemäß religiösen Beziehung des Menschen zu *seiner* Umwelt (wie sie auch die Romantik und ihre idealistischen Symphilosophien betrieben). Ein *Geborgenheitsraum* also, der dem jeweiligen Individuum sein Ur-Vertrauen ermöglicht. Das Ur-Vertrauen ist eine Ursprungserfahrung. Das Ursprüngliche ist ja jenes, was einen anspringt und ein Leben lang haften bleibt. Im Moment, da dieses Anspringen geschieht, ist Heimat gegeben. Der Sprung in die Selbsttranszendenz ist der religiöse Akt par excellence.

Eine der schlimmsten Erfahrungen des Menschen ist seit jeher der Verdacht, Produkt eines Zufalls zu sein. Austauschbar. Überflüssig. Von niemandem erwartet. Von wenigen gewollt. Eigentlich sinnlos. Es ist die Sorge, kontingent zu sein, das heißt: für den Lauf der großen Dinge nicht notwendig, aber eben auch nicht unmöglich. Anders gesagt: Der Mensch weiß, dass er ist, aber nicht sein müsste. Er weiß, dass er da ist, aber nicht hier zu sein bräuchte. Er weiß, dass die Welt auch ohne ihn vonstattengeht. Geburt, Leben, Leiden, Tod. Und danach? Ohne subjektiven Sinnhorizont geht es nicht, bescheidet uns die Kulturanthropologie, jeder Mensch braucht ein kohärentes Deutungsmuster. Will heißen: Der Fragende braucht eine vernünftige Erklärung, um seine Kontingenz, seine Nicht-Notwendigkeit-aber-trotzdem-Vorhandenheit, ertragen zu können. Er sucht nach einem Sinn, auch wenn es keinen messbaren gibt. Also konstruiert er ihn über Mythen und Rituale, über Narrative und Religionen, um die Vielfalt der Naturphänomene erklären zu können oder das Leiden erklärbar zu machen. Religion lässt den Menschen die eigene Sterblichkeit akzeptieren und das Los des Todes ertragen; Religion mindert Angstgefühle und richtet ein komfortables Weltbild ein; Religion hält die Gesellschaft zusammen, stellt soziale und moralische Ordnung her; Religion bietet die Möglichkeit zur Illusion, da der Mensch alles glaubt, was ihm in seiner Einsamkeit Trost spendet. Der Mensch braucht, unabhängig von seinem Kulturkreis, seiner Konfession, seines Wohlstands, offenbar einen letzten und unhintergehbaren Grund. Er muss die Frage »Warum bin ich?« positiv beantworten, um die Aussicht auf Glück zu wahren. Der Mensch will das, was sich ihm ereignet, verstehen; er will Prozesse verstehen, die sich seinem Verstand entziehen. Er will begreifen, um zu erklären, er will erklären, um vorherzusagen, er will vorhersagen, um das Kommende zu kontrollieren. So wird aus Mythos Logos und aus Logik Sinn. Die Trennung von Mythos und Logos produziert Vermessenheit und Wahnsinn.

Mögen sich soziale Umstände geändert, Paradigmen verschoben, Revolutionen ereignet haben – entscheidend ist, dass der *Glaube an sich* nie verschwunden war. Auch der Atheist glaubt ja – daran, dass es keinen Gott gibt. Die spirituellen Sehnsüchte und Techniken sind über Jahrhunderte, Kontinente und Kulturen hinweg gleich geblieben. Wenn sich Menschen in heiligem Schlamm in Trance suhlen, sich mit Peitschen geißeln, auf sakralisierte Berge rennen, Hunderte Kilometer wallfahren, in Taufbecken mit heiligen Wassern baden, im Gebet versinken oder sich stellvertretend kreuzigen lassen, so geht es immer um die Kontaktaufnahme des Beschränkten mit dem Unbeschränkten. Die menschliche Seele braucht den Komfort der metaphysischen Sicherheit und die monotheistische Geborgenheit des Väterlichen, die vielleicht auch die Geborgenheit des Vaterlandes ist.

Um der subjektiven Sinnstruktur des Religiösen auf die Schliche zu kommen, schlug der amerikanische Psychologieprofessor William James 1902 in seinem bahnbrechenden Vorlesungszyklus »The Varieties of Religious Experience« vor, »nach den ursprünglichen Erfahrungen zu suchen«, die allen Gläubigen und allen Religionen als Muster zugrunde liegen. Die Zersplitterung der Welt in Fragmente, in voneinander losgelöste Systeme und Subsysteme, hat dem aufgeklärten Subjekt heute so gut wie jede Illusion genommen, es gebe etwas, das die Welt im Innersten zusammenhält. Es zählt, was zählbar ist. Nichts gilt, weil alles gilt. Relativismus, scheint es, ist der Preis für Pluralismus. In östlichen

Religionen wie dem Buddhismus wird offenbar ermöglicht, was die durch nichts erfüllte Sehnsucht nach subjektivem Sinn in der westlichen Konsumkultur des christlichen Abendlandes zu befriedigen scheint: spirituelle Erfahrung. »Erfahrung«, notiert Ken Wilber, der große Kopf der transpersonalen Bewusstseinsevolution, »geht über Frömmigkeit hinaus in tatsächliche Begegnung und eigentliche, wenn auch noch so kurze Kognition über. Erfahrung in dem Sinn, wie ich das Wort gebrauche, bedeutet Gipfelerfahrung.«

Kulturgeschichtlich betrachtet, gibt es an allen Bruchstellen – immer dann also, wenn Paradigmen wechseln, wenn Normen ihre Geltungskraft verlieren, wenn der Mensch vom Schicksal zur Umwertung seiner Werte gezwungen wird – eine starke Konjunktur des Mystischen: im 17. Jahrhundert nach dem Dreißigjährigen Krieg; Anfang des 19. Jahrhunderts mit den Rosenkreuzern; Ende des 19. Jahrhunderts mit der Kunstreligion und den Spiritisten; in großem Stile in den ersten 20 Jahren des 20. Jahrhunderts mit den Bewegungen der Vegetarier, des Biologismus, der Theosophen und schließlich der Anthroposophen. Und so auch heute: Die Meta-Erzählung der Aufklärung – Vernunft, Fortschritt, Gerechtigkeit – ist erschüttert. Verlässliche Wertvorstellungen wie Familie, Ehe, Hierarchie, normative Verbindlichkeit, Pflichtbewusstsein, Disziplin und Tugendhaftigkeit scheinen aufgelöst, absolute Gewissheiten von ewigem Fortschritt und berechenbarer Erwerbsbiografie, von »gutem« Kapitalismus hier und »bösem« Kommunismus drüben gefallen. Alles ist möglich und nichts notwendig. Alles zählt, weil nichts zählt. Alles ist relativ und im Fluss. Kriege, Kämpfe, Kinderarmut – das Projekt Moderne scheint in die Sackgasse gefahren zu sein. Die Vernunft schwächelt, und die bindenden Mythen haben sich weitgehend erschöpft: die politischen von Freiheit und Europa; die sozialen von

Rentensicherheit und Generationen-Solidarität; die ökonomischen vom ewigen Wachstum; die technischen vom linearen Fortschritt. Es gibt keine letzten Wahrheiten mehr und keine normativen Hierarchien. Die Institutionen bröckeln, die Kirchen leeren sich, der Sozialstaat ist kein verlässlicher Partner mehr, das Band staatsbürgerlicher Solidarität droht zu reißen. Auf der einen Seite herrscht nihilistischer Relativismus, auf der anderen importierter Fundamentalismus. Evolutionspsychologisch betrachtet, ist Religion die einzig funktionierende Gemeinschaftsform, die den Egoismus zu reduzieren in der Lage ist. Sie leistet, kurzum: Ego-Deflation durch »Coping«. Als Bewohner einer transzendenten Heimat wird der Mensch mit den Zumutungen und Bedrohungen des Alltags besser fertig, er bewältigt (Coping) die eigene Kontingenz (Zufälligkeit). Im Glauben hat der Einzelne die Möglichkeit, sich selbst zu relativieren, weil Glaube Beziehung zu etwas Höherem vermittelt.

Weil technische Funktionalität, reine Vernunft und empirische Rationalität heute augenscheinlich keinen Sinn mehr abwerfen, lässt sich auch die Gier einer körpervergessenen, durch die Taktung der digitalen Kultur der Sinnlichkeit und Übersinnlichkeit beraubten Jugend nach exzessivem Leben, nach Party, Fun und Extremsport-Erlebnissen als Gier nach *mystischer Erfahrung* lesen. Theologisch gesprochen: nach Gott. Spirituell gesprochen: nach aktiver Bewusstseinsänderung. Esoterisch gesprochen: nach dem Fluss kosmischer Energie. Jedenfalls nach der Übersetzung des kleinen Ichs ins große Ganze. Die Anthropologie nennt dieses Bedürfnis: Selbsttranszendenz. Transzendenz meint den geistigen oder spirituellen Bezug zu einer übersinnlichen, über-individuellen Größe: das Über-Schreiten der eigenen Grenzen in etwas nicht mehr Fassbares. Gerade weil der menschliche Geist zu solcherart Transzendenzerfahrungen in der Lage ist, braucht er Sicherheit und Begrenzung. Also glaubt der Mensch, weil er, wenn er über sich hinausdenkt, eine transzendente Geborgenheit braucht. Ein metaphysisches Dach über dem Kopf. Eine Heimat.

Vertrautheit durch Bindung

Als *animale sociale,* als soziales Tier, ist dem Menschen von Geburt an das Bedürfnis nach Beziehung eingeschrieben. Die sogenannte »attachment«-Theorie der Entwicklungspsychologie macht in der Bindung des Kindes an die Mutter die basale Identitätserfahrung eines Menschen aus – Sicherheit und Kontinuität des Ur-Vertrauens in den guten Gang der Dinge. Gemäß der Bindungstheorie des Psychoanalytikers und Arztes John Bowlby wird in der frühkindlichen Sozialisation mit dem Selbstbild ein spezifischer Bindungsstil generiert, der auch das spezifische Glaubensmuster prägt. Kinder übernehmen die Bewertungsmuster der Eltern. In der Konversion erkennt der amerikanische Evolutionspsychologe Lee A. Kirkpatrick ein Muster, das die Gesetzmäßigkeit der Bowlby'schen Bindungstheorie auf das Religiöse erweitert: Je höher die innere Spannung zwischen gewünschtem und erlebtem, zwischen positivem und negativem Selbst ist, desto eher suchen Menschen diese Spannung zu lösen.

Jeder Mensch strebt nach einem positiven Selbstbild. Es ist verblüffend, wie stark die Bereitschaft, einem Schöpfer zu danken und ihn zu verehren, von den Menschen aller Kulturen bis zum heutigen Tag bejaht wird. Körperliche und geistige Heilung spielen in allen Glaubenssystemen eine zentrale Rolle, und Heil wird kulturübergreifend als Heilung durch Transzendenz verstanden. Die vor allem durch den amerikanischen Pragmatismus inspirierte Lebensqualitätsforschung stellt in diesem Sinne fest: Die religiöse Beziehung steigert das subjektive Wohlbefinden. Sie kann den Einzelnen beheimaten.

Kein System funktioniert ohne Vertrauen. Das System ist eine Art objektive Wahrheit, und keine Wahrheit funktioniert ohne Glauben an ihre Tatsächlichkeit. Als *homo naturaliter religiosus,* dessen Geist immerzu nach Erklärungen sucht, glaubt der Mensch, weil er gar nicht anders kann als glauben. Das heißt: Der Mensch ist von Natur aus religiös, weil er von Natur aus in den guten Gang der Dinge vertrauen muss. Vertrauen in die Realität gehört zur Grundausstattung des Individuums: ICH als pro-soziales Wesen akzeptiere, wer und was anderes da ist, vertraue auf meine Sinne und stelle das Wahrgenommene nicht andauernd infrage, weil ich sonst nicht dauerhaft das Leben konstruktiv gestalten kann.

Um in einer hochdifferenzierten, hypersensiblen, auf zerbrechlichen Übereinkünften basierenden Umwelt zu überleben, muss der Mensch sich von vornherein auf den guten Gang der Dinge verlassen. Er muss mit der Stabilität seiner Umwelt rechnen können. Vertrauen in eine prästabilierte Harmonie, in die es eingewoben ist, verschafft dem Individuum Sicherheit. Im Vertrauen versichert es sich seiner selbst, was Evolutionspsychologie zufolge im frühen, also präreflexiven Alter geschieht, den ersten Lebensjahren. Bis zum Alter von zehn wird das erworbene Vertrauensmuster bestätigt, im Gehirn bilden sich emotionale Strukturen für Bilder aus. So sind frühkindliche Prägungen durch Symbole wie Kreuz und Kirchturmkuppel, Thora-Schrein und Minarett, die zum Bestandteil personaler Identität werden, zusammen mit elterlicher Erziehung und der Interpretation dieser Bilder etwa im Religionsunterricht leitend für die Tiefe des Glaubens und seine kulturelle Prägekraft. Je früher sich die Bilder in die Matrix einbrennen (um später manchmal umso heftiger verstoßen zu werden), desto unbedingter glaubt der Mensch und desto überzeugter mag er beispielsweise für seinen Glauben auch in den Krieg gegen Ungläubige ziehen. Glaube funktioniert über die Fähigkeit des menschlichen Geistes, Bilder zu entwerfen, sie zu transzendieren und zu hinterfragen.

Als Transzendenz- wie als Herkunftsraum einer durch Glauben bedingten Zeitlosigkeit stellt Heimat immer auch das quasireligiöse Vertrauen auf das als vertraut Erfahrene her. Hört das Vertraute zu existieren auf, wird dem Vertrauen der Boden entzogen. Das Leid des Heimat- und Raumverlusts ist immer auch eine Kränkung, immer eine Verletzung, immer eine Fraktur der Seele. Die Bindung des Menschen an eine Heimat ist unumgänglich. Oder liebevoller gesagt: Heimat legt den Bindungsstil fest. Heimat ist ein religiöses System.

Kooperation und Urvertrauen

Aus dem rückbezüglichen Ur-Vertrauen der Einbettung in die eigene Geschichte entsteht die Tradition der Familialität: der Vertrautheit. Die Familie ist der Verbund des Vertrauten und als vertraut Erfahrenen, auch wenn die Erfahrungen schlecht und grausam gewesen sind. Weil der Mensch nicht ohne Vertrauen leben kann, bindet er sich an Orte und Menschen, die ihm vertraut sind. Vertrautheit ermöglicht

Vertrauen, vertrauen beglaubigt Vertrautheit. Das lateinische Adjektiv *familiaris* lässt sich wie folgt übersetzen: »zum Haus gehörig« oder »vertraut« im Sinne von »geläufig« wie schließlich auch »vertraulich«. Die *familia* sind, aus dem Lateinischen übersetzt, die »Vertrauten«, und ohne Weiteres darf man aus der Grundlegung des abendländischen Sprech- und Denksystems schließen, dass die Familie die höchste Form der Vertrautheit darstellt. In der Vertraulichkeit des Geläufigen findet sich die Heimlichkeit der Heimat.

Selbst wenn sie irgendwann zerrüttet ist, herrscht in der Familie ja doch erst einmal Vertrauen vor, und also bildet die Familie jenes Ur-Vertrauen aus, das Heimat für sich reklamiert. In der Fortsetzung der Familie durch Gleichsetzung mit der Heimat wird Letztere im Laufe des Lebens der Raum zum Rückbezug. Seine Heimat verleiht dem Menschen das Vertrauen in die Welt, weil die Heimat nichts von ihm will und keine Rechtfertigung verlangt. Heimat ist mehr als Boden, Wald und die Gerüche des Sees. Sie stellt Ur-Vertrauen in den guten Gang der Dinge her und ist somit eine Ursprungserfahrung. Das Ursprüngliche ist ja das, was einen anspringt und sein Leben lang haften bleibt. Im Moment, da dieses Anspringen geschieht, ist Heimat gegeben.

Seine Familie als Vertrautheits-Verbund kann man ebenso wenig wählen wie die Heimat, selbst wenn man beide ablehnt. Die Kränkung, die durch den Zerfall der Familie, gar Missbrauch oder Gewalt innerhalb der Familie, durch erzwungene Abgrenzung entsteht, ist deshalb so stark und schwächend zugleich, weil dann das Ur-Vertrauen und die Verbindlichkeit des Vertrautseins infrage gestellt sind. Und dennoch entsteht das fundamentale, alles Weitere prägende »Wir«-Gefühl in den ersten Jahren der Heimat, die fast immer der Ort der Kindheit ist. Anders lassen sich lebenslange Sehnsüchte nach diesem Ort nicht erklären.

Man kann das etymologische Spielchen noch weitertreiben: In der Vertrautheit steckt die doppelte Bedeutung des Trauens. Im Kreise der mir Vertrauten traue ich mich, meine angeborene Scheu zu überwinden und das zu sein, was ich bin – ohne Inszenierung, Performance oder falsche Rücksichtnahme. Verlustängste sind minimiert, selbst wenn der Kampf um ausbleibende Anerkennung des Vaters oder der Mutter in vielen Fällen fürchterliche Folgen haben kann. Und im Raum oder Kreis der mir Vertrauten »traue« ich mich – *trauen* im Sinne der Trauung, Vermählung – mit den familialen Menschen im Ur-Vertrauen auf den guten Gang unserer Dinge.

Familiarität ist zugleich Vertrauen und Vertrautheit, und Geborgenheit entsteht durch Geburtsgeborgenheit. Das Ur-Vertrauen als Geborgenheit in der Geschichte des Ortes, woraus die Tradition der Familiarität erwächst. Die Familie ist der Verbund des Vertrauten und als vertraut Erfahrenen. In der Familie entsteht eine Vertrauensseligkeit, könnte man schließen, eine Bindung durch Glauben als Ur-Vertrauen.

In all dem steckt auch ein Unfreiheits-Verhältnis. Heimat ist eine Vorgegebenheit. Sie ist immerzu unveränder- wie ungestaltbar (anders als das Zuhause, das ich mir nach meinen sich wandelnden Wünschen einrichten kann). Heimat ist Tatsache und Wert zugleich. Sie verklärt sich selbst in Bezug auf ihre Anrufung.

Herkunft ist nicht verhandelbar und nicht zu vernichten. Das mir Vorgängige, worauf ich keinen Einfluss habe, das durch mich nicht mehr Gestaltbare ist die Ur-Polis: die vorgefundene Gemeinschaft in meinem zufälligen Geburtsraum. Hier entsteht die Sprache eines Menschen. Die Sprache, die ein Mensch zuerst lernt, die sein Denken und Handeln präfiguriert, hat zu tun mit dem Ort, an dem er aufwächst. In der Sprache vermittelt sich das Verstehen des

Vertrauten, oder anders: Etwas wird vertraut durch Verständnis. Über die soziale Interaktion mit der vorgängigen und zugefallenen Gemeinschaft bilden sich die Strukturen meines Weltverständnisses aus. Ihre Unverwechselbarkeit trennt die Heimat von der Verwechselbarkeit der restlichen Welt.

Furor des Verschwindens

Doch die Heimat stirbt. Das Land stirbt. Nicht das Land als solches, sondern das Land als Metapher und Symbol, als Idee und Beheimatungsraum. Das Land als Landleben – und mit dem Landleben das Proto-Klischee heimatlicher Aura. Wenn das Land stirbt, geht eine ganz bestimmte Vorstellung von Heimat nieder. Anders als die Stadt verliert das Land seine Kultur durch Unkultivierung. *Das Land* als Idee ist ja mehr als nur die Gesamtheit der Kornfelder, Obstwiesen, Strohballen und Bienenhäuschen. Es ist Rückhalt, Rückraum und Nahrungskammer der Gesellschaft, und die Kultivierung, Neu- und Rückgewinnung dieses Raums im weiteren Sinne darf man als Kultur bezeichnen. Das Land ist unvermittelt da und ohne Anspruch. Es ist ohne Zweck und Ziel. Es ist durch sich selbst wie Heimat, das ist, was sich auf Dauer durch sich selbst bewährt. Es ist das, was durch das Leben selbst beglaubigt ist und wird. Es erhält Geltung durch die Bindung des Menschen an das Land, an Orte, Böden, Rituale. Und nun verliert das kultivierte Land peu à peu seine Bedeutung.

Mittlerweile ist das Landleben interessengebunden, zweckorientiert, zielfixiert. Die weitgehend totale Industria-

lisierung der Landwirtschaft und die Expansion des Touris-
mus machen das Land zum Geschäftsmodell der Wirtschaft.
Traditionen, die rurale Anmutung, die Bestellung des Felds
als Dienst am natürlichen Zyklus unterliegen Subventionen
und prosaischen Kosten-Nutzen-Kalkulationen, zu dem
Dörfler und Bauern gezwungen sind. Großflächige Landwirtschaft und Pestizide haben Insekten, Säugetiere und
Wildkräuter dezimiert. Der einstigen Romantisierung des
Landes als Projektionsfläche entfremdeter Städter – die beim
Ausflug in die Provinz die Erfahrung der eigenen Biologie
machen: Heuschnupfen, Bienenstich und Hautrötung nach
Gräserkontakt – folgt seit geraumer Zeit der Umschwung.
Jetzt macht sich die Stadt zum Land. Manche Städte beher-
bergen größere Biotope, als die Provinzen sie aufweisen: mit
immenser Artenvielfalt, Kräutergarten, Balkonblumenbeet,
Bauernmarkt, Bioladen und einer große Sensibilität für
Nachhaltigkeit durch den hohen Grad an Akademikern, für
die Wohlstand nicht allein eine Frage des Einkommens,
sondern auch der Gesundheit ihres Habitats geworden ist.
Die ökologischen Verhältnisse in Stadt und Land kehren
sich um. In der Stadt ist es heute im Schnitt sechs Grad
wärmer als auf dem Land – durch Heizungen, Autos und
die bleibende Hitze der im Teer gespeicherten Sonne. Viele
Ländler und Provinzler ziehen in die großen Städte, Frem-
denzimmer in den Dörfern lohnen sich nicht mehr, Zweit-
wohnungen der ausflugenden Mittelschicht auf dem Land
sind oft genug dauervermietet.

Heimat als seelische und physische Behausung ist von allen Seiten bedroht. Global agierende Handelsketten dringen
bis in die letzten Winkel vor und nehmen Orten ihre Einzigartigkeit und Unverwechselbarkeit. Herrgottshöfe und
Heimatschollen werden durch globalen Lifestyle, konfektio-
nierte Marken und Produkte in ein Konformitäts-Mieder

gezwungen. Authentizität und Ursprung, Treue, Vertrautheit und Loyalität, vielleicht Persönlichkeit, Familiarität, Sozialität und Verschiedenheit gehen verloren, wenn eine ebenfalls global agierende (und also wiederum vereinheitlichende) Tourismus-Industrie die letzten Koordinaten der verfügbaren Welt kolonisiert. Der alte, folkloristische Begriff der Heimat tritt in neuem Gewand auf. Nicht Vereinsmeierei und Trachtenumzüge, Rituale und Zeremonien sind gemeint – wiedergefunden wird die Über-Schaubarkeit des Reviers, die Behaglichkeit der Scholle, ja die Über-Sichtlichkeit der kleinen Form, in Stellung gebracht gegen die Zumutungen der Welt-Vergrößerung durch den plötzlichen Verlust aller Grenzen. Heimat ist dann aber nur noch eine *Kulisse* ihrer selbst.

Heimat wird zu Performance von Heimat, indem das Heimatliche inszeniert und geradezu museal ausgestellt wird, um kurzzeitig hereinspringenden Touristen die wohlige Anschauung des Ursprünglichen zu ermöglichen. Die Idylle stellt sich selbst als Idyll-Kulisse aus. Die Selbstmusealisierung der Dörfer als Freilichtmuseum einer vorgetäuschten Folklore ist ein trauriges Geschäft für die Reise-Industrie auf ihrer Suche nach letzten Eroberungen. Wenn sich Starbucks jetzt selbst in kleinen Ortschaften niederlässt, wird Heimat entkernt, entbunden, formalisiert und zur puren Behauptung. Die Kolonisierung der Heimat durch *die Idee* von Heimat ist ein ursprungsvernichtender Vorgang. In den Städten wird Heimat-Entkernung durch Gentrifizierung betrieben, jenes oft beschriebene Phänomen der Verdrängung des Angestammten durch das Umherziehende auf der Suche nach optimalen Habitaten für eine wohlständige Lebenswelt, das jetzt sogar in der Provinz zu beobachten ist und die Lebensräume von Menschen, die sich luxuriöse Reservate nicht leisten können oder wollen, verkleinert und auslagert. Drastisch, aber nicht unrealistisch mutet die Vision von Riesengettos an den Randgebieten noch lebenswerter Städte und Dörfer an, wenn das Recht auf Behausung nur noch als Recht des Geldes auf Wanderschaft in lukrative Anlageobjekte verstanden wird.

Der Furor des Verschwindens ist keine deutsche Angelegenheit allein. Beschauen wir eine dörfliche Kleinstadt nicht in Deutschland, sondern zum Beispiel auf Mallorca. In einem größeren Ort im Herzen der Insel, 5000 Einwohner, findet seit zwei Jahren eine sukzessive Vertreibung der Ursprünglichkeit statt. Viele Häuser in den Gassen der Altstadt stehen leer, weil die Kinder nach dem Tod der Eltern das Dorf verlassen oder die Eltern die Häuser verkaufen, da ihre Kinder in die Stadt oder aufs Festland ziehen. Die alte Bausubstanz ist renovierungsbedürftig, die Häuser werden entweder zu Verkauf oder Vermietung angeboten. Und was geschieht? Investoren kommen, kaufen auf, und auf einmal sind die Angebotsschilder an den alten Balkonen der Häuser fort. Rasch wird renoviert, restauriert, aufgehübscht und luxussaniert, dann werden die Häuser an zahlungskräftige Neu-Eigentümer verkauft, sagen wir: aus Großbritannien oder der Schweiz oder Deutschland. Sie machen sich die fremde Heimat eigentümlich, ohne dass das Neue heimatlich werden kann. Gewiss, es kann ein Zuhause werden im Sinne einer Behausung; der neue Eigentümer zieht dann zu seinem Hause auf dem Grund einer fremden Heimat. Mittlerweile gibt es englische Immobilienagenturen an der Hauptstraße, SUV-Rover drängen sich durch die Gassen, die einst für Pferde konzipiert wurden, und die schönsten Häuser werden von Pensionären bewohnt, die in den Cafés am Hauptplatz im Internet surfen und chatten. Inwieweit verändert sich dadurch Heimat für die ursprünglichen Bewohner?

Heimat geht verloren, wenn das Angestammte schwindet, weil es nicht mehr in die Zukunft übersetzt wird. Aus dem heimatfernen Raum wird Heimat kolonisiert, indem der heimatferne Käufer nicht den Grund und Boden, sondern die Errichtungen und Errungenschaften seines neuen Zuhauses aufkauft. Die Alten sterben, und mit dem Tod der Alten und dem Fortgang der Kinder stirbt das Wissen und die Erinnerung des Heimatlichen, sterben die alten Formen und Weisen. Wo es Ensaimada gab, Hefeschnecken mit Schweineschmalz, gibt es bald Biobrot. Soll man das Fortschritt nennen? Und ist der, welcher über das Verschwinden der Vergangenheit zu trauern beginnt, ein Reaktionär? Der Auszug aus dem gelobten Reservat der Kindheit in die Metropolen Barcelona und Madrid hat begonnen, wer wollte diesen Ziehenden einen Vorwurf machen?

Die Aufgabe der Provinz als Lebensform bringt es mit sich, dass vor allem kleine Ortschaften sterben. Mit den Orten stirbt die Idylle. In Deutschland trägt die Idylle Namen wie Wunsiedel, Hunsrück, Hirnsberg. Erst sterben Krämerläden, Wirtshäuser und Postfilialen, dann kommen Breitbandkabel, Mobilfunkmasten und der tägliche DHL-Sprinter. Mit dem Dorf, dem Ort, dem Kirchturm, dem Fachwerkdetail geht immer ein Stück Selbstverständnis. Deutschland ist nicht der zentralistische Moloch, und die Hauptstadt Berlin ist nicht gleich Deutschland. Mehr als andere Nationen Europas speist sich Deutschland aus der föderalen Vielheit seiner Regionen und Orte, mit Landestheatern und Kommunalindustrien. Hierzulande strukturiert das Länder-Prinzip den Staat: der Landkreis, der ein Erdkreis im Kleinen ist. Und nur plädieren irgendwo zwischen Zynismus, Abgeschmacktheit, Weitsicht und Humankapital-Philosophie Wissenschaftler und Berater dafür, die kleinen Orte sterben zu lassen, wenn sie sich nicht rentieren, und die leistungsfähigen Ländler in die Stadt zu locken, auf dass man die berenteten Alten aus den Städten zurück in die Dörfer entsende.

Biotop und Psychotop

In den vergangenen Jahren hat trotz all dem eine erstaunliche und widersprüchliche Wert-Verlagerung stattgefunden. War die Provinz lange Zeit mit dem Spießer-Stigma behaftet, ist sie heute Rückzugsraum für gehobenen Lebensstil. Auf dem bisherigen Höhepunkt der Virtualität – der Entkopplung von Produkt und Wert, Boden und Umsatz, Topos und Mythos – entdeckt der globalisierte Mensch der permanenten Mobilität und Fabrikation, Künstlichkeit und Kontrolle die reine, nackte, bloße Natur für sich. Das spätmoderne Subjekt zieht zu Felde gegen seine Naturentfremdung in den artifiziellen Schleifen seines zunehmend virtualisierten Lebens, und ganze Menschenkolonnen ziehen auf die Wiesen und Felder, in die Berge und Täler; Prosa über Natur und Land ist beliebt wie nie. Die Sehnsucht nach neuer spiritueller Naturerfahrung treibt zunehmend mehr Städter aus den immer gleicher werdenden, mit den immer gleichen Geschäften, Filialen, Steinen, Bänken, Schildern ausgestatteten, immer stärker uniformierten und zugleich immer gesichtsloseren Städten in die konkrete Stille der grenzenlosen Wildnis. Natur ist in den vergangenen Jahren vom Biotop zum Psychotop geworden. Sie ist nicht mehr, wie in blaublumigen Zeiten der Romantik oder der späteren Wandervogelbewegung, reiner Selbstzweck, sondern Instrument eines individuellen Nutzwerts, das dem überspannten

Subjekt Entspannung von den Reizfluten seiner Alltagswelt ermöglicht. Der Mehrwert der Naturerfahrung liegt in der Wahrnehmung verdrängter Gefühle: der anstrengungslosen Aufmerksamkeit.

Auch wenn die Bewegung zurück zur Natur nicht gänzlich neu ist, so ist ihre Aussage heute treffender denn je. Zurück zur Natur heißt zurück zu sich selbst. Zurück zu sich heißt aber nicht zurück in die Höhlen, sondern abermals hinein in den heilsamen Erfahrungsraum von Überschaubarkeit und Ordnung, aus dem der Mensch stammt. Die Wiederentdeckung der Natur eröffnet den Menschen aufs Neue vertraut archaische Erfahrungsräume, um jene Handlungskompetenzen zu erwerben, die sie in den Komfortzonen der Wohlstandsgesellschaft verloren oder verlernt haben: Empathie, Toleranz, Gelassenheit, Wertschöpfung und Wertschätzung. Als Begriff steht »Heimat« dann für alles, was dem Unbehagen an der gegenwärtigen Kultur der weitgehend totalen Sozio-Ökonomisierung des Lebens – der Messbarkeit, Vermessbarkeit, Zählbarkeit, Steigerbarkeit, der Funktionalität und Nutzbarkeit – Ausdruck verleiht. Im Begriff der Heimat hat sich in den vergangenen Jahren ein erstaunlicher Wertewandel vollzogen: Durch die unermessliche Raumvergrößerung der entgrenzenden Globalisierung wird die wiederentdeckte Heimat zum ersehnten Exil. Das bleibt nicht unerkannt.

Medien im weiteren Sinne reagieren auf gespürte oder gemessene Bedürfnisse ihrer erhofften Leser. Vor einem Jahrzehnt haben die Verlagshäuser die Hinwendung des spätmodernen Subjekts zur Heimat als Hinwendung zur Transzendenz entdeckt und erfüllen die Sehnsucht postwendend mit neuen Zeitschriften, Magazinen und Büchern. Die steigende Sehnsucht der Zeitgenossen nach Sicherheit und die Wiederentdeckung der Natur ermöglichen eine Win-win-

Situation: Bedürfnisbefriedigung gegen Auflagensteigerung (so war das freilich immer). Die neue Zeitschrift *Walden* etwa thematisiert das Verhältnis zwischen der Kleingemeinschaft eines »Wir« an abenteuerlustigen Kerls, die gerne bastelnd die Natur erobern, und dem Gefühl einer ungetrübten Naturerfahrung durch natur- und heimatverlorene Städter, für die eine professionelle Redaktion Abenteuerausflüge vor der eigenen Haustür konzipiert. Motto: »Draußen wartet mehr auf uns.« Oder die zahme, auf die Schönheit und Berechenbarkeit des heimischen Garten- und Landlebens setzende, in den Augen rebellischer Traditionsverächter spießbürgerliche Zeitschrift *Landlust,* die, aus dem Nichts kommend, seit 2005 die »schönen Seiten des Landlebens« verhandelt.

Während die große Mehrheit der deutschen Zeitschriften Leser einbüßt, hat die Allensbacher Markt- und Werbeträgeranalyse (AWA) für 2016 gegenüber dem Vorjahr einen Zuwachs von weiteren 320 000 Lesern pro Ausgabe von *Landlust* ermittelt, das sind 7,2 Prozent, absolut: eine Reichweite von 4,78 Millionen Lesern bei einer verkauften Auflage von einer Million Exemplaren. Eine enorme Erfolgs- und Aufstiegsgeschichte, *Landlust* führt die Top Ten der Aufsteiger nach Reichweite mit großem Abstand an. Die Zeitschrift *Mein schönes Land* folgt mit 20-prozentiger Steigerung zum Vorjahr auf Rang fünf, die Zeitschrift *Landidee* mit 22-prozentiger Steigerung auf Rang sechs. Offensichtlich schätzen die Leser Geschichten von wunderbaren Sonnentagen, zauberhaften Hortensien, veredelten Rosen über den Flug der Königinnen und honorieren das Motto »Gutes bewahren, Schönes entdecken« mit Treu und Euro. Die Natur- und Heimatlyrisierung findet zunehmend auch auf poetischem Wege statt und befreit sich vom Verdacht auf Kitsch und Naivität – deutsche Dichterinnen und Dichter erkunden mit zeitgemäßer »Terrapoetik« die Zerstörung und Veränderung der Natur und der heimischen Landschaftlichkeit. Und wenn schließlich Bücher wie »H wie Habicht« der britischen Autorin Helen Macdonald oder »Das geheime Leben der Bäume« des Försters und Baumflüsterers Peter Wohlleben sowie die Schilderungen des ehemaligen britischen Unesco-Beraters James Rebanks in »Mein Leben als Schäfer« zu Bestsellern werden, deutet das auf den Wunsch der Lesermassen nach Unverdorbenheit, Authentizität und geheimnisvoller Schönheit des Naturhaften hin. Mit geschicktem Marketing stimuliert, drückt sich darin Verbundenheit, Verhaftung und Liebe zu Land, Flora und Fauna, zu Biene, Eule und jenem Trost aus, den Natur zweifelsohne zu spenden imstande ist – als schlagartige Reduktion der Komplexität, als fast religiöse Erlösung von den Zumutungen der Arbeitswelt und ihrer erzwungenen Zeitnot, als Einladung in die Versenkung einer von Heil und Frieden umflorten Lieblichkeit, mehr noch: als retrospektiv gerichtete Sehnsucht nach dem verlorenen Paradies. Trotz poetischer Inbrunst und neoromantischem Nature-Writing ruiniert der Mensch bekanntlich nach wie vor seine natürlichen Lebensgrundlagen.

Biophilie und Waldlust

Speziell in Deutschland ist der Wald eine quasireligiöse, ja, national-mythische Angelegenheit. Deutschland ist Waldland, Wald und »Heimat« stehen in einem zumindest sprachlich symbiotischen Verhältnis. Mit der großen Schlacht im Teutoburger Wald zwischen den germanischen Stämmen um den cheruskischen Fürsten Arminius und den Truppen des Publius Quinctilius Varus, Heerführer dreier römischer Legionen, im September des Jahres 9 n. Chr. entstand der Mythos des Waldes als Verteidigungsrevier im Kampf gegen die Invasoren, die 1800 Jahre nach den Römern in Gestalt von Napoleons Franzosen kamen. Seither, scheint es, ist Heimat eine besondere Angelegenheit der Verteidigung des Eigenen gegen das Fremde, und wer nach einem Beispiel für kollektive nationale Identität auf der Basis von Geschichte sucht, wird sie womöglich im Teutoburger Wald finden.

Für Deutschland mag die kämpferische Selbstbehauptung im Wald ein Ur-Mythos eigener Wehrhaftigkeit sein, jedenfalls ein prägendes Bild, das zur Erklärung der idiosynkratischen, fast hysterischen Sensibilität gegenüber Waldsterben, saurem Regen und politisch gefördertem Naturschutz dienen kann. Deutsche Weltuntergangs-Szenarien sind fast immer Simulationen eines Niedergangs der Wälder. Dass die Bedrohung unserer Lebenswelt auf schiefe Weise mit der Angst vor der Apokalypse korrespondiert, mag mit dem kulturellen Erbe der Universalpoesie ab 1806 zusammenhängen: Naturverehrung als Denktradition ist ein sehr deutsches Phänomen. Die Naturfeier der Deutschen mit ihrem Wald ergibt eine geradezu merkwürdig national-erotische Beziehung. Philipp zu Guttenberg, Präsident der deutschen Waldbesitzer, hat vor wenigen Jahren die deutsche Waldromantik per Interview auf den springenden Punkt gebracht: »Vom Wald trennt man sich als Letztes, wenn alles andere verloren ist ... Wenn man sich die großen historischen Ereignisse anschaut, Inflation und Weltwirtschaftskrise in den 1920er-Jahren oder die Weltkriege, dann sieht man: In diesen Phasen wurde unglaublich viel an Wert vernichtet, aber der Wald, der war hinterher immer noch da.«

Der Wald ist immer die Zukunft des Landes. Der Wald symbolisiert Wert und Zyklus des Lebens. Der Wald ist Rohstofflieferant und Naherholungsgebiet, er ist die Chiffre für Beständigkeit, für Wertbestand, Wertschöpfung, Ewigkeit, Schönheit, Natürlichkeit und Nachhaltigkeit und wird so zur Projektionsfläche für jeden Grund-und-Boden-Apokalyptiker, der das Ende der Welt herbeigekommen sieht, wenn auch nur ein Stamm zu viel gefällt wird. In keinem europäischen Nachbarland hat das Waldsterben eine derart große Rolle wie in Deutschland gespielt, der Waldschadensbericht war immer schon die jährlich überbrachte johanneische Offenbarungsschrift der Regierung. Wenn der Wald fällt, fällt auch der Mensch. *Nach den Wäldern stirbt der Mensch* – so brachten während des großen Waldsterbens in den 1980er-Jahren die Umweltschützer ihre Endzeitvision zum Ausdruck. Und in der Tat: Das Holz wird knapp. Schätzungen zufolge fehlen von 2020 an bis zu 40 Millionen Kubikmeter pro Jahr.

Der eigentliche Grund für die Gleichsetzung von Waldsterben und dem Ende der Welt im deutschen Denken und Fühlen liegt in der vorromantischen Geschichte begründet. Im 17. und 18. Jahrhundert gab es in großen Teilen jenes Gebiets, das heute die Bundesrepublik umfasst, eine im Zuge der Industrialisierung heftige Forstvernichtung. Fast ganz Mitteleuropa wurde abgeholzt, den Deutschen wurde ihr Wald genommen, und sie bekamen Fabriken und mit den Fabriken den Dreck und die Entfremdung. Was das Verhältnis der Bürger zum Wald und im Großen zur Natur angeht, liegt der Unterschied zu Frankreich oder Polen in der schieren Bevölkerungsdichte Deutschlands: Bei durchschnittlich 248 Einwohnern pro Quadratkilometer wird es schwierig, sich ein bisschen Natur in seinem Umfeld zu erhalten. Noch immer werden 100 Hektar pro Tag versiegelt, was, projektiv betrachtet, bedeutet, dass in einigen Jahrzehnten die gesamte Bundesrepublik zubetoniert sein wird.

Der deutsche Wald gewinnt seinen mythischen Charakter durch seine lange Abwesenheit. Wenn der Baum dann wieder steht, ist er das Symbol einer alle Lebenszyklen des kleinen Menschen überdauernden Ewigkeit, dem gegenüber sich das Individuum insofern ein Gefühl der Erhabenheit gestattet, als es sich in Demut unter den Schutz mächtiger Kronen duckt, die etwas Größerem aufsitzen als dem Kopf eines Königs. Romantische Naturverbundenheit ist auch eine Reaktion auf den einst schmerzhaft erlebten Kahlschlag. Die religiös umflorte Verklärung des in Mondlicht getauchten Waldes wurde zum Leitmotiv zahlreicher romantischer Dichter und Maler, welches dann im Zuge eines erwachenden Nationalbewusstseins Mitte des 19. Jahrhunderts mythisch erhöht, nationalistisch verbrämt und schließlich durch die Ekklektiker der braunen Bewegung zur Quelle einer goliathhaften Selbsteinschätzung stilisiert wurde.

Eine Studie englischer Forscher der University of Essex in Colchester über Naturaufenthalte in Form von Wandern, Fahrradfahren, Fischen, Reiten und Gartenarbeit kam vor einigen Jahren zu dem Schluss: Schon fünf Minuten körperliche Aktivität im Grünen hellte die Stimmung erheblich auf und steigerte das Selbstwertgefühl deutlich. Hochgefühl und Selbstwert gelten Psychologen als wichtige Indikatoren für geistige Gesundheit; geringe Selbstachtung und andauerndes Stimmungstief als Indikatoren für Depressionen. Der Mehrwert der Naturerfahrung liegt in der Wahrnehmung verdrängter Gefühle bei anstrengungsloser Aufmerksamkeit, so würde es der Psychosomatiker sagen. Die große Heilwirkung der Naturerfahrung liegt also in der Interesselosigkeit einer Identifikation mit sich selbst, dass der Mensch sich wieder als Naturwesen, als Natur begreife.

Der Mensch funktioniert wie die Natur, weil er Bestandteil der Natur ist. Irgendwann im unerbittlichen Verteilungskampf und während des unausgesetzten Strebens nach permanentem Wachstum ist es zum Bruch zwischen dem Naturwesen und der Umgebung gekommen. Die Wiederentdeckung der Natur, lautet der Umkehrschluss, eröffnet dem Menschen vertraut archaische Erfahrungsräume, um Handlungskompetenzen zu erwerben, die er in den Komfortzonen der konsumorientierten Wohlstandsgesellschaft verloren oder verlernt hat: Empathie, Stresstoleranz, Wertschöpfung. Auch wenn eine Bewegung zurück zur Natur nicht gänzlich neu ist (und sich, historisch betrachtet, vermutlich periodisch wiederholt), ist ihre Aussage heute treffender denn je: »Zurück zur Natur« heißt zurück zu sich selbst. Zurück zu sich selbst heißt aber nicht zurück in die Höhlen, sondern heißt: hinein in den heilsamen Erfahrungsraum der Geborgenheit.

Wertverlust der Landwirtschaft

Nach dem Tod der Idylle folgt das Sterben des Landes und mit ihm der Niedergang der Landwirtschaft. Der Landwirt kann nur noch durch die Hilfe der Gesellschaft überleben, für die er – gönnen wir uns die zarte Poesie – das Korn erntet und die Milch melkt, für deren gesunde Seele er die Landschaft pflegt. Nehmen wir willkürlich, aber stellvertretend das Dorf Wahmbeck im Weserbergland, Niedersachsen. Vor 20 Jahren gab es in Wahmbeck noch 20 landwirtschaftliche Betriebe, heute ist hier nur noch einer. Solcherart Dezimierung wird mit dem Wort »Strukturwandel« bezeichnet. Im Landkreis sind vier Betriebe akut von der Insolvenz bedroht, ältere Landwirte überlegen, ob sie schon jetzt in den Ruhestand gehen, und manch jüngere, ob sie aus der Milchviehwirtschaft aussteigen, bevor sie das Grundvermögen verbraucht haben. Die Gegend ist, wie so viele Gegenden in deutschen Provinzen, strukturschwach: Weil es keine Jobs gibt, sind die Landwirte zur Landwirtschaft verdammt. Es geht nicht mehr um das Korn als Same des Lebens oder die archaische Tradition der Landbestellung in der blauen Stunde des Nachmittags oder um die edle Einfalt der göttlichen Natur, wenn es darum je gegangen ist. Es geht heute um Prozente, Dezimalen, Spekulationen, um Abschreibungen, Anträge, Investitionen und Expansion. Die Naturverbundenheit des Landwirts erschöpft sich nicht in der Betrachtung einer umherschwirrenden Hummel, sondern gründet in der Vision, den Boden in seiner Fruchtbarkeit zu bewahren. Landwirtschaft ist Wirtschaft mit und auf dem Land, ohne Land und Wirtschaft beeinflussen zu können. Der erfolgreiche Landwirt ist ein kühl kalkulierender Marktwirt, weil er genau so einer sein muss, ein betriebswirtschaftlich gewiefter Manager eines mittelständischen Unternehmens. Der globalisierte Handel lässt ihm keine andere Wahl: Stundenlang sitzt der Landwirt nach der Feldarbeit an den Einträgen zu den Rubriken Ackerschlag-Kontrolle, Flächenzeichnung per CD-ROM, Dokumentation des Düngereinsatzes, der Bodenproben, der Futtermischung, Einkauf, Verkauf, Planung der Fruchtfolge, dazu kommen sieben- bis zwanzigseitige Formulare zur Dieselrückvergütung, für Flächenprämien oder das Umweltförderprogramm. Schließlich geht er ins Internet, wo er gerne unterwegs ist, nicht etwa surfend, sondern Angebote vergleichend, mögliche Handelspartner suchend, Wetter und Trend studierend, all das mit dem einen, großen Ziel: den Betrieb entwickeln, voranbringen, verbessern. Verbessern heißt, die teuren Maschinen stets ein Stück synergetischer auszulasten. Verbessern heißt, Fixkosten durch Wachstum zu senken: Je größer die Einheiten bei gleichbleibendem Maschinenbestand, desto mehr rentiert es sich. Je höher die Stückzahlen Dünger, Diesel, Futter, desto besser ist der rabattierte Einkaufspreis; je hektarreicher das Land, desto weniger Fahrzeit und also Arbeitszeit- und Dieselverlust hat der Mähdrescher.

Die Garantiepreise für Weizen wurden seit 1993 kontinuierlich abgebaut, und je globalisierter der Markt wird, desto mehr fällt der Außenschutz. Aus Amerika kommt Käse nach Europa, und in den WTO-Verhandlungen ist die Landwirtschaft Gegenstand von Kuhhandel und Kompromiss: ein VW-Werk in Brasilien gegen brasilianisches Zuckerrohr auf dem europäischen Markt. Der Landwirt in Wahmbeck hat die Zuckerrübenwirtschaft vor drei Jahren eingestellt, und wer wie er mit neuseeländischen, chinesischen und französischen Milchbauern konkurriert, hat keine andere Chance, als zu expandieren. Flächen, Äcker, Kühe, immer mehr, immer größer, Kostenminimierung gleich Gewinnmaximierung. Was Schlechtmeinende als »Gier« bezeichnen könnten, heißt aus Landwirtssicht Überlebenskampf. Wer nicht wächst, ist erledigt. Landwirtschaft heute heißt Fressen oder Gefressenwerden

Seit Anfang 2008 ist zu viel Milch auf dem Weltmarkt, also ist der Preis pro Liter gesunken. Wenn der Markt übersättigt ist, bringt ihn schon eine geringe Übermenge zum Kippen. Die Erzeugerpreise sinken, die Verbraucherpreise aber nicht. Europa erzeugt mehr Milch, als die Europäer brauchen. Die deutschen Molkereien unterbieten sich gegenseitig und konkurrieren miteinander, um mit den großen Handelsketten ins Geschäft zu kommen, statt sich zusammenzuschließen und als große, einheitliche Kraft den großen Fünf – Aldi, Lidl, Rewe, Edeka und Metro – aktiv gegenüberzutreten. Wer eine gesunde bäuerliche Struktur, den Liebreiz einer gepflegten Landschaft, gemähte Wiesen und bestellte Felder haben will, der braucht Bauern, die von der Landwirtschaft leben können. Heimat heißt also auch Futterkonsistenz, Agrartechnik und Kostenkalkulation, sonst sterben die Landwirte aus, und dann verkommt die Idylle, weil Idylle nur da Bestand hat, wo das Land gepflegt wird.

Räume und Netze

Natürlich, Heimat kann bedrängen, bedrücken und in einer radikalen Enge ein Gefühl großen Unbehagens auslösen. Die Assoziationskraft des Wortes »Heimat« lässt ohne Weiteres Begriffe wie Heimattümelei, Heimatmuseum, Heimatstolz, Heimatkunde zu und ist für alle jene, die in der kulturellen Feier der Heimat durch Folklore und Aufwartung eines ästhetischen Traditionsbestands, das Gegenteil von Weltläufigkeit, Kosmopolitanismus und Freiheit sehen. In Heimathass und Heimatverachtung steckt die Verachtung von Kleingeistigkeit und Spießertum. Vielleicht auch die Verachtung der eigenen Herkunft, wenn etwa der Dialekt in einer auf anglifizierte Weltoffenheit und Polyglottie ausgerichteten Lebenswelt etwas hinterwäldlerisch wirkt. Der Dialekt, das macht ihn zur Last, resultiert ebenso wie Heimat und Glauben nicht aus freier Wahl, sondern ist eine Prägung der Rachenraummuskulatur, die man selbst nach Jahren der Einhochdeutschung nicht verliert – es sei denn, die Eltern hätten durch sensible Arbeit auf die Ausmerzung aller identfizierbaren Dialekte hingearbeitet, denn darum geht es dann ja: Durch die Abwesenheit des Dialekts enthebt sich der Sprecher seiner heimatlichen Beschränkung und kann sich als über alle niederen Umstände erhaben inszenieren. Die Fähigkeit zum Hochdeutschen erhebt den deutschen Klein- zum Weltbürger.

Die Berufung auf die Heimat ist für manchen ein Ruf aus der Vergangenheit, die romantisierte Verklärung einer heilen Zeit, die nicht heil, sondern in sich zerstörerisch und immer schon Lüge war – der Kerker einer Familiarität, die bedrückend sein kann. Als Reaktion auf die Wirklichkeit erscheint Heimattreue dann reaktionär, gestrig und provinziell wie das geistige Bollwerk gegen die Verlockungen der Wirklichkeit, die keine Einhegungen und Schollen kennt, sondern nur fließende Freiheit. Die Provinz ist dann keine Untereinheit einer Landorganisation, sie ist nicht der durch Straßenschild und Kataster eingegrenzte Ort der eigenen Herkunft. Heimat als Bodenfaktum und Kulturraum aber entspricht nicht dem kosmopolitanen Lebensgefühl, das sich gerade dagegen sträubt, räumlich festgelegt und eingegrenzt zu sein: Die Auflösung der Grenze wird gleichgesetzt mit der Erweiterung des Absatzmarktes. Boden und Raum als Wertmaßstäbe werden ersetzt durch Wachstum und Weltgesellschaft.

Wer in der Epoche des globalisierten Welt-Raums lebt, ist notwendig ein Globalist. Ihm, dem Bewohner jener Kosmo-Polis, geht es um Schaffung neuer, anderer, größerer Heimaten, um eine Schöpfung neuer sozialer Geborgenheitsräume. Wichtig ist der Prozess, das Werden, und Primat hat die Improvisation. Es gibt ein doppeltes »Globalisierungs-Paradox«. Einfach gesagt: In der Leere der unendlichen Größe einer entgrenzten Welt entsteht das Bedürfnis nach der Fülle durch vielfache Kleinheit, was etwa die Parzelle, die Scholle, der klar umzäunte Boden wäre. Durch Grenzauflösung kann Heimatlosigkeit entstehen, Heimatlosigkeit wiederum lässt die Sehnsucht nach Identität anschwellen. Ökonomisch betrachtet, entsteht ein Widerstreit der Ansprüche: Alle Menschen an allen Orten der Welt können aus aller Welt mehr Waren denn je bestellen und kaufen, vom Obst über das Textil bis zum Handy. Und doch wächst die Abneigung gegen den globalen Handel, der ebendies ermöglicht. Warum ist das so? Weil dem globalen Handel oligopolistische Strukturen zu unterliegen scheinen, von denen man, ist man nicht Mitglied einer handelskritischen NGO oder Partei, keine genauere Kenntnis hat. Und weil Produktionssteigerung, Kostendruck und Zeitverdichtung viele – und immer mehr – Menschen in die Erschöpfung treiben und die große Verheißung der totalen Freiheit dem Zwang unterliegt, diese Freiheit auch unbedingt annehmen zu müssen. Je globaler und global vernetzter das Leben wird, desto weniger aufgehoben scheinen die Menschen darin zu sein.

Die globalisierte Welt (eine denkwürdige Tautologie im Übrigen, denn die Welt ist ja der Globus) ist jenseits ihrer Zurichtung zum Marktplatz ein gigantischer Möglichkeits-Raum an koexistenten Lebensentwürfen und Kultur-Modellen, den mittels Billigflügen und einer hochagilen Massentourismusindustrie zu entdecken für immer mehr Menschen möglich geworden ist; Wikipedia hat den Baedeker abgelöst, und Airberlin fliegt auch nach Phnom Penh. Die Gleichzeitigkeit der Ereignisse ist so frappierend wie der Verlust der Zeit als Organisationsinstrument herausfordernd. Der einzelne Mensch ist Objekt algorithmischer Prozesse und systemischen Kräften ausgeliefert. Im globalen Welt-Raum nimmt er teil an einer vorformulierten Welt und passt sich ein in die Textur der Formatvorlagen. Aber

Heimat ist das nicht. Heimat ist da, wo der Mensch sich selbst gehört. Wo er Eigentümer seines Lebens ist. Wo er Selbstzweck ist, unmittelbar, in Vertrauen und Selbstverfügung. Es ist der Ort, der zugleich Idee und Erfüllung ist. Dort ist die Entspannung am größten. Der Heimatort, lässt sich schließen, leistet Entspannungs-Optimierung. Heimat als Form der Beheimatung an einem vertrauen Ort ist zugleich ein Lebens-, Erfahrungs- wie Geborgenheitsraum. Und die Kultivierung, die Neu- und Rückgewinnung dieses Raums, ist im weiteren Sinn Kultur.

Verlust der Heimat

So fest sie steht, so fahrlässig kann Heimat verloren gehen. Nicht als Phantom, als Proust'sches Combray in der rekonstruierten Erinnerung, nicht als Klangwelle einer begrifflichen Tradition, sondern als leibhaftige Erfahrung eines Geborgenheitsraums. In ihrer Abwesenheit ist Heimat expliziter anwesend als in der Unmittelbarkeit der Anwesenheit. So gesehen ist Heimat eine Sehnsucht, nicht eigentlich ein Ort, sie ist eine Utopie. Topos ist u-topos. Was als Gegenstand einer Sehnsucht ein entsprechend starkes Gefühl ausbildet, generiert Wert. Die Werthaltigkeit der Heimat besteht dann in der Bindung des Menschen an einen spezifischen Ort, eine Landschaft, eine Gegend, eine Stadt, die er immer wieder erinnert – genauer: erinnern muss. Wenn nämlich das nicht deklarative Gedächtnis von welchen unbewussten Reizen auch immer getriggert wird, lassen sich die Bilder nicht mehr vertreiben.

Heimat kann das immer schon Gegebene sein, das man

zeitlebens wieder sucht, das man immer wieder auffindet und irgendwann vielleicht nicht mehr findet. Heimat kann die lebenslange Versuchung sein, einen Ort als Nicht-Ort zu begreifen. Heimat kann im Gefühl einer Sehnsucht des Fehlenden bestehen, die ewige Sehnsucht nach der Erfüllung einer bislang unerfüllten Sehnsucht.

Heute *über* Heimat zu sprechen heißt vor allem, über ihren Verlust zu reden. Man kann Heimat auf vielfältige Weise verlieren: materiell-leiblich durch Flucht und Vertreibung, virtuell-psychisch durch Veränderung und Entfremdung. Und man kann sie, als letztes Elixier des Eigenen, durch Sprachverlust verlieren. Die Anglifizierung der Welt durch Handel, Kommerz und Digitalisierung mittels der weltspannenden Lingua franca Englisch nivelliert lokalsprachliche, idiomatische Unterschiede und planiert die Nischen der Niedersprachen. Man darf demnach vom Verlust der Idiosynkrasien sprechen: vom Verlust des je Eigenen als Verlust der je eigenen Sprachlichkeit. Das Leid des Heimat- und Raumverlusts ist immer auch ein Sprachverlust. Manchmal lebt man in der Heimat wie ein Fremder, dann ist die Heimat zugleich ein Exil.

Erkennbar wird die Aufforderung, das Eigene zu klären, wenn das Fremde nicht einmal mehr an die Tore des Reviers klopft, sondern in millionenfacher Gestalt bereits im eigenen Hause steht. Das Haus kann, muss aber nicht die Heimat sein, doch jeder stellt sich dann die Frage, ob er oder sie noch Herr darin ist. Und wenn dieses Haus Heimat ist, dann ist die Konfrontation für jene, die sich damit auseinanderzusetzen haben, ungleich schwieriger zu bewältigen, als wenn es nur das Zu-Hause oder die Wahl-Heimat ist. Im Fall der Heimat geht es, genau genommen, um jenes wesenhaft Wesentliche, das mehr ist als ein Gefühl – und weniger als eine Tatsache. Mit dem Wesenhaften ist es natürlich so eine Sache: Das Wesen von etwas, lehrt uns die philosophisch-psychologische Disziplin der Phänomenologie, sei stets das Bewusstsein *von* etwas. Also in Bezug *auf* etwas.

Nicht einmal die Zerstörung des Herkunftsorts kann die Heimat als physisches Faktum auslöschen. Heimat löscht sich erst dann aus, wenn, medizinisch-klinisch gesprochen, das Bewusstsein verloren geht (nicht aber bei Demenz und Alzheimer, da die ersten Erfahrungen des Lebens im Langzeitspeicher von der Krankheit unberührt bleiben). Heimat geht verloren, wenn die Nachkommen aussterben, weil so die Traditionen sterben. Wenn die Jugend das Dorf verlässt und die Häuser der Vergangenheit sich leeren. Die Orte werden ausgeräumt, die vertrauten Räume entleert. Schlechte Demografie ist der innere Feind der Heimat, weil das Ausbleiben der Jugend die Kontinuität der Traditionen aufhebt.

Der Furor des Verschwindens erfasst bereits die Dezimalen: Krämerläden weichen Supermärkten, Postämter schwinden und mit den Postämtern die Verschickung in die weite Welt und das Gespräch der Nachbarn über Belangloses in der Warteschlange. Orte und Dörfer werden durch Homogenisierung verfremdet, indem ihnen ihre Eigenheit durch globalisierte Standards genommen wird, und Retorten-Orte verlieren ihre Unverwechselbarkeit. Die Standardisierung liefert schließlich die vollendete Verfremdung des Vertrauten: das, was sich stets von selbst verstand, was ohne Mühe sofort verstehbar war, wofür es keiner Dechiffrierung bedurfte.

Verloren geht die Heimat-Anmut, wenn ihre Anmutung durch Vereinheitlichung schwindet. Die Konfektionshaftigkeit der entgrenzten Güter- und Warenproduktion ist in gewisser Weise der äußere Feind der Heimat, da der *global lifestyle*, der im Gefolge der globalisierten Ökonomie in die letzten Herrgottswinkel vordringt und die letzten Nischen der Eigenheit in den Hauptstrom einer konfektionierten Waren- und Güterproduktion der immer gleichen Produkte immer gleicher Anbieter immer gleicher Mutterkonzerne einschwemmt, jede Lebenswelt kolonisiert und die Vielfalt der Provinzialität vernichtet. Mit dem spezifischen Boden, den ortsansässigen Menschen, den jeweiligen Bedürfnissen hat das nichts mehr zu tun, und die Folge mag Ödnis und Tristesse durch Austauschbarkeit sein. Wenn das *orts-spezifisch Originelle* schwindet, wird der Verlust des Spezifischen als Bedrohung, Zumutung oder Verfremdung empfunden.

Die Preis- und Aufgabe der Heimat als Lebensform bringt es mit sich, dass kleine Ortschaften sterben und mit den Orten die Idylle stirbt und mit jedem Detail ein Stück Selbstverständnis. Glücklicherweise ist Deutschland kein zentralistischer Moloch. Deutschland ist nicht auf seine Hauptstadt reduzierbar, Berlin steht nicht als Synonym für die Republik. Deutschland definiert sich über die Vielheit seiner Regionen und Orte, und das föderale Prinzip, das hierzulande den Staat strukturiert, ist die strukturelle Verhinderung einer Stadt als Übermacht.

Heimat als seelische und physische Behausung ist von allen Seiten bedroht. Je globaler und global vernetzter das Leben wird, desto weniger aufgehoben scheinen die Menschen darin zu sein, wenn dadurch Heimat-Netze reißen und Heimat-Schollen davontreiben. Heimat ist dann nur noch *Kulisse* von Heimat, indem das Heimatliche inszeniert und museal ausgestellt wird, um kurzzeitig hereinspringenden Touristen die wohlige Anschauung des Ursprünglichen zu ermöglichen. Heimat wird zur Performance von Heimat. Sie wird errichtet und gepflegt nicht um ihrer selbst willen, sondern durch Vermittlung ihrer Folklore als Identitätsvehikel und Wirtschaftsfaktor.

Am Ende der Inszenierung von Heimat als Heimatlichkeit wird Heimat entkernt sein, formalisiert und als Behauptung der Realität übergestülpt. Die Kolonisierung der Heimat durch *die Idee* von Heimat ist ein ursprungsvernichtender Vorgang. Was bleibt, sind im Großraum driftende Atome, orientierungslos und ohne Haftung. Auch wenn die Kirchturmglocken weiter schlagen, wird ihr Ton klingen wie die verzweifelte Selbstbehauptungsklage der entwerteten Ewigkeit. Das Leid des Heimatverlusts ist immer eine Kränkung, immer eine Verletzung, immer eine Fraktur der Seele.

Aller Verluste zum Trotz: Heimat kehrt immer wieder, auch das macht sie aus: die Rückkehr, die Kehre, die Verführungskraft des Ursprungs. Noch ist Heimat nicht verloren, im Gegenteil. Die deutsche Band Silbermond etwa besingt die Melancholie der eingebüßten Heimatlichkeit als Sehnsucht nach Nebel, Heu und Kindheit auf der strichgeraden Bundesstraße 96 von Berlin nach Bautzen: »Und die Welt steht still, hier im Hinterwald, und das Herz schlägt ruhig und alt, und die Hoffnung hängt am Gartenzaun, und kaum ein Mensch kommt je vorbei. Im Hinterwald, wo mein Zuhause ist, Erinnerungen holen mich ein, schön, wieder hier zu sein.« Einer Studie des Instituts der Deutschen Sprache zufolge ist Plattdeutsch in Schleswig-Holstein und Mecklenburg-Vorpommern höchst vital und die Zahl derer, die Niederdeutsch verstehen und sprechen (also »Platt snacken«) mindestens so stabil wie konstant und als Kommentar auf die umfassende Anglifizierung ein schönes Stück Beharrungs-Sinnigkeit. Und beim zwei Tage und Nächte dauernden »Heimatsound-Festival«, das jährlich im bayerischen Oberammergau stattfindet, lässt sich auf anregende und erfreuliche Weise die Vermischung der Tradition mit dem Hedonismus der Party-Kultur studieren. Nicht die »Musi« spielt, sondern der »Sound« rockt und verknüpft die

»Heimat« des trinationalen deutsch-österreichisch-schweizerischen Alpenraums mit dem *global lifestyle* der Newcomer zwischen E-Gitarre und Akkordeon, samt Barfußtanz auf dem Holzboden der Freiluftbühne des Passionstheaters.

Behaglichkeit der Scholle

In den kommenden Jahren wird die Verhältnisbestimmung des Eigenen und Fremden zum maßgeblichen Binnenkonflikt europäischer Nationen werden. Für diesen Satz ist nicht allzu viel prophetische Gabe nötig. Heimat, Heimatschutz, Heimatverlust sind Dreh- und Angelpunkte der Spekulation über die Auswirkungen der Globalität auf das Lokale; Authentizitätssehnsucht ist das Kollateralprodukt digitaler Virtualität. Zwar bewegt sich die Suche nach Zugehörigkeit und die Besinnung auf Heimat im vorpolitischen Raum und ist jeder Politik vorgängig; letztlich aber ist der Heimatschwund eine eminent politische Angelegenheit. Der alte, folkloristische Begriff der Heimat ist aufs Abermalige hochaktuell und tritt in neuem Gewande auf. Nicht Vereinsmeierei und Trachtenumzüge, Rituale und Zeremonien und eine Flut von mehr oder weniger originellen Heimatkrimis sind gemeint, nein, wiedergewollt, wiederentdeckt, wiedergefunden ist die Über-Schaubarkeit des Reviers, die Behaglichkeit der Scholle, die Berechenbarkeit der Parzelle, in Stellung gebracht gegen die Zumutungen einer Aufblähung der Welt durch den plötzlichen Verlust aller Grenzen.

Womöglich ist Heimat letztlich nichts weiter als eine Befindlichkeit: das Produkt einer poetischen Erinnerungsleistung, ja, mehr noch, der mystische Modus zu Teilhabe an der Welt und Teilnahme an einem Kulturraum, der durch Gerüche, Geschmäcke und Tonfälle *sinnlich* bestimmt ist.

Oder bedeutet Heimat viel mehr als das? Ist sie nicht auch der Aufruf ethischer Forderungen an eine Gemeinschaft, in die der Einzelne sich nicht durch Vernunft eingewählt hat, in die er sich aber ständig einwählen muss? Das machte jeden Menschen prinzipiell zu einem *homo politicus,* und dann wäre die Sehnsucht nach Heimat aufs Neue zu einem Politikum geworden.

II
Politik der Heimat.
Grenzverlust und Heimatschutz

Homo sacer und der Exodus

Der eine kommt übers Land. Er wartet Jahre, dann bricht er auf. Er verlässt Somalia oder Nigeria oder Ghana und geht nach Norden. Er reist monatelang unter Gefahr für Leib und Leben, durchstreift Afrika, durchwatet die Sahara, marschiert in den Maghreb, erreicht Melilla, die spanische Exklave in Marokko, jene paar Quadratmeter Europa auf afrikanischem Boden. Er träumt vom Gelobten Land. Verglichen mit der Hölle, aus der er kommt, ist das umzäunte Stück Europa auf seinem Kontinent das große Versprechen auf goldene Zeiten, auf Heil und Hoffnung und nichts weniger denn behaustes Leben. Dann stürmt er den Zaun.

Der andere kommt übers Meer. Sein Ziel ist Lampedusa oder Lesbos. Er wartet Monate, dann rufen die Schlepper. Er folgt ihnen bedingungslos, er zahlt, er geht aufs Meer, aber nicht übers Meer. Das Meer ist der rechtsfreie Raum, in dem der Flüchtling weder heilig noch beschützt ist. Auf maroden Kähnen gerät der Unbehauste in Seenot. Er hält zwei, drei, vier Tage aus, bis er entdeckt wird, anlandet, seinen Fuß auf den Boden des Gelobten Landes setzt. Das Flüchtlingshilfswerk der Vereinten Nationen taxiert die Zahl der Menschen, die gewaltsam aus ihrer Heimat vertrieben worden sind, weltweit auf 65 Millionen, darunter 21 Millionen Individuen auf der Flucht, davon 12,4 Millionen durch Verfolgung allein im Jahr 2015. Im Schnitt wurden im Jahr 2015 in jeder einzelnen Minute jedes Tages 24 Menschen haus- und heimatlos.

Das Wasser ist der zweite Weg, auf dem sich die Hoffnung verschifft. Die Boote der Flüchtlinge sind überfüllt, Stürme peitschen, Barken kippen. Auf dem Boot sind Analphabeten und Akademiker. Das Boot hat Platz für 350

Menschen, doppelt so viele Menschen steigen hinein. Seit Jahren werden von den Küstenwachen gemeldet: im Wasser treibende, überfüllte Kähne mit entkräfteten Somalis, entkräfteten Maliern, entkräfteten Ghanaern. Sie ertrinken in der Enge vor Gibraltar, in der Ägäis, kurz vor Lampedusa. Das Mittelmeer ist ein Massengrab; nach Einschätzung der UNO ist es das gefährlichste Meer der Welt. Seit 2000 starben auf dem Mare Nostrum über 23 000 Flüchtlinge. Die Bilder der im Mittelmeerwasser treibenden Menschen und an den Gestaden anlandenden Leichen gehören zum Ikonen-Vorrat der digitalen Bilderflut.

Das Mittelmeer ist nicht nur der Geburtsraum unserer Zivilisation, durch den seit jeher die Hoffnung auf Heimat verschifft wird. Es ist der Bühnenraum der europäischen Mythen, der Geborgenheitsraum der Völker, die Bühne der Lyrik und Dramatik, der Wissenschaften und Politik.

Das Meer ist vor allem ein Raum ohne Recht. Das Meer ist der obdachlose Raum, er ist weder politisch noch durch das unveräußerliche Recht auf Würde geschützt. Er ist die reine Verkörperung seiner selbst. Auf dem Meer ist der Flüchtling als bloßes Leben nicht einmal Opfer, sondern nur das Objekt von Gewalt und Gewalten. Er ist der Gewalt seiner totalen Ausgeschlossenheit ausgesetzt. Diese Gewalt, schreibt der italienische Philosoph Giorgio Agamben, bestehe in der nicht sanktionierbaren Tötung, die jeder ihm gegenüber verüben kann. Diese Gewalt sei weder als Mord noch als Vollstreckung eines Urteils, noch als Sakrileg einzustufen.

Der große Marsch hat längst begonnen, und er wird lange nicht enden. Im Flüchtling offenbart sich das Dilemma unserer Zivilisation. Er ist von allem ausgeschlossen. Der Flüchtling ist der Homo sacer unserer Tage.

Der aus dem römischen Recht stammende Begriff *sacer*

bezeichnet die Doppeldeutigkeit des zugleich Heiligen und Verfluchten: Der Mensch in seiner nackten Existenz ist so heilig, wie er – seiner zivilisatorischen Rückbindung beraubt – zugleich verflucht ist. Nirgends ist er zu Hause. Alte Heimat hat er nicht mehr, neue noch nicht. Er hat nichts außer sich, er hat nichts als das nackte Leben. Er ist der Schiffbrüchige im weltweiten GPS. Er ist der bloße Mensch ohne Recht und Heil und ohne Heimat. Er verlässt seine Heimat an dem Tag, da der eigene Vater ein Kopfgeld auf ihn aussetzt. Er verlässt seine Stadt an jenem Tag, da der Bruder auf ihn schießt, die Miliz ihn zu jagen beginnt, ihm religiöse Fanatiker seinen Unglauben oder den »falschen« Glauben nicht verzeihen, ihn Sondertruppen korrupter Präsidenten aufspüren. Dann beginnt die lange Geschichte des existenziellen Kampfes um Heimat in Zeiten der Migration.

Aufbruch und Zusammenprall

In Ghana, Nigeria, Somalia, in Syrien, Simbabwe und dem Jemen vereinen sich alle tragischen Konflikte der Welt, der Geschichte und der Gegenwart: Hunger, Dürre, Krieg, Angst, Leid, Gewalt, Folter, Tod, Mord und das unbehauste Sein. Die Länder erleben eine innere wie äußere Katastrophe, den Krieg der Natur gegen den Menschen und den Krieg des einen Menschen gegen den anderen. In so vielen Straßen der Welt finden Schlachten statt, die Straßen sind vermint, gesäumt von Leichen und getränkt von Blut. In Somalia etwa marodieren Banden, manchmal sind die Banditen barfuß, manchmal sind es Kinder, Zehnjährige, die Granaten werfen und in Köpfe schießen. Auf Plätzen explodieren ferngesteuerte Bomben, die Zahl der Selbstmord-attentate steigt allerorten, die der Entführungen, der Tot-schläge. Am Straßenrand: rostige Autowracks, metertiefe Krater, Panzerschrott. Verletzte Seelen, millionenfache Trau-mata. Genozide, Auslöschungen, abgehackte Hände, Ge-nitalverstümmelungen, Vergewaltigungen, Massenmord. Der Zirkel aus Mord, Rache und Vergeltung ist meist ge-schlossen. Er dreht sich immer tiefer in den verdörrten Bo-den Afrikas oder des Nahen Ostens. Wer den Zirkel auf-bricht und flieht, wird gezwungen, sein Leben einzusetzen, um leben zu können.

Der Homo sacer geht über Tage und Wochen hinweg barfuß und wasserlos durch die Wüsten zum Sammelplatz der Hafen- oder Küstenstädte. Die Städte sind überfüllt mit Abertausenden von seinesgleichen, verstopft mit bloßem, rechtlosem Leben, das nach Sicherheit, Zuversicht und Ge-borgenheit strebt, Wochen in Angst und Hoffnung, in den Häusern der Schlepper auf Pappkartons schlafend, auf den Straßen oder in Kirchen und Moscheen; ob neunjährig, dreißigjährig, schwanger oder nicht, mit Brüdern, Schwes-tern, Müttern, Waisen, Witwen oder ganz auf sich allein gestellt, die Füße geschwollen, im Körper Parasiten. Die, die sich Hoffnung bezahlen lassen, die Schlepper, sind schwer bewaffnet und brutal: vergewaltigen Frauen, ersticken, er-schlagen, erschießen, übergießen die Verschleppten mit Säure, werfen Babys über Bord. Tage und Nächte marschie-ren sie durch den Sand der Wüsten. Irgendwann geht das Wasser aus, sind die Gallonen leer. Die Schlepper erschießen Kamele, und die Flüchtlinge trinken Wasser aus ihren Vor-mägen. Was sie im nächsten Land erwartet, sind Macheten-hiebe, Gewehrsalven und Tornados am Himmel.

Der Homo sacer lebt in Zelten, auf dem Boden, in Ni-schen. Er zieht von Lager zu Lager. Das letzte Hindernis ist das höchste: der Zaun. Der Zaun sagt ihm, dass man ihn nicht will. Der Zaun teilt ihm mit: Europa will dich nicht. Der Zaun ist eine Grenze ohne Zöllner. Der Zaun ist der Gegner des Flüchtlings. Der Zaun hat elektronisch gesteuerte Augen in der Tiefe jeder Nacht. Der Zaun ist zwölf Kilometer lang, acht Meter hoch, schräg stehend, in dreifacher Ausfertigung, umwickelt mit Stacheldraht, am Ende Rollen mit Klingen so scharf wie Rasiermesser. Von fern schießen die Grenzschützer mit Gummigeschossen auf die Menschen am Zaun, manchmal schießen sie schon ins Meer. Europa bezahlt Marokko für die Entsorgung der Ungewollten und Unbehausten auf der afrikanischen Platte. Es ist Aufgabe marokkanischer Grenzschützer, die Träume des Flüchtlings zu zerstören für den Schutz der begehrten Heimat Europas.

Wer vom Zaun fällt, bleibt ein Tier. Gestürzt, geschlagen, blutend. Das Blut sickert in den Boden Afrikas, das hier schon Europa ist. Hinterm Zaun gewährt der erste Quadratzentimeter Europa die ersehnten Rechte. Hier wird der Homo sacer zum *Homo europaeus,* mit Recht auf Schutz und Asyl, auf Anwalt und Dolmetscher. Der Zaun trennt Traum von Tod, Existenz von Elend, Exodus von Heimat.

Aber die Welt lässt sich nicht mehr ausschließen. Im globalisierten Raum leben die Menschen transnational. Wo ist die neue Heimat des Homo sacer in einer Welt, die ihre Grenzen nicht mehr kennt und sich ihre letzten Schollen umzäunt und ummauert? Das nackte, allen Rechts entkleidete Leben des Homo sacer prallt an der Grenze auf die souveräne Macht derer, die ihre Heimat vor ihm zu schützen haben. Hier endlich, wo der Wahn der Überwachung vor dem illegalen Zutritt der Zweiten und Dritten in die Erste Welt herrscht, wird das nackte zum behausten Leben.

Homo faber und die Defensive

An den Zäunen trifft der Flüchtling auf den Homo faber. Der Homo faber ist der andere Mensch unserer Epoche. Auch er ist auf der Flucht, in ständiger Bewegung, auf der Suche nach sich selbst, seinem Selbst, seiner Identität. Der Homo sacer definiert sich durch den Grenzverlust – der Homo faber durch Grenzkontrolle. Wer bin ich?, fragt der Homo faber. Wer will mich?, fragt der Homo sacer. Der Kampf des Homo faber gegen den Homo sacer ist die Wunde unserer Zeit.

Der Homo faber ist das Gegenteil des Homo sacer. Er ist ein Produkt des materialistischen Geistes, sein Welt-Entwurf ist kognitiv: die Messbarkeit, Vermessbarkeit, Rationalität und Künstlichkeit, die Körperferne und Gefühlskontrolle, Fabrikation von Werkzeug und Technik, die Herrschaft des Algorithmus und die Definition von Glück durch organisierte Optimierung. Der Homo faber ist ein Mensch der Mathematik und Datensätze, der Funktion und Effizienz, der Berechnung und des Rechts. Und auch er hat keine Grenzen mehr. Er hat seine Ordnung verloren. Sein Leben ist entzeitlicht und enträumlicht. Der Faber ist ein im Weltenraum driftendes Subjekt und im digitalen Kosmos objektiviertes Atom. Resultat der von ihm betriebenen Globalisierung ist die Schrumpfung des Raums und die Verdichtung der Zeit. Grenzenlosigkeit und Gleichzeitigkeit sind die Parameter eines virtuellen Riesenreichs, das alle Grenzposten und Grenzsteine obsolet macht – analoge, materielle und immaterielle, virtuelle.

Selbst-Ökonomisierung, Selbst-Kontrolle und Selbst-Rationalisierung lassen das Leben des Homo faber zum Experiment totaler Planung werden. Die Grenze zwischen Erwerbsarbeit und Privatleben ist gefallen, der Homo faber ist sein eigener Manager. Er hat die Anforderungen des Marktes internalisiert, er ist Unternehmer seiner selbst. Er definiert sein Selbst über Konkurrenz. Wenn er scheitert, trifft die Schuld am Scheitern ihn selbst. Er kann die Dysfunktion nicht mehr auf Arbeitgeber, Markt oder System verlagern. Es gibt für ihn keine Erlösung durch das Außen mehr. Die Entgrenzung der Arbeit korrespondiert mit der Endlosigkeit der Welt durch die Aufhebung der Räume. Das trifft, wie für das physische Reich der Welt, auch auf den virtuellen Space des Universums zu. Der Homo faber hat sich selbst verloren und migriert durch den Raum unendlicher Möglichkeiten. Seine Migration findet innerhalb konstruierter Grenzen statt. Sein Leben ist zu jeder Zeit rechtlich gesichert, aber sein Schicksal ist die Permanenz. Er ist permanent im Aufbruch, permanent unter Zeitnot, permanent erregt. Permanent mobil, permanent zur Flexibilität gezwungen. Er muss permanent seine Exzellenz nachweisen und wird unablässig bewertet. Die heilsgeschichtliche Entschuldung durch die Aufnahme in göttliche Geborgenheitsgemeinschaft ist ihm nicht möglich. Wenn er versagt, wenn er fehlt, wenn er seiner Verantwortung für das geforderte Resultat nicht gerecht wird, trägt er alle Schuld. Permanent souffliert der Geist der Zeit: Du musst interessant sein! Du sollst einmalig sein! Grenz dich ab!

Die späte Moderne, deren Epochenstatus man mit Mitte der 1980er-Jahre ansetzen könnte (Postmoderne, Pluralismus, Privatfernsehen, Deregulierung und globale Transnationalität), hat zu folgenreichen Selbstverwandlungsprozessen geführt: zu einer Casting-Gesellschaft und Ranking-Society, die durch den Imperativ zur allseitigen Spitzenmäßigkeit permanent Selektion betreibt. Ein dauerndes Assessment-Center, in dem der unternehmerische Geist sich seine

Mitarbeiter nach seinem Bilde formt, Gewinnerkult und Siegerkultur zugleich; permanenter Wettbewerb der Ideen, der Argumente, der Konzepte, was permanente Konkurrenz mit dem anderen, dem Nächsten, dem Mitbürger bedeutet.

In diesem Habitat soll der Homo faber widersprüchlichste Anforderungen erfüllen: Er soll kontrolliert und rational, zugleich charismatisch und enthusiasmiert sein. Er ist stets auf sich allein gestellt, muss aber ständig wählen. Er muss sich unentwegt entscheiden, ohne aber zu wissen, wofür er sich entscheiden soll. Sein einziger Bezugspunkt ist er selbst. Er dreht sich um sich. Er weiß, dass er, um sich von all den anderen Fabers zu unterscheiden, als funktionstüchtig wahrgenommen werden muss. Um aber als funktionstüchtig wahrgenommen zu werden, muss er seine Funktionstüchtigkeit ständig sichtbar machen. Um stets sichtbar zu sein, muss es sich permanent selbst repräsentieren, und in der Repräsentanz seiner selbst muss er sich permanent bewähren.

Das sich selbst repräsentierende Individuum steht in Bewährungspflicht und unter Perfektionszwang. Je freier der Einzelne, will heißen: je größer seine Wahlfreiheit ist, desto größer ist auch seine Verantwortung, das Richtige zu wählen. Was aber ist das Richtige? Das, was ihm selbst entspricht. Aber woher weiß der Einzelne, was ihm entspricht? Sich in jeder Situation wählen zu müssen setzt ja die *Fähigkeit* zur Wahl voraus, die keineswegs selbstverständlich ist, weil die Fähigkeit zur Wahl wiederum voraussetzt, dass der Einzelne *in der Lage* ist, sich zu jeder Zeit selbst zu steuern. Oft sind Menschen aber dazu außer Lage: gehen, laufen, rennen auf der schiefen, halb schiefen oder abfallenden Bahn, unfähig, die Koordinaten ihrer Lage anzugeben. Der Wahlfreiheit entkommt er nicht mehr. Mit jeder Wahl muss der Einzelne sich entscheiden und mit jeder Entscheidung Verantwortung für dieselbe übernehmen. Und wenn er keine Verantwortung übernehmen will? Der Wahl-, Entscheidungs- und Verantwortungszwang ist die erste fraglos plausible Rationalität, der er nicht mehr entkommen kann.

Statt freier Selbst-Wahl herrscht in Wirklichkeit Wahlzwang. Eine Wahlmöglichkeit ist nur noch *innerhalb* der Logik permanenter Optimierung aller Umstände und Beziehungen gegeben, der man sich, um überhaupt wählen zu können, unterordnen muss. Jeder Einzelne ist ständig damit beschäftigt, sich zu entwickeln und zu verbessern, um den unausgesprochenen Anforderungen an sich gerecht zu werden. Aber woher kommen die Anforderungen? Sie gelten, *weil* sie gelten. Sie sind fraglos plausibel. Woher ihre Geltungskraft kommt, ist nicht zu sagen. Sie sind da. Sie sind Kultur. Sie sind Ausdruck ihrer eigenen Bewährung. Also sind sie Ausdruck einer Übereinkunft von Menschen, dass sie, diese Anforderungen, richtig seien, sonst gäbe es sie nicht.

Der Homo faber als Zeitgenosse einer Epoche der Grenzverluste kann sich auf nichts mehr verlassen. Er weiß nicht, was genau von ihm verlangt wird. Er weiß nur, dass man Leistung von ihm erwartet. Er weiß nicht, worin die Leistung besteht. Er weiß nicht, wie er sich von den anderen unterscheidet. Er hat seine geistige Heimat eingebüßt. Auf rechtssicherem Boden stehend, blickt er in die unermesslichen Weiten aller Möglichkeitsräume und weiß nicht mehr, WER er eigentlich ist. Seine Heimat der Zahlen und Fakten, der Messbarkeit von Leben, ist ihm abhandengekommen. Die Verwirrung über den Irrsinn gestürzter Gewissheiten treibt ihn in die innere Emigration. Seine Straße, sein Viertel, seine Stadt, seinen Staat hat er noch, ja, aber hat er noch Selbstbestimmung und Zivilität? Hat er den *anderen* aus seinem zwischenmenschlichen Raum bereits ausgetrieben und steht nun, von allen Schutzzusammenhängen entkleidet, als einsames, auf sich gestelltes, emotional instabiles

Individuum da – selbstmächtig, aber in Ohnmacht? Die Auflösung allgemein verbindlicher Normen macht jede Nische zum Mainstream; jeder ist irgendwie anders und doch gleich. Wenn alles gleichermaßen gilt, ist alles auch gleichgültig. Wenn alle unkonform sind, weil sie nicht konformistisch sein sollen, ist der Zwang zum Unkonformen wiederum eine Sache der Konformität. Der beschworene Individualismus des Homo faber ist im Ansatz konformistisch.

Die beiden so gegensätzlichen Figuren unserer Epoche haben, so scheint es, also etwas Fundamentales gemein: Grenzverlust. Heimatverlust. Identitätsverlust. Beide, Homo sacer und Homo faber, haben ihren Geborgenheitsraum verloren: der eine den physischen, der andere den metaphysischen. Auf je unterschiedliche Weise sind beide auf der Suche nach Heimat in Zeiten permanenter Mobilität.

Recht auf Exil

Im Gegensatz zu Heimat ist Flucht die bewusste oder erzwungene Loslösung aus einer Zugehörigkeits-Gemeinschaft. In der Flucht drückt sich der Wunsch nach Zugehörigkeit zu einer anderen, gewählten Gemeinschaft aus. In der Flucht hebt der Flüchtende die vorgefundene Ordnung seiner Heimat auf, indem er sie nicht länger bestätigt, sondern durch Verlassen ablehnt. Per Exodus geht er in den Raum des Exils. Im Flüchtling greifen die bekannten Formen rechtlicher Behausung nicht mehr. Der Flüchtling ist permanent im Ausnahmezustand. Er ist jenseits der Sphären allen Rechts. Es ist das gebannte Leben und unterliegt nicht mehr der Heiligkeit des Lebens, das als fundamentales Menschenrecht gegenüber jeder souveränen oder unsouveränen politischen Gewalt verstanden ist. Erst, wenn er aufgegriffen wird, erst, wenn er einen Fuß auf beispielsweise europäischen Boden setzt, ist der Flüchtling im Recht und wieder in der Ordnung. Wenn der Homo sacer nicht in der Wüste oder auf dem Meer gestorben ist und wenn er entdeckt und aus der Seenot gerettet wird – dann landet er an den Gestaden Maltas, Griechenlands, Spaniens, Apuliens oder Siziliens. Dann hat er den Saum des Gelobten Landes erreicht, die Küsten des Kontinents, der ihm Haus und Behausung verspricht. Er wird im Truck verstaut, Hunderte Kilometer küstenaufwärts gekarrt, registriert, untersucht, mit Nahrung, neuen Kleidern und einem Platz zum Schlafen versorgt und nach zwei, drei Tagen zum Camp gebracht, wo er Papiere fürs garantierte Asyl erhält, gemäß dem biblischen Wort des Gottessohns: »Ich war fremd, und ihr habt mich aufgenommen.«

Jene, die, traumatisiert, gedemütigt, verfolgt, gefoltert, bekriegt, vergewaltigt, um Hoffnungen betrogen, um Sehnsüchte gebracht, um Träume beraubt, ihre Heimaten verlassen haben – nehmen wir an, dass niemand, egal, woher sie oder er stamme, ihre oder seine Heimat gern verlässt –, stellen diese Frage mit der ungeheuren Wucht ihrer leiblichen Präsenz: Wie viel Heimat gewährt ihr uns für unsere Neubeheimatung, nachdem wir unsere Heimat, nicht für euch, aber für unser Leben, aufgeben mussten? Regierungen, Parteien, Politiker, Verbände, Gruppen, Bürger, Menschen und Nachbarn geben darauf sehr unterschiedliche Antworten. Sie als richtig oder falsch zu bewerten wäre weder richtig noch falsch, sondern unredlich.

Täglich verlässt der Homo sacer seine verlorene Heimat auf der Suche nach einem Exil. Die Welt ist ihr eigenes Exil geworden, der Flüchtling als transnationaler Nomade das traurige Extrem. Heimatverlust, Umzug, Wanderung und

Flucht grundieren die neue Weltordnung der Fragilität. Migration ist das beherrschende Phänomen unserer Epoche, die »Globalisierung der Gleichgültigkeit« (Papst Franziskus) die ethische Kehrseite globaler Grenzverluste. Immer schon hat es Wanderungsbewegungen über den Globus gegeben, immer schon war der Mensch in Wanderung oder auf der Flucht. Immer schon sind Stämme fortgezogen und haben sich niedergelassen. War für migrierende Frühmenschen der Weg das Ziel, haben Migranten heute klare Vorstellungen von einem Ziel auf Umwegen: Schutz, Sicherheit, Perspektive, irgendwann Wohlstand. Immer schon ging es um Verbesserung des Habitats, um die Eroberung ferner Böden, um den Expansionstrieb herrschsüchtiger Fürsten, in dessen Gefolge Massen Angestammter zu fliehen gezwungen waren, um Ansprüche auf Eigentum von Rohstoff-Ressourcen des entsprechenden Landes (Erze oder Gold) oder die Expansion der Fischgründe zur Versorgung der eigenen Bevölkerung (oder um religiöse Fastengebote zu erfüllen). Immer schon ging es um das Recht auf Exil.

Geborgenheit und Grenzverlust

Frappierend ist ja, dass der Homo faber in Gestalt des spätmodernen Individualisten die vorformulierte Textur der bislang beglaubigten Lebensform freiwillig verlassen hat: die religiöse Verhaftung, die familiäre Ordnung, die bipolare Welt, die berechenbare Biografie, die Erzählung seines Lebens als bürgerlicher Aufstieg vom Kind zum Erwachsenen. Der Individualist hat sich in ein frei flottierendes Universum entlassen, ohne ausgemachten Halt und mit ausgemachter

Universalität. Was ihn an Boden und Ort band, wurde verachtet. Man war Europäer, der Heimatboden wurde eingetauscht gegen den Kontinent, manche erkannten sich als Weltbürger. Mit dem deutschen Historikerstreit ab Mitte der 1980er-Jahre war derjenige, der den Nationalstaat in den Blick nahm, nicht länger Revanchist, und die Causa Nation wurde in dem Maße wichtig, da sie durch Globalisierung überwunden zu sein schien. Man könnte sagen, dass die Globalisierung als permanente Grenzverschiebung, Grenzerweiterung und schließlich Entgrenzung das Bedürfnis nach dem *locus* erst wieder geschaffen hat, weil viele Menschen den gefühlten Verlust mit Verlustängsten gleichsetzten. Es war die Flucht aus dem Abstrakten ins Konkrete der Umgebung. Es war auch eine Emanzipation des Menschen von den sinnlich spürbaren Geborgenheitsräumen des eigenen Kiezes oder Quartiers mit seinen sozialen Beziehungen. Heimat bedeutet neben Rückbesinnung und der Erzählung vom eigenen Gewordensein ja auch die Beschwörung der eigenen Geborgenheit im Kampf gegen das Ungeborgene.

Ist Nation schon ein großes Wort, so ist das Transnationale für viele eine Bedrohung – vor allem, wenn sie als Konformitäts-Diktat auftaucht. Kommt sie in ökonomischer Form auf uns zu, als gesichtslose Handels- und Warenzone, dann ist der Abstraktionsgrad geradezu ängstigend, weil die Unterschiede durch Oligopole, manchmal Monopole, jedenfalls Kosmopole nivelliert werden. Das Kosmopolitische, die kosmische Polis, die entgrenzte Weltgemeinschaft wird durch nichts weiter zusammengehalten als durch die Behauptung eines Wunschtraums von ihrer künftigen Verwirklichung.

Aber danach sieht es nicht aus. In der Epoche der Grenzverluste stehen sich zwei große Bewegungen gegenüber: permanente Transition durch Migration zum einen, permanenter Exzess durch Mobilität zum anderen. Die absolut gesetzte Mobilisierung von Geld, Information und Leben ist das signifikante Kriterium des gegenwärtigen Zeitalters (Peter Sloterdijk); Verfahrensabläufe, Institutionen, ja, das gesamte Leben sind in permanenter Mobilisierung. Nicht abzuschließen, nicht einzuhegen. Die totale Dynamik zwingt alles Sein dazu, sich stets in Prozessen zu befinden. Die Epoche der Globalisierung ist eine Epoche der absoluten Dynamisierung und Raum-Vergrößerung.

Immer schon sind – analog zu Wanderungsbewegungen, Eroberungen und Kriegen – in der Welt Grenzen gefallen und neue erstanden, willkürlich, gewaltsam, ohne Empathie und Vernunft. Was geschieht, wenn Volksgruppen willkürlich innerhalb eines konstruierten Staates zusammengeschlossen werden, ist in den neu entstehenden Ländern des Nahen Ostens nach dem Weltkrieg 1918 zu sehen: im Irak, in Syrien, in Palästina. Nationalisten wurden für ihre Treue zu den Siegermächten Frankreich und England belohnt und bekamen Territorien des untergegangenen Osmanischen Reichs zugeeignet. Die Probleme, die dadurch entstanden, belasten die Welt noch heute. Die ständige Verschiebung oder Auflösung etablierter Grenzen bedeutet für jeden auch die zunehmende Auflösung des vertrauten Raums – und schafft ganz nebenbei neue Grenzen: intellektuelle, ökonomische, soziale, politische.

Die gegenwärtige Epoche der späten Moderne ist gekennzeichnet durch drei Paradoxa:

1. Paradoxon: Je globalisierter die Welt gerät, desto kleiner wird sie. Der Öffnung des Raums durch Entgrenzung folgt die Verschließung der Scholle durch Abschottung.

2. Paradoxon: Dem realen Verlust der Heimat migrierender Massen steht der geistige Heimatverlust des mobilen Individuums gegenüber.

3. Paradoxon: Die Nationen der Ersten Welt haben keinen Begriff des Fremden mehr zur Verfügung, weil sie das Eigene zur Abgrenzung verloren haben.

Deshalb ist die unmittelbare Gegenwart die Geschichte von Grenz- und Heimatverlusten: realen und virtuellen, körperlich-leiblichen und geistig-psychischen; deshalb ist die späte Moderne eine Erzählung vom unbehausten Flüchtling und vom behausten Drifter. Die Erlebnis- und Lebenswelt unserer Tage wird beherrscht vom Widerspruch zwischen Geborgenheitssuche und Geborgenheitsverlust, Transition und Abschottung, Übersetzung und Eingliederung. Zwischen Homo sacer und Homo faber und dem Kampf um Teilhabe an und Besitz von Heimat. Spätestens hier wird klar, dass Heimat nicht mehr nur der Boden ist, auf dem Kultur gedeiht, sondern auch der Sozialstaat und die Nation.

Wille zur Illusion

Am 11. März 1882 hält der französische Historiker, Schriftsteller und Philosoph Ernest Renan an der Sorbonne in Paris einen bemerkenswerten, man könnte sagen, von Weltweisheit getragenen Vortrag. »Was ist eine Nation?«, fragt Renan, dessen Forschungsgebiet nationale Identitäten sind, und unterzieht im Weiteren die vier vermeintlichen Wesensmerkmale einer Nation – Rasse, Sprache, Religion, Geografie – einer kritischen Prüfung. Nationen sind, so darf man Renan verstehen, in der Geschichte etwas ziemlich Neues. Weder kenne das Altertum die Nation, noch seien Ägypten, China, das alte Chaldäa im Geringsten das gewesen, was wir als Nation bezeichnen. Was also macht eine Nation zur Nation? Je länger Renan öffentlich nachdenkt, desto absurder scheint die in der abendländischen Kultur des europäischen Westens tief verankerte, fast selbstverständliche Idee der Nation zu sein. »Das Vergessen – ich möchte fast sagen: der historische Irrtum – spielt bei der Erschaffung einer Nation eine wesentliche Rolle, die Vereinigung vollzieht sich immer auf brutale Weise.« Jene Nord- und Südfrankreichs beispielsweise sei das Ergebnis von fast einem Jahrhundert Ausrottung und Terror gewesen.

Über Jahrhunderte hinweg war es üblich, dass die Nation vor allem anderen eine Dynastie war, die eine alte Eroberung repräsentiert, mit der die Masse der Bevölkerung sich zunächst abgefunden und die sie dann vergessen hat. »Es macht« jedoch das Wesen einer Nation aus«, sagt Renan seinen Zuhörern, »dass alle Individuen etwas miteinander gemein haben, auch, dass sie viele Dinge vergessen haben. Kein Franzose weiß, ob er Burgunder, Alane, Wisigote ist, und jeder Franzose muss die Bartholomäusnacht und die Massaker des 13. Jahrhunderts im Süden vergessen haben.«

Schon 1882 warnt der Historiker eindringlich vor der politischen Instrumentalisierung der Ethnografie, einer Wissenschaft, der er als *Wissenschaft* durchaus Hochachtung entgegenbringt. Würde man als Grundlage eines Staates etwa die *ethnografische Rasse* zum Kristallisationspunkt seiner Definition machen, fiele man der Fluktuation der Wissenschaft anheim, die ihre Grundlagen bekanntlich immer wieder ändert. Dann würden die Grenzen eines Staates abhängig von der gerade gültigen wissenschaftlichen Zuschreibung des Blutes sein, woraufhin man mit Renan sagen könnte: »Sie täuschen sich; Sie wollen Ihr Blut für diese Sache da vergießen; Sie glauben, Kelte zu sein, aber nein, Sie sind Germane! Zehn Jahre später wird man Ihnen dann sagen, dass Sie Slawe sind.«

Wenn Rasse nicht über die Zugehörigkeit zu einer Nation entscheidet, dann könnte es die Sprache sein. Renan zufolge ist aber nichts falscher, als der Sprache eine *politische* Bedeutung beizumessen, und ist nichts schlimmer für Geist und Zivilisation als die übersteigerte Wertzuschreibung von Sprache als Eingrenzungs-Merkmal nationaler Kultur. Und die Religion? Nach Renan auch das nicht, denn Religion sei keine hinreichende Grundlage, da es keine Masse von Gläubigen mehr gebe, die auf die für eine Nation notwendige einförmige Weise glaubt. »Jeder glaubt und praktiziert nach seinem Gutdünken, wie er kann, wie er mag … Die Religion ist eine individuelle Angelegenheit geworden, sie geht nur das Gewissen eines jeden an.«

Renans Sätze des Jahres 1882 könnten genauso gut heute, 135 Jahre später, gesagt sein; seine Ausführungen nehmen die Prinzipien des postmodernen Pluralismus und ihrer Dekonstruktion essenzieller Wahrheiten, die etwa 100 Jahre nach ihm in ebenjenem geistig so agilen Frankreich etabliert wurden, ebenso vorweg wie die Organisationsweise der posthistorischen Moderne, wie wir sie seit der Implosion des Kommunismus erleben. Der philosophierende Historiker schließt seinen epochalen Vortrag in der Sorbonne, den man in Erz gemeißelt jedem Staatsmann und jeder Staatsfrau als Edel-Intarsie in die Schreibtischplatte einlassen sollte, mit den Worten: »Kann man aber glauben, wie es einige Parteien tun, dass die Grenzen einer Nation auf der Karte eingetragen sind und dass eine Nation das Recht hat, sich das Nötigste anzueignen, um gewisse Konturen zu begradigen, an dieses Gebirge zu reichen, an jenen Fluss, dem man a priori so etwas wie eine begrenzende Kraft zuspricht? Ich kenne keine willkürlichere, keine verhängnisvollere Theorie. Mit ihr kann man jede Gewalt rechtfertigen.«

Nationen sind nichts Ewiges. Sie haben einmal angefangen, sie werden enden. Sie unterliegen nichts anderem als dem Lauf der Zeit. Wer die Nation substanzialistisch, gar essenzialistisch auffasst, so, als wäre sie ein organisches Wesen, versündigt sich nicht nur an der Geschichte und der Wissenschaft, er betreibt auch das Geschäft von Revisionisten auf der Basis bewusster Geschichtsklitterung. Viel mehr als durch Rasse, Blut, Sprache, Religion oder Geografie definiert sich die Nation durch Willkür und Wille einer bestimmten Gruppe mächtiger Menschen zu einem bestimmten Zeitpunkt der Weltläufte.

Die Idee der Nation, deren Geschichte an den Beginn der Neuzeit zurückreicht, hat, im Gegensatz zur Idee des Staates, seltsamerweise bis heute keine klar definierten Kriterien anzubieten. Selbst, wenn man von gemeinsamen Merkmalen einer Sippschaft reden möchte – oder andersherum: wenn jenseits genetischer Verwandtschaft gemeinsame Merkmale von einzelnen Menschen eine Sippschaft begründen –, so ist es doch unmöglich, Traditionen, Sitten, Bräuche topografisch so klar zu trennen und abzugrenzen, dass eine Grenzziehung als Nation über den Status einer Willkür hinaus gerechtfertigt wäre. Jene, die völkisch denken, die also ein kompaktes Volk voraussetzen und ihm positive Eigenschaften zuschreiben (fleißig, deutsch, blond und so weiter), bauen ihr Gebilde einer Nation auf dem Fundament einer fiktiven Abstammungsgemeinschaft innerhalb eines Raums auf. Und spätestens jetzt stehen wichtige Fragen an: Wie weit gedehnt ist dieser Raum? Wo verläuft sein Rahmen? Und wie viele Personen müssen auf dem so eingerahmten Boden geboren sein, damit man von einem Kulturvolk sprechen kann?

Nation als Vorstellung

Fast auf den Schlag ein Jahrhundert nach Ernest Renan bietet der amerikanisch-irische Historiker Benedict Anderson ein neues Konzept an und versteht unter Nation eine »vorgestellte Gemeinschaft«. In seinen Überlegungen zur geschichtlichen Ausbreitung des Nationalismus kommt Anderson zu folgendem Schluss: Eine Nation definiere sich durch Begrenztheit, Souveränität und Selbstlegitimation mittels Zustimmung der Bürger. Im Geiste des anthropologischen Denkens wagt Anderson eine Definition. Die Nation, schreibt er 1983, »ist eine vorgestellte politische Gemeinschaft – von Natur aus begrenzt wie auch souverän«. »Vorgestellt« ist jene Gemeinschaft deswegen, weil die Mitglieder selbst der kleinsten Nation deren andere Mitglieder (also ihre Mitbürger) niemals persönlich kennen, sie niemals persönlich treffen oder auch nur je von ihnen hören, aber im Kopf eines jeden die Vorstellung ihrer Gemeinschaft existiert. Zwar leugnet Anderson nicht, dass es echte, natürliche Gemeinschaften gibt, hinsichtlich der »Nation« aber stellt sich gemäß seiner Definition die Frage: Was mehr als eine behauptete Community, eine vorgestellte Gemeinschaft, soll das sein?

Das Unabänderliche, nicht Wählbare, das Überzeitliche und von einer höheren Macht Verfügte – so stellen sich Konservative die Nation als politische Ordnung vor, deren höchstes Prinzip fast immer in Gott gründet – als gottgegebene Überzeitlichkeit einer sich auf lange Dauer bewährten Grenzgemeinschaft. Der deutsche Staatstheoretiker Adam Müller erklärte Anfang des 19. Jahrhunderts das Überindividuelle und Generationen Überdauernde zur Grundlage eines Volks. Mit einem so gedachten Konservatismus gewinnt man auch die Vorstellung eines Staates als einer institutionalisierten nationalen Volks-Gemeinschaft, wobei das Individuum in dieser Gemeinschaft, in diesem totalen Über-Wir, gänzlich aufgeht.

Die Suche nach Auffassungen von Gemeinschaft und Staat, die anders als bei Renan positiv begründet, anders als bei Anderson nicht nur vorgestellt, sondern tatsächlich sind, die anders als bei Adam Müller zuletzt kein permanent sich wandelnder Organismus sind, muss mit gewisser Zwangsläufigkeit zum Staatsrechtler Carl Schmitt führen. Für ihn, der im Katholizismus jene politische Form erkannte, deren Dezisionismus (die eindeutige Entscheidung für das höchste Prinzip Gottes etwa) für die Organisation eines Staats unabdingbar war, stehen Nation und Zeit in einem elementaren Verhältnis. Die Nation ist in ihrem Ursprung die Idee der Dauer, in der sich das Weltgeschehen aus sich heraus gebiert. Die Zeit, wenn man will: die Ewigkeit der Wahrheit, wird als »Geschichte« zur schöpferischen Macht, die dann Nationen bildet. Wie für die Ultra-Royalisten des 19. Jahrhunderts war auch für Carl Schmitt die Nation als *Verkörperung der Dauer* das Gegenteil der romantischen Auffassung des Augenblicks und seiner permanenten Launenhaftigkeit. Dauer ist für konservative Denker ein existenzielles Moment von Staat und Nation. Die Ehrfurcht vor der Dauer ist die Ehrfurcht vor der Ewigkeit. Und welches Gewicht bringt die Ewigkeit in die Verhandlung mit der Realität ein? Stabilität, Berechenbarkeit, Ordnung. Für Nationalkonservative (heute wahlweise »Rechtsnationalisten« genannt) ist jedenfalls mit der Ewigkeit gut Staat zu machen. Die überzeitliche, überdauernde, über den Menschen erhabene Geschichte als alleinige Schöpferin der Welt – das ist die Denkfigur des politischen Reaktionismus, und wer sucht, kann die Beharrung auf diesem Traditionsbestand bis heute finden. Es hat sich im kollektiven Ge-

dächtnis festgesetzt und das Denken über Heimat, Deutschsein und Identität über lange Zeit hinweg eingefärbt.

Fassen wir zusammen: Nation ist nicht gleich Staat. Der
Nationalstaat – etwa in England oder Frankreich – war seit
dem späten 16. Jahrhundert die bürokratisch organisierte
Verwaltungs- und Funktionseinheit, mittels derer die Herrschenden per Regularien und Gesetzen lose Ländereien,
Stämme und Verbände bestens erfassen und kontrollieren
konnten. Seit 200 Jahren ist der Nationalstaat durch klare
Grenzen, einheitliche Gesetze und Verwaltungsbürokratie,
durch gemeinsame Sprache, exklusives Staatsbürgerrecht,
Sozialstaatlichkeit, Öffentlichkeit, Diskussion, Parlamentarismus und Repräsentativverfassung bestimmt. Er definiert
sich durch ein geschlossenes Staatsgebiet, in dem eine von
der jeweiligen Bevölkerung gewählte Regierung auf der
Basis einer Verfassung den Willen der gesamten Bundesbür-
gerschaft vertritt. Dem Nationalstaat unterliegt die Überzeugung eines *vorrangigen* Zusammengehörigkeits-Zusam-
menhangs, der durch einen Herrscher, Führer, Kanzler oder
ein immaterielles Symbol als Identifikationsmedium repräsentiert wird. Staatsrechtlich betrachtet, gründet sich seine
Hoheitsgewalt auf das durch den Staat begrenzte Gebiet.
Dieser Gewalt hat sich jeder auf diesem Gebiet lebende Einzelne zu unterwerfen, dann gedeiht ihm die Fürsorge des
Staates an; diese Aufgabenverteilung ist der Gegenstand des
Vertrags zwischen Individuum und Gesellschaft.

Zu keiner Zeit kann man aber davon sprechen, dass die
Abermillionen Menschen innerhalb dieses umgrenzten Gebiets durch irgendetwas anderes oder Höheres vereint oder
verbrüdert seien als durch die Besiedlung des besagten Gebiets selbst. Die modernen Nationen sind Verabredungs-Pro-
tokolle, die ihre Legitimation als Projekt durch die Loyalität
der Vertragspartner erhalten.

Vorausgesetzt ist dabei freilich immer der Idealfall kommunikativer Rationalität jedes einzelnen Mitglieds, um sich im Diskurs, dem Sprachspiel der Selbstverständigung, über die Grundlagen der Gemeinschaft stets aufs Neue zu verabreden. So gesehen, macht das Diktum des Weltphilosophen Georg Wilhelm Friedrich Hegel auch in digitalen Zeiten Sinn, die Zeitungslektüre sei das Morgengebet der bürgerlichen Gesellschaft. Sie ermöglicht, ohne den Wert der Zeitung überschätzen zu wollen, die tägliche Verabredung zur Zusammengehörigkeit.

Revier-Reflex und Parzellen-Protektorat

In dem Maße, in dem sich die Welt durch Digitalisierung vergrößert, kehrt Heimat zurück in den philosophischen und politischen Diskurs über die Frage nach Zugehörigkeit in Zeiten permanenter Migration. Globalisierung hat Räume vergrößert und zugleich verdichtet; je globalisierter die Welt gerät, desto kleingeistiger wird sie gedacht. Auffällig ist, dass kleine, relativ bevölkerungsarme, oft von vielen Anrainern umgebene Länder zu einer Inwendigkeit mit Außenverschluss neigen: die Schweiz, Österreich, Ungarn, Polen, die Slowakei – Länder, die im Laufe der Menschheitsgeschichte oftmals überrollt und zur Disposition gestellt wurden, Durchgangsländer, deren Identität immer dem vorgegebenen Narrativ des Eroberers entsprach.

Die Reaktionen auf den drohenden Verlust der Heimat verschärfen sich in starkem Maße. In Frankreich und den Niederlanden erstarken nationalistische (teils rassistische, teils rechtsradikale) Parteien wie der Front National und die

»Partei für die Freiheit«, deren Ziel im Schutz des eigenen Raums durch Abwehr und Aggression gegen »fremde Bedrohung« besteht. Die eigene Lebensweise wird als die maßgebliche überhöht, um Selbstwertstabilität konsolidieren zu können. Und in einer Randregion Deutschlands wie Sachsen, das nomen-est-omen-artig auf sich als Freistaat hält, ist in überdurchschnittlicher Weise ein regional-chauvinistischer Ethnozentrismus zu finden, der die eigene Gruppe höher einstuft als alle anderen, die von außen kommen. Ein reizvolles Aperçu mag der herangezogene Mythos der Revolte in den erbittert geführten Sachsenkriegen, der Widerstandskampf der heidnischen Sachsen gegen den fränkischen Christentums-Heilsbringer Karl den Großen ab dem Jahr 772 sein, als die Sachsen unter Führung des adligen Herzogs Widukind über Jahre hinweg hartnäckig ihre Unabhängigkeit und die germanischen Traditionen verteidigten, ehe sich ihr Führer, offensichtlich sich selbst demütigend, taufen und christianisieren ließ.

Die strukturelle, geradezu systemische Abwertung des anderen, ohne ihn persönlich zu kennen, durch Aufwertung des Eigenen führt zu einer Moral der Ausnahme, die sich über das Comme-il-faut der Mehrheitsgesellschaft erhebt. Aus dem Anspruch einer sozialen Gemeinschaft auf Exklusivität des Besitzes und Besiedlung eines begrenzten Erdbodens leitet sich nicht notwendig die Exklusion des Nicht-Inklusiven ab. Exklusivität begründet nicht Selbsterhaltungssorge, Selbsterhaltung nicht Exklusivität.

Die Ab- und Ausgrenzung des Fremden, um das Eigene zu retten und bewahren, lehrt uns die Psychologie, stellt offenbar eine anthropologische Grundkonstante dar. Angst vor dem Fremden ist demnach ein genetisch disponiertes Verhalten, das dem Schutzmechanismus im Tierreich ähnelt. Eine Disposition ist aber keine Determination, will sagen: Eine genetisch präfigurierte Veranlagung kann durch Wissen, Wahrnehmung, Verstand, Vernunft, Erfahrung und Einfühlung gezähmt, verändert und ausgesetzt werden. Der Fortschritt der Zivilisation besteht ja darin, aus der Beschränktheit der Verhaltensoptionen durch entweder Flucht oder Angriff auszusteigen und über Kulturalisation differenzierte Lebensweisen zu lernen und zu tradieren. Evolutionspsychologisch gesprochen ist die Neugier des Kindes die grundlegende Voraussetzung für die Entwicklung zum Erwachsenen. Übersetzt hieße das: Die kindliche Neugier auf das Fremde führt zu einem höheren Reifestatus. Mit dem Neuen kommt das Unberechenbare, das die eigene Ordnung infrage stellen könnte, weswegen das Fremde auf Kategorien reduziert wird, um notfalls dagegen reagieren zu können. Zum Problem wird die Fremdenangst, wenn sie keine Erfahrung zu ihrer Überwindung zulässt. Wenn das Beharren auf dem homogen Eigenen zu einer Radikalisierung führt, behaupten selbst ernannte »Revierschützer« gern, seit Anbeginn der Menschheit definiere jede Gesellschaft, wer zu ihr kommen dürfe und wer nicht.

Aber wer ist *die* Gesellschaft? Und was ist Gesellschaft anderes als die staatlich und grundrechtlich definierte Einheit unvereinbarer, diverser, heterogener sozialer Gruppen und Kleingemeinschaften? Jedenfalls suspendiert der Revier-Reflex die Verpflichtungskraft allgemein menschlicher Solidarität, und das heißt: Instinkt schlägt Moral, wenn es an die Existenz geht. Und genau das scheint jenen, die nationalistisch, nationalpopulistisch oder auch nationalbolschewistisch, ja, nicht einmal argumentieren, sondern sich emotional verhalten, ein unüberwindbares Problem zu sein. Sie sind im irrwitzigen Sinn konservativ, weil sie jene Homogenität bewahren wollen, die es gar nicht gibt. Innerhalb der Gesamtgesellschaft ist jedes Revier, jede Enklave, jede Scholle unter geborgtem Heimatverdacht ein Schutzraum, der verteidigt und grenzmarkiert wird. Je nach sozialer Einstufung ist es dann ein Getto oder eine Gated Community.

In dieser hoheitlichen Entscheidung gegen das Heterogene wurzelt die Basiserzählung der sogenannten »Wir sind das Volk«-Demonstranten in Dresden, Bautzen, Clausnitz und sonst wo kurz und bündig: »Heimatschutz«. Also Raumschutz. Also Nationsschutz. Also Lebensweisen-Schutz.

Wenn die Kehrseite der Grenzenlosigkeit im Gefühl der Revierbedrohung besteht, lauten die drei Leitfragen einer Politik der Heimat künftig: Wie viel geschlossene Fremdheit verträgt eine offene Gesellschaft? Sind bislang homogen organisierte Gesellschaften bereit, fremde Sitten und Sprachen zuzulassen? Werden die Menschen ihr Selbstverständnis über Zugehörigkeit zu einer bestimmten Gruppe oder einer unbestimmten Menschheit bilden? Mit dem Nationalismus keimt das alte, vielerorts überwunden geglaubte Homogenitätsdenken auf, das berufene Wissenschaftler als Urschuld zweier Weltkriege mit grässlichen Metzeleien und Millionen Toten erkannt haben: die ethnische Einheit als Organisationsform (einer Burschenschaft, Mannschaft, Sippschaft, Truppe), die das Heterogene als etwas den gelernten Wertzuschreibungen nicht Entsprechendes ausgrenzt. Als Reaktion auf den drohenden Verlust der Heimat ist »Heimat« als Raum-Philosophie, aufs Neue gedacht, wieder zu einer politischen Kategorie geworden, die von erstaunlich vielen Nationen als Staatsräson aufgegriffen wird. In Indien, Russland, Ungarn, England und der Türkei etwa lässt sich gerade eine politisch forcierte Renationalisierung, in der Europäischen Union eine Renaissance nationalistischer Abgrenzungsbewegungen feststellen.

Polen reitet den Gaul am härtesten und betreibt offene Revision der Geschichtsschreibung bis in die Lehrpläne des

Bildungsministeriums hinein. Im volkspädagogischen Sinne patriotische Schriftsteller werden gefeiert, und die regierende Politik erklärt die eigene Mythologie zur Kampfzone des (programmatisch im Prinzip gegen Deutschland gerichteten) Nationalkonservatismus, die, wie immer in der Geschichte, als flankierende Legitimation zur Denunziation Andersdenkender dient und den Begriff Patriotismus in genau jener Weise missversteht, durch die das 20. Jahrhundert – in dem die Polen als Spielball germanischer und kommunistischer Weltherrschaftsfantasien zweifelsohne eine enorme Zahl an Toten zu beklagen hatten – fast ruiniert worden wäre. Der von der amtlichen Regierungspartei »Recht und Gerechtigkeit« inszenierte Mythos der ewigen Opfernation Polen soll Gefolgschaft schaffen, nationale Identität stiften, antipolnische Propaganda ächten, polnische Helden stilisieren und natürlich gegen die Europäische Union mobil machen.

Selbst die Nordländer Skandinaviens, immer ein Hort gelebter Freizügigkeit, schotten sich ab. In Dänemark bildet sich eine radikale Bürgerwehr, in Finnland werden die »Wahren Finnen« zur dominanten Kraft, in Schweden werden die Grenzen geschlossen. In Frankreich stimmte bei der letzten Europawahl ein Viertel aller wählenden Franzosen für den Front National, bei der Freiheitlichen Partei Österreichs, der niederländischen »Partei für die Freiheit« und der belgischen Formation Vlaams Belang wird Freiheitspathos mit Heimatschutz übersetzt und Abgrenzung mit der Verteidigung des eigenen Bodens gerechtfertigt. Die geistige Bezugsgröße der Rechtsparteien ist fast immer das »eigene Volk«, das eigentliche, wahr, wie sie für religiöse Eiferer immer der wahre, echte, einzige Glaube war. Also sind solcherlei Heimat-Verdikte völkisch gedacht. Sie argumentieren blutsgenetisch und etablieren im Auftrag der Wahrheit die

Fiktion eines Freund-Feind-Schemas: Wir gegen Die. In womöglich nicht beabsichtigter, aber sprechender Analogie beziehen sich erklärte Heimatschützer wie der Ungar Viktor Orbán im Kampf gegen das Fremde (vulgo Muslimische) auf eine »tausendjährige christliche Kultur«, ebenso wie der deutsche AfD-Funktionär Björn Höcke von »tausend Jahren Deutschland« redet und damit offenlässt, ob er damit die Regierungszeit Ottos des Großen lobpreisen möchte, das tausendjährige Reich des Antichristen, welches mit der zweiten Wiederkehr und Herrschaft Jesu beendet wäre, oder Adolf Hitlers verschwurbelte Unendlichkeits-Mythologie.

Die sprachliche Assoziationskraft von »Heimat« lässt semantische Hochseilartistik zu. Die von nationalkonservativen Politikern scharfgemachte Unschärferelation der Wortwahl spielt mit der Interpretationsbedürftigkeit von Begriffen wie »Volksgemeinschaft«. Darunter, so machen AfD-Politiker klar, habe selbst der sozialdemokratische Heroe Friedrich Ebert, erster Reichspräsident der Weimarer Republik, etwas Positives verstanden. Was richtig sein mag, da das Wort nach dem zerrüttenden Ersten Weltkrieg die Sehnsucht der Deutschen nach Geschlossenheit ausdrückte und als Metaphysik überhöht wurde, aber schon kurze Zeit später zum Propaganda-Köcher der jungen Nationalsozialisten geriet, wodurch ihr biologistisches Revitalisierungsprogramm auf einen einzigen Begriff gebracht wurde. Die »Volksgemeinschaft« war hier Volkskörper, und wer nicht deutsches Blut in seinen Adern hatte, der war nicht Teil des *Wir*-Körpers, sondern des *Die*-Leibes.

Dem Antagonismus »Wir-gegen-Die« jedenfalls liegt eine utilitaristische Ethik der Nutzenmaximierung zugrunde: Welches Fremde bringt dem Eigenen den größten Nutzen? Das rechtspopulistische Kosten-Nutzen-Kalkül fragt danach, wie viel dieser und jener Mensch der Heimat bringt und wie viel seine Geborgenheit kostet.

Bei der instinktiven Abwehr des Unnationalen, nicht auf Heimatboden Geborenen sprechen die Sozialpsychologen vom »Revier-Reflex«. Einer augenscheinlich angeborenen Ablehnung des Fremden, wenn es das Eigene kolonisiert. Der Revier-Reflex etabliert zur Stabilisierung der eigenen Identität ein Regime der Abgrenzung. Mit dem Abwehr-Reflex richtet sich jeder gegen jeden. Jeder wird zum Fremden erklärt, bis er Teil des Eigenen wird, wenn ein neuer Fremder den Kreis betritt und von beidem abgewehrt wird. Große Raumdichte, heißt das, fördert zwangsläufig Xenophobie. In seinem Essay »Die große Wanderung« spürte Hans Magnus Enzensberger kurz nach dem Fall der DDR-Mauer dem Phänomen nach: »Gruppen-Egoismus und Fremdenhass sind anthropologische Konstanten, die jeder Begründung vorausgehen. Ihre universelle Verbreitung spricht dafür, dass sie älter sind als alle bekannten Gesellschaftsformen.«

Heute, in Zeiten der entgrenzten Welt, nehmen die Möglichkeiten zur Grenzziehung kontinuierlich ab. Was geschieht im grenzenlosen Raum mit dem anthropologischen Revier-Reflex? Der Soziologe Ulrich Beck hat diesen Gedanken aufgenommen und in seinem Buch »Die Erfindung des Politischen« vermerkt: »Es mag sein, dass Menschen, die in eine bestimmte Familie hineinwachsen, ein über Sprache und Geschichte national eingefärbtes Urvertrauen erwerben, für das es im Deutschen nur misshandelte Begriffe gibt.« Boden eben, Volksgemeinschaft, Heimat. Genau genommen, sind Nationen Fiktionen, die den natürlichen Abwehr-Reflex legitimieren und institutionalisieren, wohingegen Nationalisten versuchen, die Nation als etwas Genuines, Natürliches, geradezu Völkisches zu substanzialisieren. Als

letzter Zufluchtsort einer durch permanente Migration auf-
gelösten Ordnung etabliert dieser überdehnte Heimatbegriff
sofort ein leicht zu bedienendes Ressentiment.

Starker Staat in schwacher Zeit

Der Ruf nach dem starken Staat zeigt immer die Annahme
einer schwachen Gesellschaft an – wenn Schwäche im Ver-
hängniszusammenhang von Orientierungsverlust und Ab-
stiegsangst besteht. Individuelle Verlustangst ist die treibende Kraft hinter der Ablehnung jener Mächte, die man dafür
verantwortlich macht: Globalisierung, Kapitalismus, Migration. Sie alle, so lässt sich solches Denken personalisieren,
nehmen *mir* auf *meiner* Scholle in *meiner* Heimat das *mir*
Zustehende weg. Großherzigkeit, Humanitarismus, Toleranz und Solidarität, heißt das im Umkehrschluss, muss
man sich leisten können, und sie sind nur dann möglich,
wenn das eigene Ich stabil im Leben steht, getragen von einem formidablen Bruttoinlandsprodukt mit relativer Perspektive von stabilem Wohlstand, Wachstum, Steigerung
und Verbesserung, wenn man sich in relativer Ruhe wei-
terhin *nach oben* orientieren kann. Die Deutschen spielen
lieber Lotto, als dass sie Aktien kaufen, weil die Furcht vor
Verlusten zur prinzipiellen Vorsicht erzieht. Neben Abstiegs-
Angst ist die Aufstiegs-Ambition das treibende Movens.

Während der Flüchtling als Homo sacer rechtlos durch
den Weltenraum treibt und der Migrant in eine neue Heimat einwandert, zieht der Homo faber die Grenze als Schutz
seines Heimatlandes. Infrage steht einerseits das Recht auf
universell verbindliche Schutzrechte dann, wenn einem der

Schutz des eigenen Korpus wichtiger ist als der verfolgte Körper eines anderen. Und infrage steht andererseits die bislang gültige Vereinbarung einer Loyalität der Bürger mit ihrem Staat. Infrage steht also das ausbalancierte Verhältnis zwischen Sozial- und Asylrechts-Staat. Meist geht es um Geld und Gerechtigkeit, dann um Verlust-, schließlich um Existenzängste. Immer wenn der Mensch verdinglicht, objektiviert, wenn die Würde materialisiert, berechnet und beziffert wird, steht das Humanum infrage. All dem können, müssen aber nicht xenophobe Motive unterliegen. Manchmal ist Ausländerfeindlichkeit ja nur ein kulturelles Unbehagen am *Fremden an sich*. Manchmal ist es auch das *Gefühl* ungerechter Bevorzugung anderer (in diesem Fall fremder) Menschen, die aus Sicht derer, die sie ablehnen, nichts für ein System getan haben, von dem sie von nun an profitieren. Zuwanderer und Flüchtlinge, so die Denkfigur der Ablehner, zahlten im Durchschnitt weniger Beiträge und Steuern, als sie später an staatlichen Leistungen erhalten würden.

Immerhin stehen nach Auffassung von gut 70 Prozent der sogenannten »Entscheider« aus Wirtschaft, Politik und Verwaltung die Chancen, Flüchtlinge in den deutschen Arbeitsmarkt zu integrieren, nicht gut. Die über 500 Spitzenkräfte (Vorstände, Geschäftsführer, Parlamentspräsidenten, Minister und Staatssekretäre), die im Sommer 2016 vom Meinungsforschungsinstitut Allensbach für das »FAZ-Capital-Elite-Panel« befragt wurden, sehen die Grenze der Aufnahmefähigkeit bei im Schnitt jährlich 360 000 Menschen erreicht. Mehr kann, so darf man die Empirie deuten, die Bundesrepublik nicht bewältigen. Nach Einschätzung von zwei Dritteln besagter Elite gibt es wenige oder keine Chance, die Flüchtlinge in die Gesellschaft einzugliedern; und nach Ansicht von drei Vierteln dieser Spitzenkräfte sei auch keine Integration in den deutschen Arbeitsmarkt zu erwarten. Gewiss, es sind nur Eliten-Angehörige, die befragt werden, und würde man in die Gesamtbevölkerung hineinhorchen, würde sich womöglich ein anderes (vielleicht weitaus pessimistischeres) Bild ergeben. Aussagekraft ist der Bewertung der Flüchtlingskrise durch die »Entscheider« nicht abzusprechen.

Manchmal ist es die prinzipielle (dem Menschen eingeborene) Angst vor fremden Kulturen und Religionen, die ihn zur Vorsicht mahnt. Stereotype und Klischees sprießen, werden politisch transportiert und, auch das ist wahr, durch jedes kriminelle Ereignis eines Fremden im eigenen Lande bestätigt und beglaubigt, selbst wenn es Einzelfälle sind. Nehmen die Drogen-, Einbruchs- und Nötigungsdelikte durch Zuwanderer zu, ja, steigt die Zahl der Fälle in der amtlichen Kriminalitätsstatistik an – ob signifikant oder nicht –, wird dies als unmittelbarer Migrationseffekt gedeutet. Die Attentate von Brüssel und Paris, von Nizza und im Regionalexpress von Würzburg nach Treuchtlingen, in dem ein 17-jähriger, sich offenbar zum Islamischen Staat bekennender Flüchtling aus Afghanistan Passagiere mit Messer und Axt schwer verletzte, werden als Bestätigung jener diffusen Furcht gelesen, nun habe man sich den Terror ins Land geholt. Wie rasch das für nicht erschütterbar gehaltene Sicherheits-Vertrauen der Deutschen erschüttert ist, lässt sich an der kolossalen Verunsicherung und dem Gefühl des Heimatverlusts ablesen, den vor allem die Bayern nach dem ersten Bombenanschlag auf deutschem Boden in Ansbach erleben. Sicherheitsverlust ist Heimatverlust. Das Gefühl, nichts werde mehr so sein wie zuvor, wächst sich aus zur Angst vor Anschlägen, die ausgerechnet auf der Flüchtlingsroute eingewanderte Fremde an den Einheimischen verüben wollen – feige, hinterhältig, unheroisch und listig.

Fast immer waren und sind die Attentäter der vergangenen Jahren in den europäischen Ländern allerdings nicht eingereiste, geflohene, asylberechtigte, sondern bereits einheimische Menschen, auf dem Boden der Mehrheitsgesellschaft gewachsene (und, wie man sagen muss, missglückt verwachsene) Einzeltäter, die sich an der Gesellschaft rächen wollen und ihre Rache heilsgeschichtlich bemänteln. Jeder Amokläufer kann sich ja für seinen »erweiterten Suizid« neuerdings auf Allah berufen, um seine Tat durch höhere Weihen zu legitimieren – und somit abermals alle nicht dschihadistischen Muslime zu Opfern einer Sippenhaft zu machen, in die sie mit jedem Anschlag zwangsläufig stärker geraten. Der sogenannte »Islamische Staat«, dessen Führer den Kalifats-Gedanken völlig pervertieren, sammelt dann dankend die Trophäen seines weltweiten missionarischen Feldzugs gegen »die Ungläubigen« ein, als die sich auch so gut wie alle Bundesbürger verstehen dürfen.

Für die schärfsten Kritiker einer ohne Obergrenzen und Kontingente arbeitenden Zuwanderungspolitik (wie beispielsweise den in Deutschland hoch umstrittenen ehemaligen Berliner Finanzsenator Thilo Sarrazin) ist das Einreise- und Aufenthaltsrecht der Kernbereich staatlicher Souveränität. Mit Blick auf Brexit und diverse Exit-Initiativen anderer europäischer Länder hinsichtlich eines Austritts aus der EU notiert Sarrazin in der *FAZ:* »Die Unzufriedenheit mit unerwünschten Wanderungsbewegungen wird auch künftig das größte Austrittsrisiko darstellen.« Seine Kritik gilt der politischen Haltung, den Schengen-Raum ohne Kontrolle an den Binnengrenzen eingeführt zu haben, und er prophezeit die unvermeidliche »Rückkehr zu einem nationalen Grenzregime«. Schengenraumschutz ist Heimatschutz, und Sarrazin steht mit seiner Analyse längst nicht mehr allein, im Gegenteil: Liberale und linke Kräfte tuten ins gleiche

Horn und bestätigen indirekt den als bösen Buben apostrophierten Bestsellerautor, der gern den von blinden Pharisäern verfolgten Propheten gibt. Jene aber, die Massenmigration nur als kollektive Bewältigung humanitärer Angelegenheiten auffassen, haben offenbar nicht erkannt, dass das Gefühl öffentlicher Sicherheit, das gern als nationalkonservative Law-and-Order-Reaktion denunziert worden ist, für den sozialen Frieden in Deutschland von immer größerer Relevanz zu sein scheint.

Selbst wenn man Sarrazins Schlussfolgerungen hinsichtlich einer ihm zufolge zerstörerischen Flüchtlingspolitik nicht zustimmt, muss man anerkennen, dass hier, an der Definition von Grenze, Grenzöffnung und dem Grad an Personenfreizügigkeit, auch die Definition von Staatlichkeit berührt ist. Die hoheitliche Aufgabe jedes Staates besteht darin, über die Zusammensetzung des in seinen Grenzen lebenden Gemeinwesens selbst zu entscheiden. Der Staat trage für die Verhältnisse in dem von ihm betreuten Gebiet (menschen)rechtliche Verantwortung, notiert Martin Nettesheim, Professor für Staats- und Verwaltungsrecht, Europarecht und Völkerrecht an der Universität Tübingen, und gibt zu bedenken: »Die Imprägnation einer politischen Gemeinschaft kann in ihren regionalen und lokalen Verankerungen durch ungehinderten Zuzug zerstört werden.« Demokratische Staatlichkeit legitimiere sich über den Willen und die Zustimmung der Staatsangehörigen; und immer sei sie auf ein Territorium bezogen.

Die Verdrängung nationaler Sehnsüchte, mehr noch: die moralingetränkte Denunziation von Patriotismus und Vaterlandsverbundenheit, kehrt sich rasch in ihr Gegenteil um, wenn eine kritische Masse an Bedrohung des Eigenen durch das Fremde erreicht ist. Das ist die Lehre der vergangenen zwei Jahre Flüchtlingspolitik und ihrer Gegenreaktion: Ruhender, bislang gezähmter, gehemmter, im Schlummer liegender Nationalnarzissmus ist geweckt, wird animiert, schlägt in Chauvinismus um, agitiert parteipolitisch und überhöht jede Tat gegen den Eindringling metaphysisch, als sei es ein existenzieller Rettungsakt fürs Heimatland. Dann wird mit quasi heiliger Legitimation des Überzeitlichen das Zeitliche negiert. Diesen Umschlag erleben gerade weltweit viele Staaten auf eine je eigene Weise; das Phänomen ist aus Indien, Pakistan und auch aus den USA bekannt. Der Revier-Reflex ist offensichtlich eine anthropologische Grundkonstante, und wenn nicht das, so ist er in jedem Fall politisch nicht zu negieren. Das Narrativ der soziokulturellen Heilsgeschichte unserer Tage lautet: Mehr oder weniger die Hälfte der Bevölkerungen zieht Geschlossenheit der Offenheit vor.

Das Spannungsverhältnis zwischen Migration und Revier-Reflex zeigt sich im Sozial- und Wahlverhalten von Bürgern, in der Artikulation der Volonté générale von Gesellschaften. Es offenbart sich in der offiziellen Politik europäischer Staaten in Tagen der größten Krise, die die EU je erlebt hat. Brexit, Grexit, vielleicht bald Frexit, Tschexit oder Nexit: Referenden über existenzielle Fragen sind gefährlich, weil sie eine hochkomplexe Angelegenheit auf eine simple Antinomie reduzieren: Ja oder nein, remain or leave, Schwächung oder Stärkung. Noch vor der Kündigung der Briten im Juni 2016 gab es innerhalb der verschiedenen EU-Länder ganz andere Wanderungsbewegungen zu beobachten: die der Wählerschaften von links nach rechts. Ehemalige Stammwähler der Linken, in Frankreich etwa der Sozialisten oder Kommunisten oder in der Bundesrepublik der Linkspartei und SPD, sind zur extremen Rechten gedriftet.

Die Wanderung der Wähler infolge der Zuwanderung von Fremden ist ein sozialwissenschaftlich erwiesenes Faktum und lässt den Schluss zu: Vornehmlich geht es gar nicht um Fremdenfeindlichkeit, sondern um Verteilungskämpfe und Verlustängste. Verlustängste sind immer ökonomischer Natur. Wirtschaftliche Unsicherheit und Labilität führen fast immer zu Furcht und Angst. Aufstiegsambitionen und Abstiegsängste stehen in keinem guten Verhältnis. Erst eine Bevölkerung auf der Basis des eigenen Aufstiegs und Wohlstands kann Zuwanderung als Gewinn verbuchen, fühlen sich die Bürger geschwächt, unsicher und fremdbestimmt, können Populisten aller Couleur die Kausalität von Ursache und Wirkung, Grund und Folge munter verdrehen und auf politischem Wege moralisch Schuld zuteilen: DEN Ausländern, DEN Fremden, DEN Migranten. Durch den Schuldspruch der Populisten wird der ewige Mythos des Sündenbocks aufgerufen, das Narrativ aller Kulturen der Menschheitsgeschichte. Auf einmal erscheint Tötung gerechtfertigt, sind Verfolgung, Brandmarkung und Ausstoßung legitim. So entstehen Massaker und Rache-Kreisläufe aus Gewalt und Gegengewalt.

Dem großen, kürzlich verstorbenen Kulturanthropologen René Girard zufolge entsteht Gewalt durch die nicht hinterfragte Überzeugung, dass »die Opfer« Ursache der Krise waren. Man verstehe unter »Krise« das Gefühl der Verlustangst durch Überfremdung, das Gefühl vom Untergang des Abendlandes, vom Souveränitätsverlust, von der »Gewalt« der Fremdbestimmung über den Einheimischen durch die aus seiner Sicht ungerechtfertigte Präsenz des Fremden. »Die Menschen wollen sich davon überzeugen, dass ihr Unglück von einem einzigen Verantwortlichen kommt, dessen man sich leicht entledigen kann.« Es geht also stets nur darum, die Verantwortung für das erlittene Unheil zu adressieren: einem Individuum oder einer Gruppe zuzuschieben und auf die mythische Frage par excellence »Wer hat angefangen?« mit dem Satz zu antworten: ER, der Fremde!

Unter dem Aspekt der reinigenden Gewalt betrachtet – die durchaus, bevor sie leiblich wird, rhetorisch oder verbal vorbereitet wird –, ist der Konflikt um Heimat und Migration ein an sich religiöser. Es verwundert wenig, dass die politischen Akteure dieses Potenzial erkannt haben und in der rituell vollzogenen Reinigung des Eigenen einen neuen Mythos kreieren: die Anrufung eines Nach-Merkel-Deutschlands etwa, dessen Kraft in der Opferbereitschaft der »wahren« Bevölkerung im Kampf gegen das Fremde, gegen die Überfüllung mit »falschen« Menschen besteht und das eine wehrhafte WIR-Gemeinschaft des echten, legitimen Volks dagegen ausbildet.

Homogenität und Soziotop

Wer seine Heimat, sein Land, seine Herkunft, für die beste der Welt hält, verschafft sich das Wohlgefühl einer Selbstbeheimatung, liefert andererseits aber auch einen Schlachtruf für die Maßgeblichkeit des Eigenen gegenüber dem Fremden, die durch nichts weiter als die subjektive Sehnsucht nach Großartigkeit gerechtfertigt ist. Als Einfallstor für Missverständnis und Missbrauch ist die Stilisierung der Heimatscholle als Faktor einer positiv konstruierten Identität immer in Gefahr der Abwertung. Der Wert, den man dem Eigenen zuspricht, gründet in der Homogenität: der durch keine Fremdheit kontaminierten Reinheit. Das Biotop wird zum Soziotop erklärt, und alles, was dieses als »heimisch« deklarierte Soziotop bedroht, wird dann *berechtigterweise* abgelehnt. Zuletzt das fremdartige Genom, dessen »Zerstörungswerk« in der Vermischung besteht. Homogenität ist der geistige Kristallisationskern des Nationalen, und er war es vermutlich schon immer. In seiner national-sozialistischen Variante 1933 führte er bekanntlich zum größten Zivilisationsbruch der jüngeren Menschheitsgeschichte. Eugenik, Ausmerzung schlechter Erbanlagen, überhaupt der Biologismus, der auf faszinierende und fatale Weise mit dem Geburtsboden verknüpft wurde.

Grenzauflösung heißt in letzter Konsequenz Ordnungszerfall. Ordnungszerfall zieht Kontrollverlust nach sich. Nicht von der Hand zu weisen ist die Beobachtung, dass Menschen kulturelle und soziale Distinktionen brauchen. Grundsätzlich scheint der Mensch eher auszuschließen und auszugrenzen, als einzuladen und einzuhegen. Distinktionslust ist ihm gleichermaßen zu eigen wie der Revier-Reflex, der im Fremden eine existenzielle Bedrohung erfühlt. Heimatschutz lässt sich vor diesem Hintergrund als Eliminierung des Zufalls lesen.

Gibt es ein allseitiges Begehren, das sich auf dasselbe Objekt richtet (Geld, Sozialausgaben, Staat), findet – so lehrt die Geschichte – fast immer eine kulturelle Entdifferenzierung der sozialen Ordnung statt: Identitäten und Hierarchien verschwinden, und aus der entstehenden normativen Leere entlädt sich Gewalt in ihren Kreisläufen aus Rache und Gegengewalt in höchst primitiver Weise. Wem Parallelen der Gegenwart zur Weimarer Republik in Deutschland zu drastisch und absurd erscheinen, möge dann, ein zarter Vorschlag, darüber reflektieren, wie schnell selbst in einer hochzivilisierten Nation kulturelle Entdifferenzierung vonstattengehen kann.

Nationalismus ist politisierter Heimatschutz. Er ist nicht allein die Beschwörung einer fiktiven Wesensgemeinschaft, sondern Protektionismus gegenüber jenen, die den Merkmalen der Heimatgemeinschaft nicht entsprechen – ohne begründen zu können, warum, inwiefern und nach welchen Kriterien sie ihm nicht entsprechen können oder *sollen*. Das führt bisweilen zu Extremismus, wie man ihn bei der deutschen »Reichsbürgerbewegung« erkennen kann wie auch in der offen rechtsextremen Gruppierung »German Defence League«. Programm dieser 2010 gegründeten »Deutschen Verteidigungsliga«, die sich an das britische Vorbild »English Defence League« anlehnt, ist der Kampf gegen den Islam. Im Verein mit den »Identitären« und den »Reichsbürgern« ergibt sich eine Widerstandsallianz, die, offensichtlich im Auftrag der Verteidigung jüdisch-christlicher wie griechisch-römischer Traditionen, das Abendland vor der Invasion des Islam zu retten vorgibt. Interessanterweise bezeichnet sich die vom Verfassungsschutz beobachtete Liga als »Menschenrechtsorganisation«. Die Ziele jener Heimatschutz-Bewegungen scheinen ähnlich zu sein, der Bezug zu Hitler, Holocaust und Drittem Reich ist allerdings unterschiedlich. Während die »Reichsbürger« Reichsideologen zur Rettung Deutschlands in den Grenzen von 1914 sind, nutzt die »Verteidigungsliga« als Symbol die »Wirmer-Flagge«, die als Flagge der Widerstandskämpfer vom 20. Juli 1944 nach dem erfolgreichen Attentat gegen Hitler die deutsche Nationalflagge hätte werden sollen.

Nationalismus ist in erster Linie *Reaktion*. Nationalisten verabsolutieren das Einzige, was in einer Welt der Grenzverluste – in der alles sofort und überall, ohne Ankündigung und Einleitung, disponibel ist – nicht zur Disposition steht: der Geburtsraum. Die erinnerbare Scholle. Das materielle Faktum (Boden) einer gefühlten Zugehörigkeit mit subjektivem Ewigkeitsanspruch (Kirchturmglockenschlag). Nationalisten verfolgen die Idee, eine Nationalität zu besitzen, also: im Besitz einer Nationalität *sui generis* zu sein, was ähnlich irrig ist wie die Tatsache, im Besitz eines Geschlechts zu sein. Kurzer Anruf bei Nietzsche: »Beim Nationalismus handelt es sich um die schlechte Ausdünstung von Leuten, die nichts anderes als ihre Herden-Eigenschaften haben, um darauf stolz zu sein.«

Ob Konstruktion, Vorstellung oder Erfindung: Die Frage nach Henne und Ei bleibt die entscheidende. Bilden sich Nationen auf der Grundlage vormoderner ethnischer Gemeinschaften? Oder sind ethnische Identitäten ein Produkt des Nationalismus? Vielmehr scheint zuzutreffen, dass ethnonationale Vergemeinschaftungen erst neu erschaffen und konstruiert werden müssen, während sie fälschlicherweise als ursprünglich aufgefasst und vorausgesetzt wurden – als *Prä* der Nation als einer wesenhaft allem vorgängigen Naturgegebenheit. Das nationale wie auch das National-Bewusstsein muss als Erfindung seiner selbst immer erst geschaffen und dann täglich aufs Neue bestätigt, perpetuiert, reaktiviert werden. Die Konstellation des Nationalen ist so gut wie immer eine rückwärtige Angelegenheit, die Selbstvergewisserung durch Transmissionsriemen der kulturellen Selbstverständigung mittels tradierter Kommunikationsformen wie Literatur, Dichtung, Sprache, Tanz, Ritual und Zeremonie. Nationalhymnen sind Kampfaufrufe und symphonische Beschwörungen des Nationalen: Die portugiesische und die französische etwa rufen die Bürger zu den Waffen im Kampf um die Verteidigung des Vaterlandes, ein martialischer Patriotismus, bis heute mit höchster Inbrunst besungen, oft mit der rechten Hand auf dem Herzen, als schlüge es für Vaterland und Volksgemeinschaft und nicht für einen selbst.

Sind Nationalisten, die vorgeben, im Namen der bestimmten Volksgemeinschaft zu sprechen, die besseren

Volksbürger und die eigentlicheren Demokraten? Die Kerngedanken nationalistischer Reaktionäre sind anno 2017 nationenübergreifend und ironischerweise international: Beschränkung oder Stopp der Einwanderung durch schärfere Einwanderungsgesetze; Eindämmung Asyl suchender Immigranten; veritabler Anti-Islamismus bei Schutz der (christlichen) Wertegemeinschaft. Die als Patrioten des wahren Volkstums (und -willens) auftretenden »Populisten« – jene Sorgenkinder Europas, die die Sorgen beträchtlicher Teile europäischer Bevölkerungen zu repräsentieren vorgeben – bedienen sich der Ängste und Sehnsüchte von Bürgern aller Milieus nach Heimat und Homogenität. In Deutschland neigt man bekanntlich gern zu Angst, und Angst und Sorgen gibt es ebenso bekanntlich vor allem vor Inflation und Immigration. Beides lässt sich geschickt verknüpfen: Steigende Migrantenzahlen gleich steigende Wohnraumpreise gleich steigende Ängste vor Zu-kurz-Gekommen-Sein.

Die Verquickung brisanter Themen und belegter Motive machen »Heimat« zu einem gefährlich raunenden Resonanzkörper. Wird sie aus der subjektiven Erfahrung herausgehoben und politisch objektiviert, läuft Heimat Gefahr, nicht mehr als persönlicher Geborgenheitsraum verstanden, sondern als politisches Küstenschutzreservat instrumentalisiert zu werden. Die in Europa gültige Raumtheorie verlangt Schutz vor dem Flüchtling, während der Flüchtling Schutz vor seiner Ausgeschlossenheit verlangt. Die Grenzschützer greifen den Homo sacer auf, bringen ihn an Land, setzen ihn ins Recht und führen ihn einem geordneten Verfahren der Asylbehörden zu. Im Jahr 2009 haben die Regierungen der europäischen Nationalstaaten die Grenzschutzagentur »Frontex« gegründet, deren Ziel Raumschutz und Verhinderung illegaler Einwanderung durch vereinte Polizeipatrouillen ist.

Am Saum der eigenen Scholle herrscht lückenlose Überwachung mit Wärmebildkameras, Nachtdetektoren, Hub-
schraubervideos, und im Rahmen des Programms »Eurosur«
kontrollieren die Europäer von der Schaltzentrale der Ewigen Stadt Rom aus mithilfe zahlreicher Satelliten die Grenzen ihres Kontinents als *Cordon sanitaire* vor dem Homo
sacer. Wer kommt, wird einem »Screening« unterzogen.
Man fragt ihn: Woher kommst du? Wie war dein Weg? Was
hast du erlebt?

Separatismus und Säuberung

Die kämpferische Verschärfung der Heimatbeschwörung
geschieht durch Abspaltung. Ihre quasi heilige Berufung auf
eine glorreiche Vergangenheit ist allen sezessionistischen
und separatistischen Gruppierungen eigen. Fast immer sind
ihre Argumente zugleich ökonomischer und ökologischer
Natur: Wohlhabende Regionen grenzen sich gegen jene ab,
die ihren Wohlstand von außen bedrohen und in ihre Regionen einwandern, weil aus separatistischer Sicht Wohlstand
und Region Synonyme sind. Einer politischen Abgrenzung
der eigenen Scholle durch Abschottung entspricht als typische Geisteshaltung der Separatismus, vielfach zu studieren
an Unabhängigkeitsgelüsten in Norditalien, im Baskenland,
in Katalonien, in Flandern, in Schottland und neuerdings in
der Ost-Ukraine. Der Traum vom eigenen Ministaat, von
der heilen Welt der unverdorbenen, autarken, autonomen
Heimat, bringt die Selbstbestimmung der regionalen Bürger
in Stellung gegen die Fremdbestimmung durch die eigene
Nation oder etwa den »Suprastaat« der Europäischen Union

(die freilich kein Staat im Sinne eines Staates ist). Der Separatismus dieser *innerstaatlichen* Unabhängigkeitsbewegung ist, historisch betrachtet, relativ neu und schwingt das Banner der Gerechtigkeit für die bedrohte, schützenswerte Minderheit. Separatistische Sehnsüchte keimen meist in Regionen, die keinerlei Tradition als Transitland haben. Sie wollen die Trennung von dem, was für sie nicht zusammengehört, was fremd ist und das Eigene bedroht. In ihnen ist der Homogenitätsgedanke am ausgeprägtesten. Homogenität setzt immer Ablehnung voraus und bringt immer Ablehnung hervor.

Im März des Jahres 2015 zum Beispiel machte sich ein Häuflein nationalistisch gesinnter Venezianer auf den Weg, die Unabhängigkeit Venedigs ins Leben zu rufen. Die Aktivisten waren angetreten, 150 Jahre italienischer Geschichte rückgängig zu machen, und hatten einige Wochen zuvor via Internet und Telefon ein Plebiszit abgehalten – mit einem erstaunlichen Ergebnis: Fast alle Venezianer hätten mit »Ja« gestimmt, fast alle wollten sich von Italien trennen. Es nahmen allerdings nicht 2,3 Millionen daran Teil, wie die Organisatoren berichteten, sondern nur 100 000. Es sei typisch für Verzweifelte, vermerkte der Publizist und Schriftsteller Mario Fortunato daraufhin, über die Herrlichkeit vergangener Zeiten nachzugrübeln.

Sezessionismus ist ein Nationalismus en miniature, und er macht Heimat zur religiösen Letztbegründung seines retrospektiven Selbstverständnisses: die Definition des Eigenen über die Erinnerung an die Vergangenheit, die, in dieser Erinnerung, stets glorreich und gülden ist. Niemand würde sich eine Vergangenheit herbeiwünschen, die geprägt ist von Zerstörung, Schmutz und Gefahren.

Separatistische und sezessionistische Sehnsüchte zielen auf geschlossene Gesellschaften und den Ausschluss des Heterogenen, auf die Begrenzung der Vielfalt durch Einfältigkeit. Darin steckt die Legitimation einer scheinbaren Überlegenheit des Eigenen gegenüber den Fremden, eine Annahme, die kulturell, sozial und ökonomisch so gut wie nie gerechtfertigt ist, weil sie ihren Gegensatz, das Fremde also, nur über nicht veränderbare, persönliche, oft genetisch bedingte Merkmale gewinnen kann. Das aber ist das Hoheitsgebiet einer üblen Form der Ausgrenzung und Abwertung durch Säuberung.

Recht und Rechtfertigung

Ein oft geschilderter Eindruck ist nicht von der Hand zu weisen und, zumindest für die Großstadt, täglich erfahrbar. Man sitzt mit kulturfremden Menschen im U-Bahn-Wagen: afrikanischer, arabischer, maghrebinischer, türkischer, kurdischer, russischer Herkunft. Dann tritt etwas zutage, das ein humanistisch interessierter und humanitär eingestellter Mensch überhaupt nicht will, was verstörend und vielleicht beschämend ist: Er wird *unwillkürlich* Opfer der medialen Angst-Konstruktion. Bilder von Terrorakten, Amokläufen, Anschlägen und Gewaltexzessen lagern im visuellen, Gerüchte und Berichte über Sexismus, Vergewaltigungen, Abwertungen im auditiven Gedächtnis, und er vermag es nicht mehr, dem Fremden völlig unbefangen gegenüberzutreten, weil er bei jeder Begegnung prinzipiell auf Habtacht ist. Psychologen und Angstforscher bestätigen einhellig, dass sich neue Ängste breitgemacht haben und teilweise zu Traumatisierung der einheimischen Bevölkerung führen. Wer ständig mit Bildern und Erzählungen von Terror, Tod und Gewalt konfrontiert ist, hypersensibilisiert sich für eingebildete Gefahren.

Der muslimische Vollbart etwa ist ein Signal des Todes geworden, daran haben einige wenige Bartträger Schuld. Die Auswirkungen des Vollbarts im Gesicht eines kulturfremden Menschen sind verheerend. Die Angst, so unbegründet Angst eben ist, ist da, und jeder der anwesenden Fremden ist selbst Opfer jener radikalen vollbärtigen Fundamentalisten, die es mit ihrer Beharrlichkeit geschafft haben, über die Jahre eine Gleichschaltung zwischen »kulturfremd« und »potenzieller Attentäter« herzustellen. Das ist nicht wegzureden, und es ist ein Problem, vor allem für Frauen, die, so ist häufig zu hören, die Straßenseite wechseln, wenn ihnen kulturfremde Personen in kleineren Gruppen entgegenkommen. Gängiger Sexismus ist durch nichts zu entschuldigen, weder wenn er von einheimischen Männern noch wenn er von migrantischen Männern kommt, und die psychische wie physische Unversehrtheit der Frau (egal, welcher Nationalität, welcher Hautfarbe, welchen Glaubens) ist ein unbedingt zu achtendes und schützendes Menschenrecht; und allein dass dies unserer Tage vermeintlich höchster Zivilisiertheit wieder vermerkt werden muss, ist höchst problematisch.

Wer oder was genau ist eigentlich der oder das Fremde, von dem sich Menschen bedroht fühlen? Der Ausländer an sich kann es nicht sein, denn dann müssten Fremdenfeinde ebenso Spanier, Schweizer, Australier oder Amerikaner ablehnen, was, täuscht der Eindruck nicht, selbst in rechten Kreisen kaum geschieht. Niemand, der sich gegen Zuwanderung und Zuzug des Fremden in das echte Eigene ausspricht, würde vermutlich einem Franzosen, Isländer oder Dänen den Zutritt in die Heimat mit dem Hinweis verwehren, des Fremden Fremdsein verunreinige oder bedrohe das eigene Revier. Wenn es also nicht der Ausländer ist und somit nicht das Nichtnationale – was dann? Vermutlich sind es jene Merkmale des Andersseins, die den Fremden als fremd festschreiben: die Farbe der Haut etwa. Ein schwarz- oder latinobraunhäutiger Mensch erregt vermutlich eher Ablehnung als ein chinesisch bleicher. Somit wäre eine Rangliste anhand der Pigmentdichte der Haut eine Ablehnungskategorie: Je dunkler die Haut, desto weniger erwünscht. Wer will, kann in der Helligkeit der Haut auch ein kulturgeschichtliches Unterscheidungsmerkmal sehen, demzufolge die bürgerliche Schicht sich seit jeher dadurch von sozial unter ihnen Stehenden unterschied, dass sie sich der Sonne und also der primitiven Landarbeit nicht aussetzen musste und in der Häuslichkeit der Heimat die eigene Blassheit kultivierte.

Nach der Genfer Flüchtlingskonvention gibt es kein Recht für jeden, in Europa aufgenommen zu werden, und wenn Menschen das Gefühl haben, dass dies dennoch geschieht, prägt sich Widerstand aus. In der vom Recht gedeckten Berechtigung auf Ablehnung wird die zufällige Anwesenheit des Eigenen auf einem bestimmten Boden aber zum überrechtlichen Anspruch legitimiert, gegen das Fremde einzuschreiten. Im Fall politisierter Heimat und dem unvermittelten Gegensatz von Ein- und Ausgrenzung kommt einer der ältesten rechtsphilosophischen und theologischen Konflikte in exemplarischer Weise zum Tragen: Naturrecht gegen positives Recht. Dem Begriff des Naturrechts liegt die Überzeugung zugrunde, dass jeder Mensch von Natur aus mit unveräußerlichen Rechten ausgestattet ist, unabhängig von Geschlecht, Alter, Ort, der Zeit und Staatsform, in der er lebt. Das Naturrecht gilt als vor- und überstaatliches, gleichsam als »ewiges«, also überpositives Recht, welches dem durch Menschen gesetzten (also positiven) Recht und seinen Normen übergeordnet ist, weil positives Recht auch durch Ungerechtigkeit, Gewalt oder Willkür zustande gekommen sein könnte. Wer sich auf das universal gültige Naturrecht beruft, geht davon aus, dass bestimmte Rechtssätze unabhängig von der konkreten Ausgestaltung durch die Rechtsordnung Geltung beanspruchen. Sie müssen somit weder durch einen positiven Akt der Rechtssetzung geschaffen, noch können sie außer Kraft gesetzt werden. Dazu gehören das Recht auf Leben und das Recht auf persönliche Freiheit.

Wer die Heimatscholle zur Grundlage einer Politik der Ausgrenzung überhöht, spricht ihr, der Heimat (von Gott geschützt, von der Genetik beglaubigt) die höchste Autorität zu. Niemand hat dann mehr das positiv gesetzte Recht, die eigene Heimat zu betreten. Die Bedrohung des Eigenen durch das Fremde wird naturrechtlich höher veranschlagt als das humanitäre Recht der Beherbergung Verfolgter oder an Leib und Leben Bedrohter. Kommt es zum Schwur, wird im Menschen nicht der Mitmensch, sondern der Invasor erkannt. Darin steckt der Anspruch auf absolute Gerechtigkeit der Heimat gegenüber dem Rest der Welt. Heimatgerechtigkeit ist das überlieferte Recht, auf dem zugefallenen Boden leben zu dürfen.

Aber Gerechtigkeit in Bezug auf Heimat ist ein zweischneidiges Schwert. Genauso könnte das Recht auf Ablehnung des Fremden als ein gerechtigkeitsphilosophisches Problem verhandelt werden. Nehmen wir folgenden Fall an: Der Einheimische möchte die Schönheit und Vertrautheit *seiner* quasi ihm gehörenden Heimat (Landschaft, See, Kirchturmglockenschlag) nicht mit jenen teilen, die nicht über die Zeit hinweg auf Dauer mit diesem Ort zu tun hatten; die keine Vorfahren auf diesem Boden hatten, zu diesem entsprechenden Ort nichts beigetragen haben und nur, wenn überhaupt, dort Nachfahren haben werden. Der Einheimische betrachtet den Boden, auf dem – oder den Ort, in dem – er lebt, als Besitz und empfindet es als ungerecht, diesen Besitz zu teilen – und zwar mit jenen, die diesen Ort gar nicht als Besitz reklamieren können, weil sie nie die Möglichkeit hatten, den Ort als »ihren« in Besitz genommen haben zu können. Die Angst vor dem Verlust der Vertrautheit, der angestammten Sprache durch neue Sprachen und Idiome, bildet in ihm einen Widerstand aus, den eigenen Geborgenheitsraum zu schützen. Wird dieser Widerstand kämpferisch, ist der Fremde mit Leib und Leben in Gefahr.

Die Berechtigung, das Fremde abzulehnen, ist kein Recht im juristisch einklagbaren Sinne, aber jeder deutsche Staatsbürger hat das Recht, etwas nicht zu wollen. Ob er das Recht hat, *jemanden* nicht zu wollen, steht dahin. In keinem Fall aber darf er jemandem, den er nicht will, die Würde absprechen, darf ihn nicht zum Objekt degradieren, seine Selbstzweckhaftigkeit als autonomes Individuum infrage stellen und ihn jagen, schlagen, vergewaltigen, verstoßen oder gar töten.

Exegese des Echten

In verstärktem Maße geht es im Reich des Homo faber um die Behauptung des Echten. Um die echten Deutschen. Die echten Franzosen. Die echten Dänen. Die echten Polen. Die echten, ethnisch klar und vor allem *berechtigterweise* auf den Heimatboden Verorteten. Um die im Revier Geborenen, die auf der Scholle Lebenden. Der Nationalismus, der an das Gewissen der Echtheit appelliert, hat das Problem, nachvollziehbare Kriterien für seine Voraussetzungen zu liefern.

Das Echte kann nur echt durch seine Negation sein: das Unechte, vulgo Fremde. Wenn das Eigene das Echte ist, muss das Fremde das Falsche sein. Solcherart Dialektik rechtfertigt sogar Gewalt, weil das staatliche Monopol aufgegeben ist, wenn der Staat seiner genuinen Aufgabe nicht nachkommt: dem Schutz der Grenzen seines Raums. Mit den Grenzen definiert er freilich jenen Raum, den er durch seine Gewalt schützt. Dass sich Intoleranz des Vorwands ethnischer Unterschiede bedient, hielt Claude Lévi-Strauss für das größte Verhängnis des 20. Jahrhunderts. In einem Radio-Interview 1950 sagte der berühmte Ethnologe auf die Frage, ob es in besagtem Jahr angebracht sei, von Rassismus zu sprechen: »Jedes Mal, wenn es Spannungen unter Völkern gibt, wird versucht, sich mit Argumenten zu rechtfertigen, die der Reflektion entgehen. Und keine sind verführerischer und leichter zu Hand als die, die sich auf die vererbten Unterschiede begründen, die wir angeblich seit Jahrtausenden mit uns schleppen und unseren Ur- und Ur-ur-Enkeln zu vererben verpflichtet sein sollen. Wir müssen im Gegenteil verstehen, dass nichts provisorischer ist als diese offensichtlichen Unterschiede. Und so wie sich im Lauf der Geschichte und des Fortschritts der Zivilisation die Grenzen zwischen den Menschen verschoben haben, haben sich ihre Eigenschaften vermischt und umverteilt. Im Laufe der Geschichte haben die Rasse-Eigenschaften ein unendliches Wechselspiel durchgemacht.«

Betrachtet man die ersten Jahre des 21. Jahrhunderts, scheint sich daran nicht allzu viel geändert zu haben. Ein Europa, gar die Welt ohne Grenzen wäre, zu Ende gedacht, ein gigantischer Raum ohne Schutz und Mandat. Dann wäre es nicht mehr möglich, Konflikte zu moderieren und auszutarieren, folgte das Naturrecht und mit ihm der Weltbürgerkrieg einer Entdifferenzierung der Ordnung. Die

Lehre aus der Geschichte, proklamierte einst der Anthropologe René Girard, bestehe darin, dass der Kreislauf aus Gewalt, Rache und Gegengewalt infolge des »mimetischen Begehrens« geschehe.

Wir haben es im Zuge eines reaktivierten Nationalismus dieser Tage mit lauter narzisstisch gekränkten Herrschern zu tun. Der türkische Präsident Erdoğan lässt allerorten in Europa nach antitürkischen Äußerungen fahnden, Russland sieht in jeder Kritik sofort antirussische Motive. Die Herrscher fühlen sich verfolgt und inszenieren ihre Beleidigtheit, als wären sie Bengel im Kindergartensandkasten.

Donald Trump tönte in seinem Präsidentschaftswahlkampf wahlweise »America first!« oder »Make America great again!«. In England war »Take back control!« die große Idee der EU-Gegner, deren größtes unter lauter kleinen Argumenten die Ablehnung von Migranten (aus der Europäischen Union wohlgemerkt) als Sozialhilfeempfängern war. Brexit heißt ja vor allem: Man verbietet sich jede Einmischung von außen, um das Eigene vor dem Verschwinden zu retten. Man will »wieder stark sein«. Stärke verfängt. Stärke ist toll. Stärke setzt einen auf die Siegerstraße. Stärke ist einfach und versteht sich von selbst. Schwäche hingegen schmerzt, lähmt, ist mühsam und kraftraubend. Schwäche macht angreifbar, verletzlich, erpressbar. Wer will Teil des Starken sein?, lautet implizit das Angebot der Chauvinisten, und wer, wie manche Bürger entsprechender Staaten, sich im Prozess einer Fremdbestimmung durch die Algorithmen der Globalisierung als Verlierer erkennt, hängt sich an den Rockzipfel eines solchen den Zeitläuften trotzenden Dezisionisten, der die Souveränität reklamiert, zwischen Schwarz und Weiß, Richtig und Falsch, Gut und Schlecht mal wieder richtig klar zu unterschieden und den Differenz-Terror mit wohltuender Einfalt zu bekriegen? Die fast neurotische

Überhöhung von Sieg und Stärke kennen die Deutschen so gut wie manch ein anderes europäisches Land mit faschistischer Geschichte.

Stärke inszeniert man am geschicktesten durch die Anrufung alter Mythen und eine Hegemonie des Nationalkonservatismus mit all seinen historischen Heldenfiguren gegen eine alles aufweichende, konturlose, für jeden Herrschaftsanspruch eminent gefährliche »unsichtbare Hand« der globalisierten Ökonomie. Die Virtualität des Konsumgüterverkehrs, der weltwirtschaftlichen Verflechtung ist die wahre Bedrohung jener Kleingeister in ihren pompösen Palästen, die im Namen »des wahren« Volkes Sultan oder Zar sein wollen. Die Gegner jedes Nationalrevolutionärs sind der Liberalismus und die repräsentative Demokratie, weil sie nicht steuer- und verwertbar sind, sondern das freie Spiel unkontrollierbarer Kräfte auf der angenommenen Grundlage von Vernunft darstellen. Logischerweise bezeichnen Autokraten in ihrer aus Kalkül, Raffinesse, Dummheit, Machtgier und Angst geleiteten Verblendung ihre Gegner als Verräter und Terroristen, die der eigenen Nation einen Tort antun wollten.

Oft, das weisen Studien nach, grenzen jene Länder aus und ab, die am meisten zu verlieren haben. Wo Reichtum und Wohlstand zur Disposition stehen, greifen Verlustängste um sich. Diese »Loss Aversion« zeigt deutlich, dass der Mensch den Verlust eines einmal erlebten Niveaus schlecht ertragen kann. Wenn dem, der hat, etwas gegen seinen Willen und gegen die für ihn einleuchtende Vernunft genommen wird, etabliert sich ein Machtverhältnis zu seinen Ungunsten. Er fühlt sich aggressiv fremdbeherrscht, verraten, bestohlen. Darum geht es in erster Linie: um den Verrat am Eigenen.

Kopftuch und Heimatwert

Nichts symbolisiert diesen anhängigen, schwer lösbaren Wert- und Normkonflikt deutlicher als ein kleines Stückchen Stoff. Am *Kopftuch* muslimischer Frauen (erst recht an Niqab und Burka) scheiden sich Geister, Gemüter und Geschlechter. Das Kopftuch ist ein Stück Stoff, das mit religiöser, moralischer, politischer und sozialer Bedeutung aufgeladen wird und ist. Es ist das vieldeutigste Stück Stoff, das auf dem Markt der Religionen zu haben ist. Das Kopftuch ist zugleich Träger wie Sender symbolischer Wertvorstellungen. Für einen Teil muslimischer Frauen drückt es die persönliche Beziehung zwischen der Gläubigen und ihrem Schöpfer aus. Für einen anderen Teil muslimischer und nicht muslimischer Frauen symbolisiert es die patriarchale Unterdrückung und Entwertung der Frau, die das Tuch gegen ihren Willen zu tragen und sich *sozialen* Normen von Macht und Hierarchie zu unterwerfen hat. Es ist Symbol für Keuschheit, Fremdbestimmung, Unterdrückung – und zugleich für Selbstbestimmung, Religionsfreiheit, Sexyness. Für verhüllte und demonstrative Weiblichkeit, für Tradition und Abkehr von der Tradition. Für religiöses Bekenntnis und persönliche Identität, für die Herrschaft des Mannes über die Frau und für die Herrschaft der Frau über den Blick des Mannes. Für den politischen Islam in orthodoxen Autokratien und den Gottglauben muslimischer Bürger in liberalen Rechtsstaaten. Vor allem aber ist es das Symbol für *das Fremde schlechthin,* auch wenn Frauen in den 1960er-Jahren in den ländlichen Gebieten Deutschlands ganz selbstverständlich ein Kopftuch getragen haben und Frauen es beispielsweise im christlichen Griechenland noch heute tun.

Müssen nicht gläubige oder nicht muslimische Bürger im säkularen Rechtsstaat Deutschland nun das muslimische Kopftuch auf ihrer Heimatscholle respektieren, akzeptieren, oder haben sie das Recht auf Ablehnung und Verbot? Über die Kulturkollision hinaus hat man es zweifelsohne mit der Kollision von Grundwerten zu tun.

Gemäß Artikel 1 des deutschen Grundgesetzes ist die Würde des Menschen unantastbar; jede Fremdbestimmung der Frau aber tastet diese Würde an, wenn vorausgesetzt ist, dass einer Frau das Kopftuch gegen ihren Willen aufgezwungen wurde.

Gemäß Artikel 4 des deutschen Grundgesetzes ist die Freiheit des Glaubens, des Gewissens wie des religiösen und weltanschaulichen Bekenntnisses unverletzlich. Demnach hat jede Frau das Grundrecht, durch das Kopftuch ihr Bekenntnis zu *ihrem* Gott zu repräsentieren.

Was nun? Entweder eine freie Gesellschaft respektiert das Recht auf Selbstverwirklichung und freie Religionsausübung als oberstes Prinzip, dann trifft das aber auf alle Gläubigen aller Glaubensrichtungen zu. Oder das Tragen eines Kopftuchs – übertragen gesagt: der Islam als Rechtssystem – wird als mit den Grundsätzen der säkularen Bundesrepublik unvereinbar eingestuft, weil der gläubige Muslim das Gottesgesetz höher als das Grundgesetz stellt. Das islamische Rechtssystem Scharia ist ja weit mehr als nur ein Aufsehen erregender Paragraf zum Abhacken der Hand eines Straßenräubers oder zur Steinigung bei außerehelicher Unzucht. Die Scharia ist die kulturell durchwirkte Verfassung des *gesamten* irdischen Lebens der Gläubigen nach den Rechtsansprüchen Allahs. Wer seine Heimat durch den Islam bedroht fühlt und gegen eine vermeintliche Islamisierung agitiert, ahnt, unterstellt oder fürchtet, dass ein strenggläubiger Muslim die Scharia über das Grundgesetz stellt, mehr noch:

per definitionem stellen *muss*. Somit wird einer ganzen Religion die Existenzberechtigung untersagt mit dem Hinweis, der Islam sei unreformierbar, rückständig und das Kopftuch stets die Flagge des Islamismus. Fatalerweise trifft diese Haltung zusammen mit Aversionen westlicher, republikanisch gesinnter, womöglich feministischer Frauen, die unterstellen, dass jede Frau, die ein Kopftuch trägt, unterdrückt wird – entweder von Vater, Bruder, Cousin oder Ehemann. Jede Frau, die ein Kopftuch trage, zeige damit, dass sie sich nicht integrieren wolle. All das passe nicht zum deutschen Wertesystem und zum Grundsatz der Gleichberechtigung, für den so viele deutsche Frauen seit Jahrzehnten gestritten und gekämpft haben.

Religionsfreiheit gilt nicht absolut, sie ist ständig von Fall zu Fall neu abzuwägen, und jede Ausübung von Zwang ist schärfstens zu verurteilen wie im Übrigen auch strafbar. Im *staatlichen* Raum ist Neutralität unabdingbar, damit sich widersprüchliche Weltanschauungen ungehindert ausbilden lassen. Ein Schulkind sollte in seiner Meinungs- und Urteilsfindung nicht durch subtile oder weniger subtile religiöse Symbolik wie Kopftuch oder Kreuz beeinflusst werden, sondern als mündiger Bürger dereinst selbst über seine Weltanschauung entscheiden können. Ganz anders verhält es sich im *öffentlichen* Raum. Wenn das Kopftuch Teil der Identität islamisch gläubiger deutscher Bürgerinnen ist, dann garantiert ihnen der freiheitlich-demokratische Rechtsstaat das unbedingte Selbstbestimmungsrecht auf deutschen Straßen und Plätzen. Eine freie Gesellschaft kann nicht einfach verbieten, was ihr fremd und unbehaglich ist, solange das Fremdartige durch die Grundlagen des Rechtsstaats gedeckt ist, die auch für alle anderen gelten. Es kann nicht der Sinn einer weltoffenen Demokratie sein, die Symbole der offenen Welt aus dem öffentlichen Leben des eigenen Landes zu verdrängen – es sei denn, man will eben *nicht* welt-offen sein, sondern weltverschlossen, essenzialistisch, wie alle Fundamentalisten und Radikalen. Je mehr Verdrängung stattfindet, desto mehr Spannung wird dadurch an falscher Stelle erzeugt. Die Würde des Menschen an gleiche Rechte und gleiche Pflichten aller zu knüpfen – das ist und bleibt das große, das römische Erbe Europas. Man sollte es auf ewig pflegen. Auch diese Kultur-Pflege ist Heimat, ideelle und idealistische.

Unterordnung und Hospitalität

Jede Form einer Diskriminierung der Frau ist in Deutschland verboten, insofern haben sich alle Kulturfremden im Hinblick auf das Geschlechterverhältnis diesem deutschen Normverständnis unterzuordnen. Die Gleichberechtigung der Geschlechter hat Verfassungsrang, und die auf der Verfassung aufbauende Rechtsordnung schützt Mann wie Frau gleichermaßen vor Einschränkungen ihrer Freiheit und Herabsetzung ihrer Würde. In Deutschland wie in Europa existiert das Grundrecht expliziter Gleichberechtigung der Geschlechter als Rechtsanspruch auf bedingungslose Würde, in islamischen Länder hingegen wird meist gleiche menschliche Würde von gleichen Rechten getrennt betrachtet. Wer das thematisiert und artikuliert, ist weder Nationalist noch Fremdenfeind.

Jenseits von Polit-Korrektheit (die oft politkommissarisch-paternalistisch auftritt) und Apokalypse-Geraune (das gern die zeitlose Idiotie des Welt-Endes bemüht) darf bei nüchterner Betrachtung ja durchaus die Frage erlaubt sein, wie man eine allgemeine moralische Hilfspflicht gegenüber Menschen, die an Leib und Leben bedroht sind, mit einem Regelwerk für kontrollierte Zuwanderung jener, die nicht asylberechtigt und arbeitswillig sind, in eins bringt.

Das Verhältnis von Territorialrechten und Migrationsethik ist glücklicherweise seit Längerem Gegenstand akademischer Reflexion (was bei langsam mahlenden Mühlen einer lange Zeit gut bezahlten Fakultäts-Geistigkeit noch keine Selbstvertständlichkeit ist). Auf der Grundlage der kantischen Philosophie etwa bemerkt der Philosoph Matthias Hoesch: »Jeder Staat, der einen Teil der Erde als Staatsgebiet exklusiv für sich beansprucht, tut nichts weiter als seine Schuldigkeit, wenn er eine angemessene Verantwortung gegenüber der Menschheit im Ganzen übernimmt.« Demnach ist Flüchtlingshilfe kein Akt moralischen Großmuts, sondern, so Hoesch nach Kant, die angemessene Reaktion auf menschenrechtliche Ansprüche aller Fremden. Kant selbst hatte in seiner Schrift »Zum ewigen Frieden« (1795) den moralischen Grundsatz der Hospitalität als Weltbürgerrecht universal gültig begründet: »Niemand hat an einem Ort der Erde zu sein mehr Recht als der andere.« Und weiter: Jeder habe das ursprüngliche Recht, an irgendeinem Ort der Welt zu sein, an den er ohne Willkür hingekommen ist. Das kantische Weltbürgerrecht sichert folglich jedem Menschen seinen Anteil am »gemeinschaftlichen Besitz der Oberfläche der Erde«, auf der sich alle Menschen nebeneinander zu dulden hätten. Lässt sich das als Grundlegung eines dauerhaften Aufenthalts lesen? Nein, nicht wirklich, geht es darin doch um eine Art Gastrecht, um Gastfreundschaft und den kurzfristigen Aufenthalt. Kant hatte einen Völkerstaat wie auch eine Weltrepublik bekanntlich ausgeschlossen und sich deutlich für Völkerbund und Föderalismus ausgesprochen.

Den Anspruch eines moralisch durch das Weltbürgerrecht legitimierten Aufenthalts (um das eigene Leben gegen Auslöschung oder Verletzung zu schützen) könnte man sich freilich dennoch so lange leisten, bis – ja, bis was? Bis die Kontingente der Aufnahmefähigkeit erschöpft sind, wobei stets die dauerhafte Hospitalität der Einheimischen vorausgesetzt sein muss. Aber wann ist das der Fall? Wer entscheidet über Kontingent-Erschöpfung? Begrenzte Aufnahmekapazität von Flüchtlingen ist dann gegeben, wenn Einrichtungen belegt sind; jede Form der Überbelegung zöge ja den Vorwurf menschenunwürdiger Unterbringung nach sich. Dann aber wäre es ein Leichtes zu sagen, menschliche Not erfordere zu Recht den Bau, Auf- oder Ausbau weiterer Einrichtungen; jedenfalls ist der deutsche Staatsbürger gesetzlich verpflichtet, bei Unglücksfällen oder Not Hilfe zu leisten. Unterlassene Nothilfe wäre nach dem Strafgesetzbuch Paragraf 323c mit einer Freiheitsstrafe bis zu einem Jahr belangbar und gilt als »gemeingefährliche Straftat«.

Hospitalität kann in Hostilität kippen. Der Mensch an sich ist unberechenbar, und Aufnahmebereitschaft endet, wenn eine kritische Masse erreicht wird. Wann ist diese Masse erreicht? Mathematisch lässt sich das nicht sagen (und jede Bestimmung einer durch Zahlen bestimmten Selektion widerspricht dem Geist der Verfassung, dem zufolge Schutz von Leib und Leben nicht an Bedingungen geknüpft ist). Aber wenn auf einen Schlag zu viele kulturfremde Menschen pro Einheit Heimat auftauchen, darf man vermuten, setzt der anthropologische Revier-Reflex ein. 1000 Asylbewerber bei einer Orts-Bevölkerung von 10 000 Einheimischen könnte von vornherein jede Aufnahmebereitschaft zerstören, vor allem dann, wenn über die Köpfe der Einheimischen hinweg verfügt und entschieden wurde. Man könnte es mit einer Gleichung versuchen: Die prinzi pielle Aufnahmebereitschaft sinkt proportional zur Zuwanderungsgröße pro Quadratmeter Heimat. Viele, wenn nicht die meisten Studien von Entwicklungsökonomen und Migrationsforschern zeigen, dass Integration umso schwerer wird, je größer und homogener die Gruppe der Einwanderer ist. Die Wissenschaftler haben dieses Phänomen in so gut wie jeder Gesellschaft beobachtet. Dem britischen Entwicklungsökonomen Paul Collier zufolge gibt es klare Anzeichen dafür, dass die Solidarität in Gesellschaften mit hohem Einwanderungsanteil rapide abnimmt: »Das Wunder des Nationalstaats ist, dass er eine gemeinsame Identität schafft, die Solidarität ermöglicht. Zu viel Einwanderung gefährdet das Arrangement.«

Empirisch begründete Kontingenterschöpfung und gefühlte Überfüllung erfordern pragmatische Lösungen des Problems auf einem Heimatboden, dessen Wohlstand und Reichtum vornehmlich auf der bisherigen Arbeitsethik und Leistungsbereitschaft der dort lebenden Bürger basiert. Eine Lösung könnte, wie vielfach gefordert, in einer Obergrenze liegen; dann würde eine Zahl die Norm moralischer Hilfsethik außer Kraft setzen und eine schnöde Ziffer Humanität begrenzen. Mit welcher moralischen Autorität wollte man dann jener Person entgegentreten, die die Ziffer um eins überschreitet, da ja doch auch jene Person, wie alle vor und nach ihr, frei und gleich an Rechten geboren ist und das gleiche Recht auf Beachtung und Respekt hat wie jeder einzelne andere Mensch des Erdkreises? Die Frage, die hier, noch unbeantwortet, zur Verhandlung steht und von Angela Merkels epochalem Diktum »Wir schaffen das« flankiert ist, lautet dementsprechend: Kann man aus dem moralischen Menschenrecht auf angewandte Menschenwürde auch ein allgemeines Menschenrecht auf Einwanderung ableiten?

Es war ja der schicksalhafte Zufall, der eine Gemeinschaft

an einem bestimmten Ort zusammengeführt hat und durch Geburt immer wieder zusammenführt. Aufgrund des Zugefallenseins ist kein Besitzanspruch möglich. Andersweitig wäre der Erdboden als ein Besitzstand zu behandeln, was sich weder juristisch, politisch noch moralisch begründen lässt. Immerhin kommt der Grundsatz zu Hilfe, dass das Sollen das Können voraussetzt, nicht allein das Wollen (das aber ohnehin). Eine Hilfspflicht muss erfüllbar sein, sonst verkommt sie zur Phrase.

Staatliche Herrschaft, die im grundgesetzlich verfassten Staat Bundesrepublik etwa durch das deutsche Volk legitimiert ist, stützt sich auf die politische Gemeinschaft in der vom Grundgesetz verfassten staatlichen Ordnung. Die Entscheidung, wer zu dieser politischen Gemeinschaft dazugehört und wer nicht, befindet der Tübinger Staats- und Verwaltungsrechtler Martin Nettesheim, sei genuin demokratischer Natur und könne menschenrechtlich nicht einfach beiseitegeschoben werden. Die Grenzen der Bundesrepublik dienen zugleich dem Schutz der staatlichen Integrität der Länder, und den Bund trifft die Schutzpflicht der Länder-Grenzen. »Die Sorge um die Aufrechterhaltung eines staatlichen Grenzregimes ist damit zutiefst politischer Natur«, schreibt Nettesheim, »unabhängig davon, wie liberal oder restriktiv dieses aufgefasst wird.« Ihr Ziel: die Sorge um die Lebensverhältnisse der Einwohner, aber auch die Pflicht zur Gewährleistung menschenwürdiger Verhältnisse für anwesende Flüchtlinge.

Das kann ein Spannungsverhältnis ergeben – und hat es seit September 2015 auf eine kaum für möglich gehaltene Art in Deutschland auch getan. Denn eben die menschenrechtliche Begründung, die Grenzen Deutschlands für Hunderttausende aus Ungarn einreisende Flüchtende zu öffnen, ist der Kern eines Konflikts, der die politische Kultur der

Bundesrepublik verändert hat und dabei ist, jene der Europäischen Union zu verändern, in welchem Ausmaß auch immer.

Kultur und Zivilisation

Im Herbst 2016, als Angela Merkel sich mit der Gloriole ihres Diktums »Wir schaffen das« nicht mehr schmücken wollte, ja mehr noch: als die Verbal-Girlande des neuen deutschen Humanitarismus zu welken begann und sich über 80 Prozent der Deutschen mit der regierungsamtlichen Flüchtlingspolitik unzufrieden zeigten (da diese massenweise Kulturfremde eingeladen und unkontrolliert ins Land gelassen habe), veröffentlichte das Institut für Demoskopie Allensbach die Ergebnisse einer Umfrage zur nationalen Identität. Titel: »Was ist deutsch?« Zuvor aber erst eine grundsätzliche Überlegung.

»Es kennzeichnet die Deutschen, dass bei ihnen die Frage ›Was ist deutsch?‹ niemals ausstirbt«, bescheidet aus dem Tiefenraum der Geschichte Friedrich Nietzsche Demoskopen und Deutschtums-Detektive, und auf seinem Feldzug jenseits von Gut und Böse gegen das Plebejertum, die Ressentiment-Moral und die Selbstverkleinerung des Menschen wütet die dionysische Wortgottheit aus Sachsen: »Das Maß ist uns fremd, gestehen wir es uns; unser Kitzel ist der gerade der Kitzel des Unendlichen, Ungemessenen.« Unter dem Unendlichen machen die Deutschen es ohnehin nicht – will uns Nietzsche das sagen? Jedenfalls bleibt die ewige Frage ungeklärt: Wie halten wir's mit dem Deutschsein? Das setzt immerhin eine ganz andere, keineswegs kleine Frage voraus:

Was ist denn eigentlich deutsch? Überaus wichtig auch im Jahr 2016, die Angelegenheit zu klären – und verstörend, sie womöglich gar *nicht* beantworten zu können, in Zeiten des fast allseits globalisierten Lifestyles, der virtuellen Grenzauflösung und massenhafter Migration. Jenseits von Rinderroulade, Reinheitsgebot, Brotbesessenheit, Weltkriegsverursachung, Vergangenheitsbewältigung, Bedenklichkeit, Ergebnisorientiertheit, Disziplin, Pünktlichkeit, Vorsichtigkeit, Vorsorglichkeit, Versicherungsseligkeit, Ängstlichkeit, Sorgsamkeit, Pflichtgefühl, Fleiß, Muffköpfigkeit, Freudlosigkeit, Unfreundlichkeit, Besserwisserei, Zurückhaltung, Selbstverkleinerung und aller weiteren sicherlich berechtigten Stereotype wäre ja besagter Frage allzu leicht mit der Feststellung zu begegnen: Na, die deutsche Sprache!

Ist aber der, der deutsch spricht, auch deutsch im Sinne des Deutschen? Das wäre schlicht nicht zu beantworten, wenn man nicht weiß, was außerhalb der Sprache *das Deutsche* sein soll. Oder kommt es erheblichem Irrsinn bei, *das Deutsche* als solches überhaupt bestimmen zu wollen, jenseits etwa der lutherischen Beharrlichkeit gegenüber Kaiser und Papst, jenseits des Triumphzugs nach Worms, der Grundlegung einer einheitlichen deutschen Sprache. Die deutsche Seele sei vor allem vielfach, zähmt sich Nietzsche dann doch, verschiedenen Ursprungs, mehr zusammen- und übereinandergesetzt als wirklich gebaut. Und weiter: »Als ein Volk der ungeheuerlichsten Mischung und Zusammenrührung von Rassen, vielleicht sogar mit einem Übergewicht des vor-arischen Elementes, als ›Volk der Mitte‹ in jedem Verstande, sind die Deutschen unfassbarer, umfänglicher, widerspruchsvoller, unbekannter, unberechenbarer, überraschender, selbst erschrecklicher, als es andere Völker sich selber sind: – sie entschlüpfen der Definition und sind damit schon die Verzweiflung der Franzosen.«

Das Ergebnis der Allensbacher Demoskopen lautet sinngemäß: Deutschsein ist mehr als nur formelle Staatsbürgerschaft. Sogar Anhänger der Grünen sind offenbar mehrheitlich der Meinung, es gebe so etwas wie einen Nationalcharakter. Der Begriff Nationalcharakter hat als vermeintlich veraltetes Konzept keinesfalls ausgedient und wird mitnichten von den nachwachsenden Generationen als überwunden erachtet. Drei Viertel aller Deutschen finden, dass deutsche Kultur »Leitkultur« für in Deutschland lebende Ausländer sein solle; und gut die Hälfte der Deutschen meint, dass Deutschsein mit Herkunft und Tradition zu tun habe (Unterschiede in West- und Ostdeutschland wurden nicht festgestellt). Das Resümee der Sozialforscher als eingängiger Ratschlag an die Repräsentanten der zu Repräsentierenden: Politik müsse sich an der Wirklichkeit orientieren, und dazu gehöre, dass mindestens eine relative Mehrheit der Bevölkerung ihre eigene Nationalität auch über eine in Jahrhunderten gewachsene Kulturtradition und eine gemeinsame Herkunft definiere. Das habe mit Chauvinismus nichts zu tun, sondern sei Ausdruck eines meist nicht tiefer reflektierten, aber umso tiefer im Unterbewusstsein verankerten Identitätsgefühls. »Wer solche Vorstellungen pauschal als ›völkisch‹ diffamiert, verwässert damit nicht nur diesen Begriff, sondern er wird den Zuspruch der Menschen verlieren und sie nationalistischen Bewegungen in die Arme treiben.«

Wer diese Ergebnisse für verwunderlich hält, hat entweder nicht viel von Deutschland verstanden, ignoriert beharrlich demoskopische Introspektionen in die Bevölkerung oder gönnt sich Realitätsblindheit. 60 Prozent der Deutschen, so haben schon im Jahr 2009 Sozialforscher der Universität Stuttgart-Hohenheim im Auftrag der Düsseldorfer Identity Foundation in einer repräsentativen Studie erfragt, sind stolz auf ihr Heimatland. 60 Jahre nach Gründung der

Bundesrepublik kamen die Forscher zu folgender Einschätzung: »79,6 Prozent der Bevölkerung sind sich sicher, dass es ein Wesenszug der Deutschen ist, ihr Vaterland zu lieben.« Der beziehungsweise die typische Deutsche war in den Augen von 90 Prozent der Befragten pflichtbewusst und leistungsorientiert. 89 Prozent nannten die Liebe zu Regeln und Ordnung als wichtigen nationalen Charakterzug. In der Liebe zur Heimat und der Pflege des Brauchtums erkannten jeweils 81 Prozent der Befragten *das Deutsche* wieder. »Bei diesem Bekenntnis«, lautete das Studien-Resümee, »steht in den Augen von 57,9 Prozent der Befragten nicht das Nationale im Vordergrund, sondern eine identitär im Heimatland verwurzelte Weltoffenheit.« Je älter und weiblicher, desto deutscher fühlt sich offenbar der Deutsche an sich. Am stärksten ausgeprägt ist das Nationalgefühl bei verwitweten oder getrennt lebenden Frauen über 70 Jahren, die in einem Ein-Personen-Haushalt im ländlichen Raum in Norddeutschland leben und einen Volksschulabschluss haben. Und grundsätzlich betrachtet, ist bei Höhergebildeten weniger Nationalstolz anzutreffen, denn mit dem Bildungsgrad wächst die Distanz zur Nation.

Deuten wir die vielfach artikulierten Äußerungen richtig, ist es für viele Landsleute (und Zeitungs- wie Fernsehredaktionen) bis heute ein unstillbares Bedürfnis, die Bestimmung des Deutschen zu klären – vielleicht nicht ein für alle Mal (was eine Anmaßung wäre), sondern für den welthistorischen Moment des Hier und Jetzt. Das Erbe der Romantiker und Nibelungenpoeten gibt bekanntlich reichlich falsche Vorstellungen von einer ethno-nationalen Essenz des germanisch Deutschen – insofern könnte man getrost das Leipziger Völkerschlachtdenkmal wegen Falschaussage abmontieren und im Museum historischer Irrtümer ausstellen.

Die Deutschen, bescheidet der Mediävist Johannes Fried, seien kein gottgegebenes Volk, sondern ein politischer Verband, der aus vielen fremden Elementen und immer wieder auch aus Einwanderungsprozessen erwachsen ist. Ihre Anfänge liegen zwischen dem 7. und dem 10. Jahrhundert, von einer einheitlichen Abstammung oder Kultur kann also keine Rede sein. Fried zufolge gingen die Deutschen in jener Zeit aus dem multikulturellen Vielvölkergemisch hervor, das damals im Westen zwischen Rhein, Donau und Oder siedelte. Als vor 1000 Jahren die Heere der Ottonen in Stammesverbänden über die Alpen zogen und in Italien einfielen, wurden deren Kämpfer aus Franken, Sachsen, Alemannen, Bayern oder Böhmen von den Italienern nur »Deutsche« genannt: Leute, die kein Latein sprachen, sondern *diutisc* waren, volkssprachlich, die die Sprache des Volkes sprachen.

Heimat sind auch jene Wert- und Normvorstellungen, mit denen der Einheimische aufwächst, die ihn fundamental festigen, die Gewohnheiten formulieren und ein moralisches Korsett herausbilden. Folglich könnte man auf die Idee kommen, aus leitenden Normen eine normative Leitkultur formulieren zu wollen – was vor fast 20 Jahren explizit geschehen ist und zu großem Streit um das eigene Selbstverständnis geführt hat.

Leidkultur und Leitkultur

Als der Göttinger Politikwissenschaftler Bassam Tibi 1998 den Begriff *Leitkultur* ins öffentliche Gespräch brachte, ging das intellektuelle Ringen um das Selbstverständnis einer erwachsen gewordenen Nation nach dem Historikerstreit Mitte der 80er-Jahre in eine neue Runde. Tibi hatte versucht, mit Demokratie, Laizismus, Aufklärung, Menschenrechten und Zivilgesellschaft eine kollektive Identität europäischer Nationen zu begründen. Zwei Jahre später nationalisierte Friedrich Merz, der damalige Vorsitzende der CDU-Bundestagsfraktion, den so eingeführten Begriff mit dem Satz, Migranten hätten sich einer »gewachsenen, freiheitlichen deutschen Leitkultur« anzupassen – was gewiss als Gegenentwurf zu einer multikulturellen Gesellschaft zu verstehen war. Eine heftige Debatte folgte, Publizisten, Herausgeber, Juristen und Politiker ergriffen das Wort, und die Grünen konterten Merz' Forderungen mit dem Vorwurf, von nun an sei ein »Feuerwerk des Rassismus« aus der Union zu befürchten. Damit waren die Fronten klar bestimmt – und sie sind es bis heute: Monokulti versus Mulitkulti. Leitkultur versus Weltoffenheit. Assimilation versus Integration. Identität versus Diversität. Die Verengung des Begriffs »deutsch« auf »deutsche Nation« – die Vernationalisierung also – wird nicht etwa assoziiert mit der Freiheitsbewegung des Vormärz gegen Napoleons Fremdherrschaft, der Wirtschaftswundersolidarität oder dem Verfassungspatriotismus, sondern mit der Miefigkeit einer Sehnsucht nach Ausschluss all dessen, was die monokulturelle Homogenität wahlweise herausfordert oder bedroht – was freilich in der dann wahlweise spießigen bis kriegerischen Bekämpfung bestimmter gesellschaftlicher Gruppen des Diversen, Multikulturellen, Multiethnischen resultiert. Damit steckt auch der Heimatbegriff in der Assoziationsfalle, und Heimat als solche gerät in Sippenhaft mit radikaler Nationalisierung (oder nationaler Radikalisierung).

Was lässt sich mit dem Begriff »Leitkultur« nicht alles anstellen! Er wird instrumentalisiert, ausgeschlachtet, zugespitzt, mit Gift benetzt, als Waffe eingesetzt, als Totschlagargument missbraucht. Er könnte ebenso zur Bemäntelung eines blanken Rassismus dienen wie zu dessen Verhinderung. Er könnte als euphemistische Absage an Multikulti fungieren wie die Überzeugung anmoderieren, Integration funktioniere sehr wohl, aber nur nach klaren Regeln, an die sich alle zu halten hätten. Der Begriff ermöglicht die Unterteilung in Nationalisten und Internationalisten, in Homogenitäts-Apologeten und Pluralisten, in Eigenvolk und Weltgesellschaft. Moralpolitisch gesprochen: in Gutmenschen und Fremdenfeinde, politisch Korrekte und Inkorrekte, in Gut und Böse. Seit fast 20 Jahren bildet der Begriff Leitkultur nun die ideologische Grenze zwischen »links« und »rechts«, eine Grenze, die »linke« von »rechter« Weltanschauung trennt – und »links« und »rechts« dadurch erst positiv definiert. Wer für Leitkultur und einen nationalen Wertekanon eintritt, ist automatisch rechts; wer Leitkultur für nationalistisch, herrschsüchtig und ausgrenzend hält, ist folgerichtig links. So einfach geht das in Deutschland mittels eines auf erprobten Reflexen und angewandter Politmoral basierenden Automatismus, der, und das ist geradezu ironisch, den jeweiligen Gegner ausgrenzen will.

Warum ist die Konnotation von Leitkultur und Heimat immer gleich rechts? Weil zum einen, könnte man sagen, Heimat das Überzeitliche, Dauernde, womöglich Ewige ist und all dies zu bewahren im Sinne des Wortes ein konservatives Motiv ist. Zum anderen, weil die Überwindung der

Heimat ein linkes Projekt darstellt, das den Anspruch auf Internationalität und transnationale Menschensolidarität erhebt. Nicht die Internationalität *aller* Menschen ist übrigens gemeint, sondern jene der linken Menschen, der Gleichgesinnten, der Gesinnungsmenschen aller Nationen. Rechtspopulismus ist ja der politische Versuch einer Heimat-Bewahrung, Linkspopulismus die politische Revolte zur Heimat-Abschaffung.

So rasch der Sinn des Begriffs »Leitkultur« einzuleuchten scheint, so wenig klar ist sein Inhalt begründbar. Mit Hochkultur im herkömmlichen Sinne: mit Theater, Literatur, Oper, Kunst, Tanz oder Musik, hat der Begriff ebenso wenig zu tun wie mit Subkultur; wer Künste nationalisieren wollte, hätte rein gar nichts von ihnen verstanden. Kultur ist ja gerade nicht das Identitäre, Kunst stellt Identität ja gerade grundlegend infrage. In einer offenen Gesellschaft, die auf Impulse und Einflüsse von außen angewiesen ist, ist Kultur die Gesamtheit aller Ideen und Impulse, ja eine Synthese aus verschiedenen Gedanken, Empfindungen und Transformationen. Ginge es um »Kultur« im eigentlichen Sinne, wäre *Leitkultur* freilich das Unbestimmte und Unbestimmbare, das Offene, Werdende und allzeit Schöpferische.

Leitkultur beansprucht immer kulturelle und immer auch politische Hegemonie und also Hierarchie. Problematisch ist der Ausdruck allein schon deswegen, weil manche in ihm eine Kontinuität des Faschismus erkennen wollen – Leitkultur als eine Art Blut-und-Boden-Euphemismus. Was in anderen Ländern selbstverständliche Staatsräson ist: Patriotismus, Heimatloyalität, Nationalhymne, Flagge und Traditionsstolz, ist es in Deutschland seit 1945 bekanntlich keinesfalls. Als durchaus unglückselige Wortschöpfung begünstigt die Kopplung *deutsch* und *Leitkultur* eine bewusste Missversteh- und somit wohlfeile Instrumentalisierbarkeit.

Lässt sich aus dem ersten Bestandteil »Leit« nicht sofort das Wort »Führung« herauslesen? Und aus Führung Überlegenheitsgefühle? Und daraus Abwertung? Und daraus Leid?

Wenn nicht der nationalistische – welcher Geist sonst könnte in Leitkultur stecken? Interessanterweise wird von den Befürwortern gern das jüdisch-christliche Erbe reklamiert. Erstens aber ist genau dieses eine nahöstliche, syro-aramäische, wenn man so will: morgenländische Angelegenheit. Und zweitens ist keineswegs nachvollziehbar, warum unter dem Begriff »Leitkultur« postwendend Religion und Glaube verstanden werden sollten. Reduziert man alle Verbalgefechte der vergangenen 20 Jahre auf ihren Kern, so geht es in der Debatte über »Leitkultur« um nichts anderes als um die Frontstellung im berühmten Kampf der Kulturen mit anderen Mitteln. Klarer gesagt: »Deutsche Leitkultur« fordert von Muslimen, Hindus oder Animisten, die nach Deutschland kommen, sich dem christlichen Menschenbild anzupassen.

Gerade mit dem Christentum in seiner historischen Genese aber lässt sich die Beschwörung dessen, was wir als »unsere Werte« begreifen, nicht gut begründen. Rufen wir für einen stillen Moment in Erinnerung, was im Namen des christlichen Glaubens alles geschehen ist: gewaltsame Kreuzzüge, fanatische Tempelritter, brutale Religionskriege, Inquisition, Folter, Verbrennungen, Mord, sodann die Gleichsetzung von Homosexualität mit Sünde, die Ignoranz der Amtskirche und ihrer Würdenträger gegenüber der Frau, den fürchterlichen jahrzehntelangen Missbrauch von Kindern sowie einen evangelikalen Missionarismus wie im Fall des gläubigen Christen George W. Bush, der als US-Präsident im Jahr 2003 den völkerrechtswidrigen Angriffskrieg gegen den Irak erklärtermaßen nach Zwiesprache mit Gott befahl und nach Meinung vieler damit den Grundstein für die aktuellen Katastrophen legte. Nichts könnte klarer die Beschränktheit, Kurzgriffigkeit oder auch den bewusst inszenierten Zynismus der US-amerikanischen Rache-Politik beschreiben als Bushs Auftritt am 1. Mai 2003 auf dem Flugzeugträger »USS Abraham Lincoln« unter dem Banner: *Mission accomplished* (Mission erfüllt). Das Englische ist verräterisch, »Mission« meint nicht nur Aufgabe, sondern knüpft an die christliche Heilslehre an: als eine durch Gott geschickte Prüfung, als Überzeugungsarbeit der Gläubigen gegen die Nichtgläubigen.

Gehen wir den Weg wieder zurück und ziehen statt deutscher Leitkultur abermals die europäische in Betracht, so meint der Begriff der Leitkultur ins Große gedacht erstens Substitution des Heiligen durch das Recht und zweitens Stärkung des Individuums durch Gesetz und Solidarität im Kampf gegen die Verletzung der individuellen Freiheit. Die italienischen Humanisten, die französischen Moralisten, die deutschen Idealisten: Sie alle haben ihre Prinzipien im Kampf *gegen* die Kirche, *gegen* christliche Moral, *gegen* die Hegemonie der Religion, ihrer Autoritäten und verabsolutierten Werte entwickelt. Man bedenke im Übrigen die unheilvolle Geschichte der hoch besungenen Christlichkeit als Leitkulturwert. Mit der Eroberung Amerikas durch Kolumbus und den Katholizismus begann die Globalisierung Europas und die Europäisierung der damaligen Welt. Durch den Alleinvertretungsanspruch auf die große Entdeckung wurde der italienische Christ Kolumbus im Auftrag der spanischen Krone zu einer Identifikationsfigur für das römisch-katholische Christentum, als wäre die Ausplünderung des Landes und die Tötung der Eingeborenen Gottes eigener Wille gewesen. Eher ein Appendix zum politischen Nationalismus und dennoch nicht irrelevant ist die Vermutung, dass die Übersteigerung des nationalistischen Denkens zur nationalhysterischen Aggression mit einem erhöhten Selbstwertgefühl desjenigen korreliert, der dafür empfänglich ist.

Sendungsbewusstsein ist in jedem Land anders verfasst und zwischen den Ländern Europas völlig unterschiedlich ausgeprägt (kulturell befördert, politisch stimuliert, im Mindesten medial genährt). In Großbritannien etwa lässt sich ein weitaus höheres nationales Selbstwertgefühl feststellen als in Deutschland, oder anders gesagt: Die Briten wissen, wer sie sind, wohin sie gehören, was sie sein wollen. Sie sind mit sich im Reinen und lassen sich in der Nabelschau ihrer Großartigkeit kein bisschen beeinträchtigen von den Resultaten einer wahnwitzigen Kolonialpolitik und den, wie sich heute zeigt, verhängnisvollen Grenzziehungen ihrer Mandatszeit nach dem Ersten Weltkrieg im Nahen Osten oder später zwischen Indien und Pakistan. Und die Franzosen verfügen seit Langem über einen stabilen Nationalstaat und eine erkennbare nationalstaatliche Überzeugungskraft. Diese Beobachtung lässt reizvolle Rückschlüsse zu: Weder weiß Deutschland, was es ist, noch ist es unerschütterlich auf ein wärmendes Nationalstaatsgefühl gebettet, weil die Fragilität jeglicher Behauptung als Nation über Jahrzehnte hinweg keinerlei belastbare Performance zuließ.

Der Schwulst der Nationalhysterie Anfang des vergangenen Jahrhunderts hingegen war noch mit alttestamentlichem Pathos unterlegt und stellte Deutschland direkt unter die Obhut Gottes (als ob der Deutsche von ihm zum Siegen auserwählt sei). Offensichtlich waren die germanischen Superioritätsgefühle berauschend und die Gewaltanwendung gegen andere Völker schon dadurch legitimiert, dass man sich auf Weltgericht und Weltgeschichte berief. Bekanntlich richtete das Weltgericht anders, und womöglich hatten nachträglich jene recht, die, wie Friedrich Nietzsche oder Oswald Spengler, keineswegs davon ausgegangen waren, dass die Menschheit eine Entwicklung zum Besseren darstelle, dass die Geschichte dialektisch auf irgendein höheres Ziel der Vernunftentfaltung zulaufe. Nein, sie hatten postuliert, dass der Untergang von Zivilisationen und Kulturen der schlagende Beweis für die Planlosigkeit der Menschheit an sich sei. Jedenfalls ist die Korrelation der apokalyptischen und der vermutlich recht deutschen Sehnsucht nach Erlösung augenfällig – als nationalreligiöse Überformung, als stellte die Identifikation mit Land und Gemeinwesen die Transsubstantiation der Umwelt in den Körper eines Volks dar. Heute sind wir, trotz Rückfall in nationalstaatlichen Weltentzug, ein erhebliches Stück weiter und sprechen von Verantwortung.

Vaterland und Muttererde

Heimatstolz und Patriotismus ist eine reizvolle, gefährliche und durch die Geschichte leidvoll beglaubigte desaströse Kombination zweier Ideen. Der Stolz auf eine Heimat ist eine leerlaufende Nichtigkeit, weil Heimat nichts außer dem Selbstzweck leistet, da zu sein, und das ewiglich. Genauso gut könnte man stolz auf den Himmel oder auf eine Felsformation sein, womöglich auch auf einen Jasminbusch, weil dessen Geruch dem eigenen Bedürfnis nach olfaktorischem Wohlgefallen am besten entgegenkommt. Patriotismus muss keineswegs Heimatstolz heißen. Der Patriot ist ja ein Mensch, der gegenüber seinem Vaterland (seiner *patria,* also seiner Geburtsgemeinschaft, der Region, in deren Sprache, Grammatik und Struktur er hineingeboren ist) *Loyali-*

tät empfindet, manchmal Treue, manchmal den wohligen Schauer der Vertrautheit, jedenfalls verbindliche Zugehörigkeit, gemäß dem unverdächtigen Cicero: »Patria est, ubicumque est bene.« Übersetzt: »Wo es gut geht, da ist Vaterland.« Zeitgemäß variiert: »Wo es mir gut geht, da ist meine Heimat.«

Jenes Wohlgefühl ist nicht zu verachten und steht in keinerlei Beziehung als Mittel zum Zweck einer Instrumentalisierung der Heimat als politikfähigen Herrschaftsanspruch über andere mit einem selbst erteilten Ausgrenzungsmandat gegen das Fremde. Der vermeintliche Stolz auf ein Vaterland oder einen Vaterboden ist keine genetische Rechtfertigung, immer schon, über Traditionen, an diesem oder jenem Ort verwurzelt zu sein. Vielmehr, so lehrt uns das Dasein, spürt der Patriot sich über die Konstruktion von Normen, Sitten, Sprache und Narrative, über Sängervereine, Fastnachtsbräuche, Regionaldichtung. Patriotismus ist also nicht national, sondern kulturell bedingt.

Laut einer jährlich durchgeführten Umfrage des englischen *BBC World Service* war in den Jahren 2008 bis 2011 und 2013 bis 2015 das beliebteste Land der Welt: Deutschland, was von der Studien des amerikanischen Magazins *U.S. News und World Report* bestätigt wurde: Deutschland sei das beste Land der Welt. Die Klage über den neuen Hegemon, als welcher sich Deutschland in Europa angeblich aufführt, die Kritik bestimmter Parteien betroffener Mittelmeerländer und deutscher Klientelparteien an Austeritäts-Politik und Spar-Diktat der Bundesregierung, die scheinbare Angst der halben Welt vor der Beherrschung der ganzen durch die größte Volkswirtschaft Europas, kurzum: die Furcht vor neuer Herrschaft durch germanische Großartigkeit – all das scheinen die mehr als 26 000 Befragten in 25 Ländern seit nun neun Jahren keineswegs schlecht zu bewerten. Im Gegenteil: Rund 60 Prozent beurteilten den Einfluss Deutschlands in der Welt über die vergangenen Jahre hinweg insgesamt positiv.

Wäre die Bundesrepublik ein Subjekt, wäre sie eine gespaltene Persönlichkeit. Seit über 70 Jahren klaffen Fremd- und Selbstwahrnehmung auseinander, und bis heute lässt sich sozialpsychologisch von kognitiver Dissonanz sprechen. Das Selbstverhältnis der Deutschen zu sich und ihrem Land war und ist gestört; Einstellungen, Meinungen und Wünsche bezüglich der Rolle Deutschlands in der Welt scheinen unvereinbar. Womöglich macht ihre bedenkenschwangere Demut die Deutschen für viele Nichtdeutsche sympathisch – dieses Ringen mit sich und der Zukunft der Vergangenheit. Für manche ist die handelsübliche Selbstzerfleischung eine »deutsche Kernkompetenz«; das ideologische Spießertum, notierte einmal der Publizist Reinhard Mohr, sei der Reflex eines eigentümlichen Selbsthasses, der die Gesellschaft, in der man lebt, einschließe. Eine Art Gewohnheitsrecht der Selbstverachtung, bequem und wohlfeil. Wirtschaftsgroßmacht, Sympathiegroßmacht, Fußballgroßmacht, als Tor zum Schutz von Leib und Leben für massenweise Geflüchtete aus Syrien, dem Irak, Afghanistan, Nigeria oder Somalia auch noch Humanitäts-Großmacht und all das weltmeisterlich auf Rang 1 – sollen wir jetzt offen stolz auf uns sein? Nein, das geht nicht, zumindest nicht explizit. Sollen wir kleinlaut sein? Das geht auch nicht mehr – warum sollten wir, drei Generationen nach der Kapitulation und einer anerkannt vorbildlichen Aufarbeitung des Zivilisationsbruchs und Nazi-Irrsinns, die in Zeitungen, Magazinen, Rundfunk und Bundestagsfeierlichkeiten unermüdlich gar täglich bis heute fortgesetzt wird? Sollen wir einzelne Stärken herausstellen? Das würde sofort einen Verweis auf Hitler und die Bemerkung nach sich ziehen, am deutschen

Wesen soll die Welt bitte nie mehr genesen. Sollen wir uns im Gegenteil aus allem heraushalten? Das würde den anderen Verweis auf Hitler nach sich ziehen, denn was wäre geschehen, hätten sich damals Briten, Franzosen, Amerikaner und Russen im Vaterländischen Krieg gegen die Deutschen herausgehalten?

Wenn Tabus beiseitegeschoben werden, verkümmern sie gern auf alle Zeit im einmal gewählten Abseits. Nach Lage der Dinge stehen die Deutschen keineswegs mit geschwollener Brust an der Schwelle zu einer neuen Ära deutscher Hegemonie in Europa, wo, wie der schwäbelnde Stratege Volker Kauder auf dem CDU-Parteitag 2011 seinen Parteifreunden törichterweise zurief, auf einmal wieder »deutsch gesprochen« wird. Alle Versuche der Bundesregierung, Friedensabkommen zu erreichen, Versöhnung zu stiften, Feuerpausen zu arrangieren, lassen den Schluss zu, dass sich Deutschland keineswegs auf neo-imperialistische Art isoliert und es sich mit dem Rest der Welt vermiest. Der mit hoher Reputation ausgestattete Erlanger Historiker Gregor Schöllgen hat sich zur neuen Rolle Deutschlands in einem Zeitungsinterview wie folgt geäußert: »Der Grund für den desaströsen Zustand des deutsch-amerikanischen Verhältnisses ist nicht in der politischen Wirklichkeit, sondern in der mentalen Befindlichkeit der Beteiligten zu suchen. Solange die Deutschen in der Rolle des Mündels verharren, haben die Amerikaner keine Veranlassung, ihre Besatzermentalität abzulegen. Umgekehrt spricht einiges dafür, dass ein mit angemessenem Selbstbewusstsein auftretender deutscher Partner auch für die USA die attraktivere Alternative ist. Für die Nachbarn, die laut über eine europäische Führungsrolle Deutschlands nachdenken, gilt das ohnehin.«

Das ist es also, was einige im Lande fürchten: dass sich die Deutschen aus ihrer Mündelrolle hinausheben und als Erben nationalsozialistischer Massenmörder nicht nur Panzer und Waffen verkaufen – so eifrig wie in der Welt sonst nur noch die USA und Israel –, sondern Panzer und Waffen auch wieder selbst benutzen. Es ist bekanntlich ein schmaler Grat von Kraft zu Kraftmeierei, vom Inferioritätskomplex zum Superioritätsrausch. Das Stichwort also ist: »*angemessenes* Selbstbewusstsein«. Aber was ist angemessen? Und wann ist es das? Deutschland befindet sich seit Ausbruch des Ersten Weltkriegs vor über 100 Jahren im ständigen Konflikt zwischen Normalität und Exklusivität. Es ist immer ein Land der Extreme und Exzesse gewesen: vom übersteigerten Nationalismus, Chauvinismus, Kolonialismus, Rassismus bis zu den unfassbaren Massenmorden war das Pickelhauben- wie SS-Runen-Deutschland eines der Herablassung und Diskriminierung, des Herrenmenschen-Militarismus und der Weltbeherrschungs-Attitüde. Fassungslos starrte das aufgeklärte Europa zwölf Jahre lang in die diabolische Fratze eines Landes aus seiner Mitte, das sich oberhalb christlicher Gebote verortete und außerhalb des zivilisatorischen Orbits platzierte. Der Ausnahmezustand war Normalzustand, und bis vor wenigen Jahren war der Normalzustand die Ausnahme. Über die Nachkriegsjahrzehnte hatte sich aufgrund kluger Demut und Zurückhaltung, Integration und Selbstvermittlung deutscher Regierungen eine konventionelle Moral herausgebildet, der zufolge die neue Sittlichkeit des einst so verrohten Landes in der Rücknahme seiner selbst bestehe, im Extrem der inszenierten Selbstverkleinerung. Alles, was der Passform dieser Moral nicht entsprach, wurde mit hoher Empörung kritisiert – weitestgehend im Konsens von Parteien, Intellektuellen, Journalisten, sprich: der kritischen Öffentlichkeit. Es war ein weiter Weg von Kaiser Wilhelm Zwo zu Kaiser Franz.

Und jetzt wandelt sich die Staatsräson. Auf der Münchner Sicherheitskonferenz im Januar 2015 forderte Bundespräsident Joachim Gauck mehr deutsches Engagement in internationalen Konflikten und schloss dabei militärische Einsätze ausdrücklich nicht aus. Ein Brandenburger Landtagsabgeordneter der Linkspartei bezeichnete Gauck daraufhin als »widerlichen Kriegshetzer«, der CDU-Politiker Jürgen Todenhöfer nannte ihn einen »überdrehten Gotteskrieger«.

Es hat sich etwas verändert, ohne Zweifel. Deutschlands neue Rolle in der Welt besteht – gemessen an seinen alten Rollen – in einer gewissen Verbiederung. Die Bundesrepublik reklamiert keinen Sonderstatus für sich und ist kein Sonderfall für andere mehr. Deutschland erhebt und erniedrigt, kurzum: exkludiert sich nicht mehr. Es hat sich eingemeindet, mit Rechten und Pflichten, Verträgen und Vermittlung.

Weder für säbelrasselnde Großmannssucht noch obrigkeitsstaatliche Autorität gibt es seriöse Beispiele. Über die vergangenen 20 Jahre hinweg ist ein sanfter, immer noch zaghafter Patriotismus entstanden, den vor allem die kollektive Verantwortung für seine eigene Domestizierung auszeichnet. Keine herausgegrölte Vaterlandsliebe, kein National-Chauvinismus, keine Sonderwegs-Eitelkeit: weder die der Hegemonie noch jene des Duckmäusertums.

Diese Art Loyalität könnte eine geistige Heimat sein. Jede freie und freiheitliche Regierungsform bedarf bekanntlich einer starken Identifikation vonseiten ihrer Bürger. Gemeinwohl und Gesellschaft funktionieren nur, wenn die Bürger eine bejahende Beziehung zu dem Gemeinwesen ausprägen, in das sie eingewoben sind. Ohne affirmative Bestätigung seiner Bürger kann kein Land dauerhafte und beständige Legitimation generieren. Das setzt voraus, dass die Bürger einen starken Sinn für die Zugehörigkeit zu ihrem Gemeinwesen haben. »Dieses Solidaritätsgefühl«, meint der kanadische Philosoph Charles Taylor mit Recht, »ist Bestandteil der ursprünglichen Bedeutung von ›Patriotismus‹.«

Vielleicht – weil wir unser Gemeinwesen nicht notwendig als *Vaterland* betrachten müssen (schon weil es *Mutter Erde* ist, auf der wir leben, und das Weibliche dem guten Prinzip der Nachhaltigkeit viel eher entspricht) – könnte man jene Art von Verbundenheit und Quasi-Normalität »reflexiven Patriotismus« nennen: einen *Republikanismus,* der die Spiegelung der eigenen Geschichte mit dem Nachdenken über künftige Solidarität gleichsetzt.

Wenn die Bundesrepublik sich jetzt aufmacht, unter Argusaugen der Weltöffentlichkeit mehr Verantwortung für die Lösung von Krisen und Konflikten auf dem Globus zu übernehmen (wozu sie in Zeiten des Brexit, des Trumpismus, des Aufzugs einer Diktatur in der Türkei, der Kämpfe in der Ukraine von vielen Staaten aufgefordert wird), dann ist das womöglich genau die Lehre aus der eigenen Geschichte in der Überzeugung: dass das Abschlachten von Menschen nicht geduldet wird; dass der ewige Frieden eben nicht ewig ist; dass das Projekt Vernunft in der Epoche neuer Barbareien, grotesker Propagandalügen, wuchernder Ideologien, Völkerrechtsbrüche, Demokratiefeindschaft und Landnahme auch neue Strukturen verlangt. Ja, dass die Verpflichtung gegenüber der Menschlichkeit aus der Unmenschlichkeit resultiert, die Deutsche einst über die Welt brachten. Ernst zu nehmende Geister werden zu schätzen wissen, dass die Übernahme von Verantwortung in einer immer stärker destabilisierten Welt, zwischen Stammes-, Bruder- und Bürgerkriegen, die beste Antwort auf den wiedererwachten Empire-Schwulst reaktionärer Ehrgeizlinge ist, auf die Weltmacht-Fantasien narzisstisch gekränkter Autokraten, die Hegemonial-Sehnsüchte religiöser Eiferer und das Mythen-

Geraune nationalistischer Kleingeister. Als Großmachtgehabe mit Pickelhauben-Attitüde jedenfalls kann man eine reflexiv-patriotische Republik nicht länger diffamieren, ohne unter Niveau zu geraten.

Expedition nach Bavaria

Heimatstolz, Freistaats-Patriotismus und Traditionsverhaftung führen vornehmlich im Bundesland Bayern zu einem, man darf schon sagen, überaus »angemessenen Selbstbewusstsein«. Der Bezug zur vermeintlichen Ewigkeit des eigenen Existierens lässt sich bis heute am ostentativen Sprachgebrauch des latinisierten Begriffs *Bavaria* ablesen, als wäre man auf Augenhöhe mit dem längst untergegangenen Römischen Reich, das bekanntlich nur wenige ausgesuchte Volksgruppen überdauert haben. Das so geschichtsträchtige wie stolze Bayern ist jene deutsche Region mit dem stärksten Bewusstsein seiner eigenen Sichtbarmachung. In Bavaria übersetzt man den Begriff der Heimat bündig mit »Dahoam« und meint nicht das Heim, das Haus, sondern vor allem das »Da!«, nämlich: dort in Bayern. Die legendäre Narturverbundenheit seiner Bewohner, die, fasst man Naturpflege als Kulturaufgabe auf, eine ebenso legendäre Kulturverbundenheit ist, wird jenseits des Weißwurst-Äquators mit saupreußischen Sottisen gern als Provinzialität und Bierseligkeit denunziert, was die Bayern mit einem zünftigen »Mir san mir« ad absurdum fahren lassen. Der Bayerische Rundfunk, der den Grundgesetzauftrag der Grundversorgung vorbildlich ernst nimmt, betreibt seit geraumer Zeit einen Hörfunkkanal mit dem Titel »BR-

Heimat«; die seit 2007 ausgestrahlte Serie »Dahoam ist Dahoam« im bairischen Dialekt ist werktags von 19.30 bis 20 Uhr das Highlight des Dritten Fernsehprogramms; Sendungen wie »Heimatsound«, »Heimatspiegel« und »Heimat aktuell« setzen auf die Bedürfnisse der Bevölkerung nach Vertrautheit und Regionalität oder greifen dieselben auf. Als einziges Bundesland führt Bayern nicht von ungefähr ein »Heimat-Ministerium«, das dem bayerischen Finanzminister untersteht.

Die Wittelsbacherkönige konzipierten ab 1806 auf vorausschauende Weise kraftvolles Brauchtum, Trachten und Sprache als heimatliche Bindekräfte, um neue, anfangs fremdelnde Regionen kulturell einzubinden. Die gezielt geförderte Verbundenheit und Verbindlichkeit kultureller Wertvorstellungen durch Feste und Feierlichkeit wurde staatstragend und identätsstiftend und vereinte diverse Nationalitäten unterm bajuwarischen Obdach. Die Preußen müssen die Bayern nicht mögen (um jede Art landsmannschaftlicher Aversion auf zwei Kontrahenten zu verkürzen), und wem Dirndl, Lederhose, Bierzelt und Blasmusik ästhetisch zuwider sind, könnte dennoch anerkennen, dass nicht ausgerechnet, sondern gerade Bayern zeigt, wie man ethnische Diversität mit den Mitteln von Kultur und Sprache in Heimat überführt und Integration so vorantreibt, dass der soziale Frieden gewahrt bleibt. Der sogenannten »Bayernstudie« des Bayerischen Rundfunks von 2015 zufolge sind knapp drei Viertel der Bevölkerung stolz darauf, Bayern zu sein. In Bayern lebende Menschen empfinden ein starkes Heimatgefühl für ihre Gegend. 75 Prozent lebten nicht nur *gerne,* sondern sogar *sehr gerne* in ihrer Region; 88 Prozent der Bayern fühlten sich *absolut* zu Hause, und 83 Prozent sagten ohne Wenn und Aber: »Hier ist meine Heimat.« 67 Prozent geben an, dass ihnen Dialekt wichtig ist, 37 Prozent tragen gerne Tracht. Es sind vor allem die jungen und mittleren Altersgruppen, die diesen Trend antreiben. Und 80 Prozent leben noch immer in der Region, in der sie aufgewachsen sind, auch, weil die ökonomische Situation sie nicht – wie etwa in Mecklenburg-Vorpommern – zur Mobilität zwingt. Sehr bayerisch übrigens, dass man überhaupt eine Heimatstudie unter Bayern über Bayern durchführt. Womöglich avanciert Bayern aus ganz anderen Gründen zum Labor fürs zukünftige Deutschland, denn die Statistiker prophezeien, dass im Jahr 2024 ein Viertel der bayerischen Bevölkerung einen Migrationshintergrund haben wird. Ausgerechnet im Freistaat also werden innerhalb Deutschlands die meisten Menschen mit nicht deutschen Wurzeln leben, geschätzt 3,2 von voraussichtlich 13,3 Millionen Einwohnern, was einer Steigerung von 28,3 Prozent entspricht. Aufgrund des deutlich jüngeren Durchschnittsalters und der höheren Fertilität, heißt es aus dem Bayerischen Landesamt für Statistik und Datenverarbeitung, werden die Personen mit Migrationshintergrund deutliche Geburtenüberschüsse verzeichnen und damit die weitere Entwicklung der bayerischen Bevölkerung nachhaltig beeinflussen.

Klagelied und Zukunftsmusik

Soll man denn aus der Geschichte lernen? Oder ist Geschichte manchmal hinderlich? Der viel gerühmte Harvard-Historiker Niall Ferguson hat Europa kürzlich vor dem Schicksal des Römischen Reichs gewarnt, das an unbewältigter Völkerwanderung und organisierter Gewalt zugrunde gegangen sei. Migration und Terror durch islamistische

Krieger und Amokläufer, so darf man Ferguson verstehen, sind das Äquivalent dessen, was vor 1540 Jahren das Ende einer komplexen Zivilisation einläutete. »Wie das Römische Reich im frühen fünften Jahrhundert nach Christi Geburt seinen äußeren Feinden das Feld überließ, so lässt auch Europa heute seine Verteidigungsbereitschaft zerbröseln. Im gleichen Maße wie der Reichtum Europas gewachsen ist, hat seine militärische Leistungsfähigkeit nachgelassen und ist sein Selbstbewusstsein gesunken.« Ferguson schließt: »Zur gleichen Zeit hat Europa seine Türen geöffnet für Außenseiter, die am Reichtum des Kontinents teilhaben wollen, ohne aber der Gewalt des Glaubens ihrer Vorfahren abzuschwören.«

Die Quintessenz des Klagelieds: Europa zerbreche an seiner Selbstgefälligkeit. Für jedes säkulare Reich stellt ein tiefreligiöser, monotheistischer Glaube eine enorme Gefahr dar. Und nun? Ist Demut die adäquate Reaktion auf das epochale Drama massenhafter Heimatsuche in Zeiten permanenter Migration? Oder im Gegenteil: Ist es der hohe Sopran der Selbstgewissheit?

Oder ist es vielleicht etwas ganz Neues: die Harmonie einer klug komponierten Dissonanz?

III
Zukunft der Heimat.
Integrität und Identitäten

Unerhörte Rufe

Als stünde man am Ufer des Sees. Als sähe man vor sich die Zinnen und Recken, als spürte man die Erhabenheit und Grandezza der Alpen. Als röche man die Erde, den Boden, den Atem der Algen. Als zögen Nebelschwaden über den See, als spürte man die Fülle des Wohllauts in der Stille des Moments. Und weiter. Als ginge man durch die Souks von Marrakesch, als hörte man den Muezzin der Kabuler Moschee. Als übersetzte sich Vergangenes in Gegenwart, um gegenwärtig vergangen zu sein. Als röche man den Duft des Basars von Aleppo. Als sähe man die Erhabenheit des Rifgebirges, die Dattelbäume der libyschen Oasen, Grate und Täler des afghanischen Hindukusch, als röche man gebrühten Kaffee in den Dörfern des äthiopischen Hochgebirges und den süßen Rauch bulgarischer Holzkohlegrills.

Der Ruf des Muezzins liegt über dem Land, unter Tausenden würde man *seinen* Rufer heraushören. Man würde den Geruch *seines* Meers an den Küsten Somalias riechen, das Land um Kabul erinnern, als sei es *Sein* mit einzigartiger Luft gefüllter Lebensraum. Wohin der Weg auch führt, das Bild ist immer schon da. Und dann reist man im Geiste zurück, kehrt heim, geht aufs Neue die Wege seiner Kindheit, und es offenbart sich etwas Unerklärliches: Vertrautheit, Vertrauen, Frieden. Dieses Gefühl der Zerrissenheit in Herkunft und Dasein, in Nicht-Ort und Ort bleibt, solange das eigene Leben sich an Kirchturmglocken-Schlag, Muezzin-Ruf, Dattelpalmen-Geruch oder das magische Licht in der Bucht von Algier erinnern lässt. Man kann es Geborgenheit nennen. Man muss dazu Heimat sagen. Man darf dahinter Identität vermuten. Und man muss fragen, wie all das – Heimat, Herkunft, Exodus, Migration und Identität –

in der sich stets verdichtenden, immer kleiner werdenden, immer weiter sich aufblähenden Welt auf Erden zusammenhängt.

Anrecht auf Raum

Absichtlich heimatlos ist kein Mensch. Vermutlich keiner verlässt gern den Ort, an dem die Vorfahren gelebt haben und gestorben sind. Niemand entreißt sich frohen Mutes der eigenen Geburtsgeborgenheit; absichtlich heimatlos sind nur Drifter, Nomaden und Aussteiger, die in Ausstieg, Nomadentum und Driften den neuen Sinn eines nicht bewährten Lebens suchen.

Wer migriert, hat fast immer seine Heimat verloren oder war gezwungen, sie zu verlieren. Er ist mitnichten Drifter und Aussteiger, er ist Zwangsnomade. Ihm wurde die Heimat genommen, durch Krieg, Gewalt, Dürre, Hunger, Verfolgung, Vergewaltigung, Verstoßung. Sein Zuhause ist von da an die Unbehaustheit, sein Habitat die Heimatlosigkeit. Das Selbstverständnis eines Fliehenden besteht in seiner Vertriebenheit.

Migration ist das beherrschende Phänomen unserer Epoche, und der Flüchtling das traurige Extrem erzwungener Wanderungsbewegungen. Eine der entscheidenden politischen Fragen der Zukunft ist, wie die Menschheit mit diesem Widerspruch umgehen wird, wie sie die Frage nach Recht und Gerechtigkeit existenzieller Geborgenheit klären wird: Wer hat Anrecht auf welchen Raum? Wer darf wo wohnen? Und wer erlaubt wem Heimat?

Heimat richtet heute an jeden Einzelnen die Frage, wie er

mit Fremdheit umgehen kann und will und was er, bezogen auf das Fremde, unter dem Eigenen versteht. Das Schlimmste für alle Vertriebenen aller Zeiten ist immer das Trauma der Entwurzelung. Der Auswurf aus dem Geborgenheitsraum. Die Ablehnung, Ächtung, Verachtung. Und je älter der Mensch ist, desto größer ist der Phantomschmerz des einstigen Vertriebenseins, der bis zum Lebensende einhergehen kann mit dem Problem der Unübersetzbarkeit seiner selbst in eine neue soziale Gemeinschaft. Der Vertreibung des ersten Menschen aus dem Paradies folgte die Vertreibung der Juden aus aller Herren Länder seit 5000 Jahren, die im 20. Jahrhundert als dem Säkulum der massenhaften Zwangs-Migration gipfelt. Die millionenfachen Traumata und Schmerzen, die die Heimatverluste so vieler Menschen und Völker ausgelöst haben, sind nicht zu ermessen.

Suche nach dem Selbst

Dieser Tage über Heimat zu sprechen heißt, über Grenzen zu reden, und wer über Grenzen redet, spricht immer auch über Identität. Oder lässt sich heute von Identität nur noch im Plural sprechen, weil wir alle alles zugleich sind und niemand die Frage »Wer bin ich?« mit »Dieser!« zu beantworten vermag, ohne nicht zugleich auch jener zu sein?

Die doppelte Bedeutung von Identität führt zum einen zur Selbstverständigung des Einzelnen innerhalb eines Kontexts, zum anderen zur Behauptung kollektiver Identität als prägender Gemeinsamkeit eines Kontexts. Identitäten sind immer Wirklichkeits-Konstrukte, wie auch die Welt, die der Einzelne wahrnimmt, immer eine Konstruktion von Wirklichkeit ist. Jede Wirklichkeitskonstruktion aber ist, um Identität werden zu können, auf die Kraft der Kontinuität angewiesen. Man könnte sagen: auf die Dauer, weshalb konservative Denker das Überdauernde, Überzeitliche, ja, Mythische immer schon der Flüchtigkeit des Augenblicks, der Unverbindlichkeit des Moments, der liberalen Gleich-Gültigkeit entgegengehalten haben. Identität ohne Imagination von Dauer ist per definitionem nicht denkbar.

Der schwierige Begriff der Identität setzt, um selbst sein zu können, immer Abgrenzung voraus. Aber wie viel davon darf und soll sein? Die ständige Verschiebung materieller und immaterieller Grenzen durch globalisierten Handel, weltumspannende Ökonomie, durch die Wanderschaft von Ideen, Stilen, Trends, durch Fusion und Vertrieb von Technik und Technologien – all das bedeutet immer auch die zunehmende Auflösung des vertrauten Raums, des topografisch-geografischen wie des mental-kulturellen. Und Raum-Auflösung ist immer zugleich Zeit-Verdichtung und Grenz-Verlust. Heimat ist das Gegenteil von Identität, wenn Identität eine Konstruktion ist. Aber Heimat kann Identität vermitteln, wenn das Vorgefundene mit sich identisch ist. Das Identische ist nicht Identität.

Die Unwägbarkeiten des Welt-Innenraums führen zunehmend zur Behauptung einer Verortung: Auf den Verlust der Grenze folgt die Grenzziehung, auf das gigantische Netzwerk die Monade, auf die Kultur des Konformismus anarchische Individualität, auf die Kette das Manufaktum, auf globale Exzesse lokale Loyalität. Heimatvereine verbinden Folklore mit Lifestyle-Trends, Trachten werden großstädtische Mode; der rasanten Beschleunigung stellen sich Slow Cities entgegen, die sich dem biologischen Rhythmus des Lebens, der heimischen Produktion und den Bio-Prinzipien der Reproduzierbarkeit verschreiben. Vor 15 Jahren zum Beispiel wurde mit dem fränkischen Hersbruck die erste von heute 17 »Langsamen Städten« in Deutschland zertifiziert, die sich der aus Italien kommenden Vereinigung »Cittàslow« anschlossen; mittlerweile ist aus dieser Idee organisierter Entschleunigung eine Bewegung mit über 150 Städten in weltweit 25 Ländern entstanden. Ein Denkfehler übrigens, verstünde man unter »langsam« das Gegenteil von schnell. Langsam heißt in diesem Zusammenhang lebenswert und ist ein Qualitätsmerkmal. Langsame, will heißen: »lebenswerte« Städte setzen den globalkapitalistischen gezielt regionale Kreisläufe entgegen. Handelsketten sind unerwünscht, alteingesessene Betriebe werden bewusst gefördert, historische Flächen aus dem 15. Jahrhundert beweidet. Die Bauern vermarkten direkt, in den Gaststätten kommt – auch wenn das Lamm ein paar Cent teurer ist – nur die »Heimat« auf den Teller. Heimat heißt Nachhaltigkeit, denn ohne den Nachhalt gerät die Scholle unter Vorbehalt und schafft sich irgendwann ab.

Rituale und Zeremonien wirken wie die Beschwörung einer Vorgestrigkeit, da das Gestern ja gerade noch Heute war. Orte und Heimaten gehen unter im Schlund einer infiniten Raumvergrößerung, deren größte Leistung in der Vereinheitlichung aller Rest-Räume besteht; sie verschwinden, wenn der Mensch nicht mehr über sie spricht, sie weder pflegt noch kultiviert.

Über der Heimat-Monade thront schließlich der Überbau: Wie sehr ist die Bestimmung des Eigenen noch an Herkunft und ihren Boden gebunden? Welche Rolle spielt das Blut als Rechtsgut? Ist es nicht unzeitgemäß, an Geburt und Geburtsort als Zuschreibung heimatlicher Identität festzuhalten? Heimat kann Identität dann vermitteln, wenn das Vorgefundene mit sich identisch ist. Das Identische aber ist nicht identisch mit Identität. Identität ist das gut verschnürte Bündel wesenhafter oder wesentlicher Merkmale eines Subjekts oder Objekts. Es ist das Selbst in seiner Kontinuität als SELBST. Also wäre hier die Frage zu stellen: Wann wird das ICH zum SELBST, und kann das ICH ein SELBST sein, wenn ihm die Heimat abhandenkommt?

Der andere als Gegner

Identität ist in jeder Hinsicht schwer im Kommen. Kulturelle Zuordnungen sozialer Zugehörigkeit sind eine Form geistiger Selbstbeheimatung und generieren virtuelle Gemeinschaften. Auf dem vermeintlichen Höhepunkt der Zivilisation in den ersten 16 Jahren der 2000er gibt es einen Regress ins Infantile zu verzeichnen, dem Freund-Feind-Schema analog zum primitiven Reiz-Reaktions-Muster der Twitter- und Facebook-Ära: Daumen rauf, Daumen runter. Entweder die alles überwältigende, superlativistische Begeisterung – oder Häme, Kränkung, Niedertracht. Die Schere zwischen Pro und Contra spaltet sich mehr als jene zwischen Arm und Reich. Der Gesinnungsfuror zwingt jeden Einzelnen zur klaren Kante seiner bürgerlichen Selbst-Verortung in Zeiten von Kriegen und Krisen: Auf wessen Seite stehst du, Kamerad?

Es ist ja offensichtlich sinnlos, eine kollektive Identität vorauszusetzen, weil eine *identité générale* – analog zur *volonté générale* – pure Fiktion ist. Wie es keinen Volkswillen an sich gibt, keine Realität an sich, keine Wahrheit an sich, so gibt es auch keine Identität an sich. Identität kann es, wenn überhaupt, nur im Plural geben: als Identitäten, und jedes Mal haben wir es mit einer soziokulturellen und zugleich individuell-psychologischen Konstruktion zu tun.

Die Identität der Bundesrepublik anno 2017 besteht in ihrer Gespaltenheit. Dieser Tage wird das klar, deutlich und ohne Zwischentöne moralrhetorisch und quasi politisch unterschieden zwischen Hell- und Dunkeldeutschland, zwischen Populismus und Demokratentum, zwischen alten und neuen Deutschen, Linken und Rechten, Humanitaristen und Rassisten, Weltoffenheit und Verstocktheit, Herzensgüte und Seelenabgrund, Gutmensch und Pack. Im unbestellten, die Zeitgenossen hinterrücks attackierenden Bekenntniseifer steckt die offenbar ewige Sehnsucht des Menschen nach Sicherheit, Vertrautheit, Verlass und Zugehörigkeit zu einem Geborgenheitsraum. Nach einem UNS, das ein WIR voraussetzt, welches lauter gleich gesinnte ICHs verbindet.

Identität wird wieder wichtig, nachdem die Frage nach den eigenen Identitätskriterien jahrzehntelang in den Rückraum der World-Wide-Web-Globalität verlagert worden war. Die bisher gültigen Bezugsgrößen waren Globus und Kosmos, die Vernetzung aller mit allen durch Handel und Anwesenheit. Jetzt sind die Bezugsgrößen Scholle, Schacht und Verschluss. *Der andere als solcher* wird wieder wichtig – nicht als MEINESgleichen, sondern als Gegner, Gegenüber, Entgegengesetzter. Der andere ist der Träger des Andersartigen. Es wird wieder wichtig zu sagen, wissen und bekennen, dass jemand schwul oder lesbisch, links oder rechts, Muslim, Christ, Jude, Atheist oder Agnostiker ist. Es ist wieder ausschlaggebend, ob jemand gegen oder für Türken, gegen oder für Russen, gegen oder für die Europäische Union ist. Ein ethnopolitischer Kulturkampf steht dem Kontinent ins Haus, antiwestliche Ressentiments und reaktionäre Bewegungen nehmen in kurzer Zeit auseinander, was 70 Jahre lang mühsam zusammengesetzt wurde.

Offensichtlich geht es in dieser Konfliktkonstellation um die Identitätssuche einer kontinentalen *Raumkultur* (erkennbar in Russland, Polen oder Ungarn) gegen die Identitäts-Auflösung und Raum-Entgrenzung durch eine transatlantische, virtuelle *Zeitkultur* der Beschleunigung, die bisher von den USA angeführt wurden. In der Epoche der Erschütterung werden Landkarten infrage und Nationalgrenzen zur Disposition gestellt. Es scheint, als schlüge die Stunde einer Ökumene der progressiven Reaktionäre, der Autokraten, Demokratoren und Imperial-Restauratoren aller Konfessionen. Strebt der türkische Präsident Recep Tayyip Erdoğan nicht offensichtlich eine Restauration des Osmanischen Reiches an, um als panmuslimischer Führer gegen den Westen seinem Vorbild Sultan Süleyman dem Prächtigen nahezukommen? Und knüpft in Österreich die nationalkonservative Partei FPÖ durch ihrer Forderung einer »Wiedervereinigung« Österreichs mit Südtirol nicht bewusst an das Habsburgische Imperium an? Hat Wladimir Putin es sich nicht zur Aufgabe gemacht, die dem Sowjet-Imperium verloren gegangenen Teile einzusammeln, da das neue alte Russland wieder gefürchtet sein will, viril, souverän, bedeutsam?

Wessen Eigenstolz unter Entgrenzung von Globalisierung gelitten hat oder leidet, greift bei der Identitäts-Formation gern in die Mythoskiste und kramt und zaubert Traditionen und Heldenepen hervor: reanimierte Sultans-, Zaren- und Kaiserpracht als Reaktion auf den anstrengenden Liberalismus und seine Relativierungen, auf die mühsame Aushandlung zum Teil widersprüchlicher Interessen, auf das so viele Menschen nervende, aber unverzichtbare Geschäft des Kompromisses. Ein Politikverständnis von Stärke, Größe und nationaler Großartigkeit geht ja gern einher mit der Beschwörung massiver Männlichkeit, einem zur Schau gestellten Chauvinismus und dem Anspruch auf Eindeutigkeit in Zeiten bedrohlicher Unübersichtlichkeit durch die Mehrdeutigkeit des Pluralen.

Identität wird relevant, weil ihr Verlust zur Identität geworden ist. Betrachtet man die Lage der Dinge aus der Sicht eines heute 70-Jährigen, hat der Strukturwandel der vergangenen Jahrzehnte für eine einzige Person mehrfach Identitäten zerstört: Der technologische Fortschritt hat jenem Mitbürger die herkömmlich vertraute Produktionsweise geraubt, Maschinen haben Kollegen ersetzt und somit Lebensarbeitszeit-Organisation verändert. Einst Halt gebende Institutionen, die lange Zeit verlässliche Identität beglaubigten, auf deren Problemlösungskompetenz und Schutzfunktion sich der Einzelne verlassen hatte, sind in die Legitimationskrise geraten. Die Amtskirche als Moral-Autorität hat in dem Maße versagt, wie ihre Vertreter im Morast des Missbrauchs und der Doppelmoral versinken; Volksparteien repräsentieren nicht mehr das Volk, sondern Gefolgschaften; Gewerkschaften können den Schutz des Arbeitnehmers nicht mehr garantieren und haben auf neue Flexibilisierung nur alte Antworten; die Vereinigung der Nationalstaaten zu einer immer enger werdenden Europäischen Union hat bewährte Souveränitäten aufgelöst und die Digitalisierung mit ihren Beschleunigungsprozessen zur Entgrenzung von Arbeit und Sein geführt. Und nun? Niemand gibt mehr klare Regelwerke aus, kaum ein herkömmliches Orientierungsangebot scheint vertrauenswürdig genug, als dass das Misstrauen der Bevölkerungen nicht zu einer veritablen Entfremdung zwischen Regierenden und Regierten, zwischen Repräsentierten und Repräsentierenden hätte führen können. Eine tragische Entwicklung, weil sie die Substanz der Demokratie angreift: die Loyalität des Staatsbürgers. Demokratie ist, gemäß dem Jahrhundertwort des ehemaligen Ver-

fassungsrichters Ernst-Wolfgang Böckenförde, eine Staatsform, die von Voraussetzungen lebt, welche sie selbst weder
hervorbringen noch garantieren kann. Wer den Institutionen und den Eliten nicht mehr vertraut, wendet sich in seiner Not denen zu, die dieses Misstrauen politisch instru-
mentalisieren.

Im Kulturkampf um die Hoheit über eine neue Identität
bilden sich zunehmend Extremismen aus. In unfreiwilliger
Ironie der Weltgeschichte lässt die politische Linke es zu,
dass die Verteidigung der freien Welt heute an Nationalkonservative und die Neue Rechte delegiert wird: als Befreiung
von Kulturfremdheit und Heimatschutz vor unerbetener
Wanderschaft.

Gegen die Bewegung der teils gewaltbereiten radikalen
Rechten hat die Linke keine progressive Gegenkraft aufzu-
bieten. Wie lautet ihr überzeugendes Projekt gegen den allerorten einsetzenden Nationalismus – Weltbürgergesell-
schaft nach kantischem Vorbild? Weltrevolution auf den
Straßen Europas? In der Aversion gegen Europa (und gemeint ist die Europäische Union) sind extreme Linke und
extreme Rechte einander bestens verbunden. Hierzulande
laufen erstaunlich viele bisherige Wähler der Linkspartei,
der SPD und Grünen zur AfD über, und es geht dabei nicht
um Fremdenfeindlichkeit allein, sondern vornehmlich um
Schutzsuche des »kleinen Mannes«, also des linken Stammkapitals. Linke Weltbilder waren immer elitär-verkopfte Er-
ziehungs- und Umverteilungsprogramme; die kompakte
nationalkonservative Rechte aber setzt auf die große Emotion. Die Sehnsüchte des sich heimatbedroht fühlenden ein-
fachen Bürgers hat die Linke jahrelang nicht verstanden,
ignoriert oder denunziert. Es geht in den noch nicht auf den
Straßen geführten Auseinandersetzungen nicht mehr um
Großhirn-Bewusstheit, sondern um Kleinhirn-Intuition:

um die unbewussten Bewertungen, nicht um die Rationalität eines intellektuellen Konzepts. Dem Herrschaftsbereich des Bauchs mit politikwissenschaftlichen Seminaren beizukommen wird vermutlich nicht funktionieren.

Die mehrfach diagnostizierte Dialektik von Raum-Vergrößerung durch Entgrenzung und Schutzraum-Verkleinerung durch Schollenschutz mag auch der Einsicht geschuldet sein, dass das monströse Homo-faber-ICH des Hyperindividualismus, der wie eine Monstranz vor sich hergetragene Alleinvertretungsanspruch der eigenen Person, angesichts neuer Machtfaktoren zu einer großen individuellen Ohnmacht geführt hat. Der zur Grandiosität erzogene Einzelne ist eben nicht grandios, der Individualist ist eben nicht das sich selbst regelnde, selbst regulierende, selbst kontrollierende Individuum, das alles außer ihm Liegende kinderleicht bewältigen kann – die monströse Hegemonie einer Ordnung aus Algorithmen, Systemen, Netzwerken und Daten-Clouds.

Niemand kann in »postfaktischen« Zeiten Irrealis von Realität sicher unterscheiden. Der Als-ob-Modus des Lebens in einer Epoche der Surrogate, in der das Original durch die Kopie, die Wahrheit durch die Simulation ersetzt wurde, führt dazu, dass sich der Einzelne sein Leben durch Fremdsteuerung abnehmen lässt. Er grundiert eine Lebenswelt, in der sich die Menschen – auch als Reaktion auf die steigende Zahl an Reizen und Impulsen im Alltag – zunehmend im Konjunktiv organisieren: vielleicht, vielleicht nicht, jederzeit flexibel, ohne Verbindlichkeit, ohne Gewähr. Wahrheit ist, um abermals Nietzsche zu bemühen, die Interpretation der Interpretation (und die Frage ist, ob das nicht immer schon so war und Wahrheit wie Vernunft ebenso Setzungen sind wie Lüge und Behauptung). Das Leben im Konjunktiv erlaubt den Traum, immer noch eine Möglichkeit zu haben, ohne Rechenschaft ablegen zu müssen. Vor wem auch? Wer sich festlegt, gilt als Spießer. Mit dem Als-ob-Prinzip, dessen Anwendung er selbst steuern zu können meint, leistet der Zeitgenosse sich die Illusion, Herr im eigenen Haus und Akteur der eigenen Freiheit zu sein, zumal das Surrogat stets ein Hintertürchen offen lässt. Der Homo faber aber ist schon lange an seine Grenzen gekommen, nur merkt er die Selbstbeschränktheit erst jetzt, da er dem anderen existenziell begegnen muss: in der leibhaftigen Konfrontation mit dem Kulturfremden.

Opfer-Identität und Straßenkampf

Es wird auch wieder wichtig zu betonen, dass dieser oder jener ein Opfer ist, weil Opfer-Identität politische und soziale Ansprüche mit sich bringt und Gesinnungs-Gefolgschaften generiert. Nicht die faktisch erlittene Gewalt einzelner Personen ist hier gemeint, sondern das abstrakte Opfer. Die Botschaft vieler mit affirmationsfähigen Affekten arbeitenden Bewegungen und Parteien in Europa – von rechts wie von links – ist eingängig und verführerisch: IHR, heißt sie sinngemäß, IHR seid Opfer, und WIR sind die Einzigen, die euch verstehen! Führungspersönlichkeiten, die den Trend erkannt, verstanden und sich strategisch nutzbar gemacht haben, stilisieren sich gern als heimische Heilsbringer im Opferstatus. Diese Selbst-Viktimisierung heißt übersetzt: Man – und man selbst freilich am allermeisten – leidet unter den Umständen, die einem wider Willen auferlegt werden. Je unübersichtlicher und komplexer die sozioökonomischen Verhältnisse werden, je weniger klar die Schuldfrage geklärt ist, wer wem warum Leid zufügt, desto leichter ist es, sich als Opfer auszugeben. Das Opfer, vermerkt der italienische Literaturwissenschaftler Daniele Giglioli, ist der Held unserer Zeit: Der Opfer-Status verspricht höchste Anerkennung, erzeugt machtvolle Ansprüche und ist über jede Kritik erhaben.

Wenn sich also viele eine Opfer-Identität borgen, entsteht ein Opfer-Markt mit permanenter Konkurrenz diverser Opfer-Identitäten. Aus der Opfer-Ideologie lässt sich dann das Recht auf Ressentiment und Revolte ableiten und eine Verteidigungs- als Kampfgemeinschaft formieren: WIR sind die Unschuldigen, Gedemütigten, Beleidigten, WIR sind das Volk, dem genommen, dem geschuldet wird, WIR sind die Leidtragenden, deren Glück gerade auf dem Altar des Humanitarismus geopfert wird. Oder: WIR sind die Opfer diktatorischer Profitinteressen von Kapital, Konzernen und politischen Eliten. WIR sind die Opfer wachsender Ungerechtigkeit in einer Welt, die immer ungleicher wird. Rechts gelagerte Wutbürger erhöhen den Erregungs-Level, linke Superhelden recken die Faust zur Weltrevolution, und beide schwafeln vom Volk und seinen »wahren« Bedürfnissen.

Die moralische Aufladung der Opfer-Ideologie ist das Geschäftsmodell des Populismus, der komplexe Sozial- und Kulturverhältnisse auf einen so simplen wie brachialen Antagonismus reduziert: DIE gegen UNS. Seit geraumer Zeit sind vermehrt Initiativen für volksrevolutionäre Bewegungen zu beobachten, die die Straße nicht nur als vor-politischen Protest-Raum, sondern als politischen Aktions-Raum erobern wollen. Käme es zu linken Populismen, um den rechten Paroli zu bieten, fände auf den Straßen Deutschlands oder Europas künftig ein Kampf der Populisten aller Ideologien statt, und dann hätten wir den molekularen Bürgerkrieg, dessen Streiter sich durch Legitimität gerechtfertigt sähen und sich nicht mehr via Legalität rechtfertigen müssten.

Vor einiger Zeit sind in Österreich, Frankreich und Deutschland sogenannte »Identitäre Bewegungen« auf den Plan getreten, um Kultur-Hygiene zu betreiben. Sie wollen die Heimat reinigen vom Staub des Fremdartigen und behaupten nomen-est-omen-artig die Existenz einer Sich-Selbst-Gleichheit durch nationale Kultur. Die »Identitären Bewegungen« sind »kulturrassistische« Splittergruppen, deren Ziel der Kampf gegen die Verunreinigung (um diese klar zu benennen: Islamisierung) der jeweils eigenen Kultur zu sein scheint. Unbeantwortet bleibt die Frage, ob sie auch von einer europäischen Kultur sprechen würden. Hinter dem vermeintlich weltoffenen Ruf nach »Ethnopluralismus« steht die Ablehnung von Heterogenität und Multikulturalismus eines sich immer stärker vereinenden, immer mehr Einflüsse von außen aufnehmenden Europa, das, so soll man die Befürchtung verstehen, dadurch seine Bestimmung, seine Heimatlichkeit, kurz: seine Identität verliere. Das Programm der Identitären ließe sich sinngemäß wie folgt übersetzen: Verschiedene Ethnien – ja, gerne, aber unter einer, nämlich der wahlweise deutschen/österreichischen/französischen Leitkultur!

Die Bewegungen verfügen über junge Vertreter und grenzen sich als Angehörige der »Neuen Rechten« von den alten Rechtsextremen mit ihrer Springerstiefelplumpheit und Hitlerverfangenheit durch soziale Distinktion ab. Kulturelle Homogenität ist die Grundlage, Geschlossenheit die Ausprägung einer Weltanschauung des Identitären, deren Kampf die Aktivität gegen das andere erfordert, um es selbst bleiben zu können. Den Schollenschützern in Lackschuhen,

Anzug und mit guten Manieren geht es um kulturelle, sittliche und moralische Hoheitsherrschaft und staatliche Hoheitsgewalt über ihre Heimat. (Eine der denkwürdigen Ironien unserer Zeit besteht darin, dass der extreme Islam ebenso antiwestlich, antikapitalistisch und antiglobal ist, wie es rechte und linke Extremisten sind.)

Gehen wir einen Schritt über die Abschottung durch Parallelgesellschaften hinaus und fassen eine Ausweitung der Kampfzone ins Auge, ergibt sich folgendes Bild: Gegen die Radikalisierung der extremen Rechten im Verein mit der bürgerlich-elitären Identitären Bewegung, die Abgrenzung und Abschottung gegen das Kulturfremde in Mittel- und Oberschichtskreisen salonfähig macht, stehen die radikalen Salafisten und Islamisten, die zwar nicht *die* Muslime und sicher nicht deren Mehrheit repräsentieren, aber auch nicht ohne den Islam als geistesgesetzlichen Überbau gedacht werden können. Die Dialektik der doppelten Radikalität lautet paradoxerweise: Die liberale globale Popkultur lässt Texte, Schriften und Musik zu, die zum radikalen Kampf gegen ebendie globalisierte Liberalität aufrufen, welche ihre Verbreitung erst ermöglicht. Islamistische Lieder, salafistische Rap-Songs und Gewalt-Videos diffundieren genauso durch das Netz wie Kapital, Güter und Waren. Als Antwort auf rechtsnationalistische wie salafistische Radikalisierung könnte schließlich die Radikalisierung der extremen Linken folgen, die das Problem der Einwanderung von Wirtschaftsmigranten zum Nachteil ihres nationalen Stammkapitals – der Abgehängten und Ausgeschlossenen, der Ausgebeuteten und Gedemütigten im prekären Sozialmilieu – begreift und die eigenen Grundsätze der Internationale demontiert: der Vereinigung der Unterdrückten *aller* Länder.

Zeugung und Züchtigung

Ist Heimat etwas einmal Festgeschriebenes oder eine Variable, die sich ständig wieder einschreibt? Ist sie eine Textur, eine Schriftform oder ein zeichenfreier Prozess, der sich stets aufs Neue – und zwar durch die Erinnerung an ihn selbst – begründet? In der Epoche der Grenzverluste mag die Sehnsucht nach Identität vor allem eine Sehnsucht nach Leiblichkeit in einer Welt sein, die sich im Zuge ihrer Aufblähung zugleich entleiblicht. Heimat ist immer auch Raum-Philosophie – die Philosophie einer spürbaren, in ihren Grenzen erfahrbaren Identität. Die Klärung dessen, was unter zeitgemäßer Identität zu verstehen sein könnte, ist mittlerweile zu einem globalen Desiderat geworden; das Thema des großen »Melbourne Writer's Festival« in Australien im Jahr 2016 hieß entsprechend: *National Identity.*

Aber was begründet nationale Identität? Sprache? Sitte? Tradition? Vermutlich von allem etwas. Die Meinungsforscher des amerikanischen Pew Research Centers bestätigen, dass 80 Prozent der 2016 von ihnen befragten Europäer der Auffassung sind, nationale Identität erfordere die Kenntnis der Landessprache. Die Hälfte meint, es sei unabdingbar, die jeweils nationalen Sitten und Traditionen zu teilen, 33 Prozent der Europäer sind offenbar der Auffassung, nationale Identität definiere sich über die Tatsache, im entsprechenden Land geboren zu sein, und 15 Prozent sind der Ansicht, es sei unabdingbar, ein Christ zu sein. Andere weltweit durchgeführte Umfragen legen nahe, dass sich neun von zehn Menschen mit ihrem »Land« und dem Staat, der ihnen einen Pass ausgestellt hat, identifizieren. Der Ausweis ist tatsächlich eine *Identity Card,* die dokumentierte Identität von Staat und Mensch als Nationalstaatsbürger.

Wenn Nation sehr schwer zu begründen und Identität eine Sehnsucht nach Zugehörigkeit ist – könnte dann nicht die Identität einer Staatsbürgerschaft weiterhelfen? Der Staat mit seinen – auf einem Boden und auf der Landkarte – festgeschriebenen Grenzen ist immer nur die katasteramtlich festgeschriebene Edition einer einmal willkürlich beschlossenen und vertraglich fixierten Zusammengehörigkeit auf einem abgegrenzten Territorium. Die Grenzen sind fast irrelevant, und doch ist die Aufteilung Europas in territorial definierte Nationalstaaten im politischen Denken eine unverrückbare Rationalität. »Der Begriff der Grenze ist in allen Verhältnissen von Menschen untereinander äußerst wichtig«, befand der Kulturtheoretiker Georg Simmel 1908 in seinen »Untersuchungen über die Formen der Vergesellschaftung«. Die Grenze sei keine räumliche Tatsache mit soziologischen Wirkungen, schreibt Simmel, sondern eine Tatsache, die sich räumlich formt. Der Soziologe fasste den Begriff der Grenze vornehmlich als soziale, ja seelische Definition von Raum und seiner Begrenzung auf. »Nicht die Länder, nicht die Grundstücke, nicht der Stadtbezirk und der Landbezirk begrenzen einander; sondern die Einwohner oder Eigentümer üben die gegenseitige Wirkung aus.«

Würde man etwa 1000 Amerikaner oder 1000 Neuseeländer, 1000 Spanier oder 1000 Schweden – wohlgemerkt alles Ausländer – in deutsche Orte entsenden, vermutlich herrschte einvernehmliche Ruhe in deutschen Dörfern, Klein-, Mittel- und Großstädten. Der Aufruhr der Bürger, den man gern als Wutbürgerei bezeichnet, hat also nicht *Ausländer*fremdheit zur Grundlage, sondern Angst oder Unbehagen vor plötzlich hereinbrechender Fremdheit als *Kultur*fremdheit in den kultursozial definierten Raum. Die Plötzlichkeit dieses Hereinbruchs ist ebenso entscheidend wie die Quantität der Fremdheit. Die Grenze der akzeptierten Quantität ist von Ort zu Ort, von Gemeinschaft zu Gemeinschaft unterschiedlich; jede Mathematik wäre willkürlich, aber vermutlich lassen sich zehn Kulturfremde, gemessen auf 1000 Einheimische, gut verkraften, 50 hingegen kaum noch, und wenn es über 100 geht, reagiert der Revier-Reflex und bildet sich Widerstands- und dann Kampf-Geist aus. Die Angst vor dem Fremden ist geradezu ein Prototyp des »Risikoparadoxes« (Ortwin Renn), dem zufolge marginale Gefahren überschätzt, wirkliche hingegen unterschätzt werden. Die Wahrscheinlichkeit, an einer Krankheit zu sterben, an Nahrung zu ersticken oder vom Blitz erschlagen zu werden, ist nachweislich größer, als von Kulturfremdheit am Leben gehindert oder von einem »Ausländer« um dasselbe gebracht zu werden.

Wenn es also nicht um *den Ausländer* an sich geht, weil Franzosen, Schweden, Amerikaner – obwohl sie Fremde sind – auf deutschem Boden höchstwahrscheinlich keine Feindlichkeit erfahren, geht es vielmehr um die Bestimmung des Ausländischen als *kulturell vorgängig*. Das Unbehagen an der angeblichen Islamisierung des Abendlandes instrumentalisiert den Patriotismus für eine Abwehrhaltung, die durch ihn nicht gedeckt ist. Der Schutz der abendländischen Heimat (die übrigens ohne morgenländische Befruchtung nicht die wäre, die sie so schützenswert macht) soll also ein Schutz vor *dem* Islam sein. Man könnte sagen: Abendlandschützer wollen den Westen vor dem Einbruch des Ostens schützen; es ist die alte Denkfigur der Orientvermeidung des Okzidents. Jenseits möglicher Ängste vor einer erneuten Invasion der Türken, als anno 1683 das Osmanische Reich auf Kerneuropa zugriff und der »Muselmane« vor Wien stecken blieb, mag die angenommene Unvereinbarkeit zwischen islamischem und christlich-westlichem Denken einer jener Mythen sein, die dem kollektiven Gedächtnis der Europäer zugrunde liegen (wenn diese Gedächtnisform tatsächlich mehr ist als eine Annahme akademischer Anthropologie). Es geht letztlich um: Religion. Um einen konkurrenten Monotheismus. Alle drei Offenbarungsreligionen (Judentum, Christentum und Islam) erheben bekanntlich Absolutheits-Ansprüche, im Gegensatz zur jüdischen pflegen die christliche und die islamische allerdings missionarischen Eifer. Okzident und Orient konkurrieren seit Jahrhunderten immer wieder auch um die Missionierung des jeweils anderen. Die Überzeugung Anders- oder Nichtgläubiger (mal mit freundlicher Gesinnung, mal mit Folter, mal mit Morddrohung) ist erklärte Religionsräson. Es stehen sich auf den Straßen Deutschlands mit massenhaft geflüchteten Muslimen mehr oder wenig strenggläubige Vertreter eines Offenbarungsglaubens gegenüber, dessen Gott als einzig wahrer Gott dieses oder jenes befohlen habe, unter anderem Ungläubige (die ja nur Andersgläubige sind) zu töten, was tragischerweise in Brüssel, Paris, Nizza oder Rouen durch radikalisierte Mörder tatsächlich geschehen ist. In der bellizistischen Überformung des Islam als politischem Islamismus berufen sich die freien Radikalen unleugbar auf dessen angebliche Wurzeln.

Des Pudels Kern im Kulturkonflikt zwischen christlichem Abend- und islamischem Morgenland ist, bei aller Vorsicht vor Stereotypie, das Verhältnis der Geschlechter, die Rolle der Frau, die Verachtung der Homosexualität, die widersprüchlichen Interpretationen von Ehre und Freiheit. Sie alle lassen sich reduzieren auf die Gesetze einer theologisch unterfütterten Sexualmoral. Und sie bezeichnen die Schwachstelle des Menschen: seine Sexualität. An der Steuerung der Sexualmoral setzen alle Offenbarungsreligionen an, über Sexualmoral generieren theologische Autoritäten seit jeher Macht und Mächtigkeit. Das bereitet all den Atheisten, Ungläubigen, Agnostikern, Feministen und Frauenrechtlern, die im säkularen Rechtsstaat das Versprechen höchster individueller Freiheit erkennen, zunehmend und mit Recht Unbehagen.

Der strukturell bedeutsamste Unterschied zwischen westlichem und islamischem Kulturverständnis könnte in der Differenz zwischen Religion und Religiosität bestehen. Religion, wie immer man sie definieren mag, ist die gemeinschaftliche, institutionalisierte Form religiösen Verhaltens; Religiosität hingegen die individuelle Form spiritueller Erfahrung, die aus der Überzeugung entsteht, dass die Welt nicht aus sich heraus verstanden werden kann. Was es dieser Tage bei vielen abendländischen Zeitgenossen auf der Suche nach Sicherheit und Halt zu verzeichnen gibt, ist eine gesteigerte Religiosität, wie sie der Gläubige immer schon hat. Die Angst des Abendländers vor dem Morgenländer könnte auch Resultat einer Defizit-Erfahrung sein: Der Islam als kohärente, die Kontingenz des menschlichen Daseins problemlos kaschierende Metaphysik unterscheidet nicht zwischen Weltlichkeit und Geistlichkeit und steht jenen Europäern, die in der Tradition der wissenschaftlichen Aufklärung und des Vernunftprimats strikt beide Reiche trennen, als welterklärerische Ordnung, politische Theologie und umfassende Einheit gegenüber. Für gläubige Muslime stellt ihr Glaubenssystem das zur Verfügung, was immer mehr nicht gläubige Nichtmuslime ebenso ersehnen: lokale und regionale Identitätsgemeinschaften innerhalb einer unübersichtlich gewordenen Lebenswelt. Eine verbindliche Rückbindung. Eine Heimat.

Womöglich begründet sich die diffuse Angst vor *dem* Islam, den offensichtlich immer mehr Menschen verspüren, also in dessen Geschlossenheit. »Islam ist etwas, das man tut«, notiert Tamim Ansary und zeigt somit den Gegensatz zum metaphysisch-passiven Christentum auf, das reine Geistigkeit auf Erden ist. Der Islam als Glaubensordnung ist aktiv, ein planerisches Programm und gibt klare und detaillierte Handlungsanweisungen, wie ein Muslim im Alltag leben soll. Fünfmal am Tag Gebetsrituale vollziehen etwa, einen bestimmten Teil seines Einkommens den Bedürftigen spenden, während des Ramadan fasten, mindestens einmal eine Pilgerfahrt nach Mekka unternehmen und auch sonst den Ratschlägen und Problemlösungen des Propheten nacheifern, wenn es um irdische Angelegenheiten geht. Vor allem die Verpflichtung, die Gemeinschaft, wenn nötig, mit seinem Leben und seinem Vermögen zu verteidigen. Das ist Sinn und Inhalt des zum Kampfruf zugerüsteten Verteidigungsbegriffs »Dschihad«. Während das Christentum (vor allem das lutherisch-protestantische) die *persönliche* Heils- und Erlösungserwartung des einzelnen Individuums verfolgt, bietet der Islam die Blaupause einer funktionierenden Gemeinschaft.

Islamische Welterklärung und europäische Aufklärung klären jeweils einen völlig anderen Sachverhalt. Sie liefern somit oppositionelle Identitäts-Schreibung. Die westliche Welt ist bis in ihre letzte Dezimale erforscht, jeder Winkel ist kartografiert, jede Quelle erfasst, jede Fläche industrialisiert, jede Regung kapitalisiert, jede Nische kommerzialisiert, jeder Schatten belichtet, jedes Lebensgefühl interpretiert; öffentliche Räume werden generalstabsmäßig überwacht, Bewegungen kontrolliert. Der Homo faber ist in standardisierte Abläufe und vorformulierte Muster einer Hyperfunktionalität eingeschrieben, die auf Reibungslosigkeit angewiesen ist. Die islamische Welt hingegen reklamiert für sich das furchtvoll wie anziehend Mysteriöse.

Kultur als Identitätsvehikel

Identität setzt Abgrenzung voraus – oder bildet sich erst über Abgrenzung aus. Aktiv gegen das andere, um selbst sein zu können. Aber womit und wodurch? Was macht das Eigene zum Eigenen? Wenn das andere nämlich ebenso sein Eigenes hat, wie es das Eigene in Abgrenzung zum anderen hat, dann kann man es nur durch das Unterscheidende benennen oder eingrenzen. Wer das versucht, wird rasch feststellen, dass auch das Eigene in sich vielfach ist. Die eigene »Kultur« als die zur anderen »Kultur« andere besteht ja in sich schon aus so viel Nicht-Eigenem. Indem man sagt: Das andere ist nicht das Eigene, wird das Eigene dadurch bestimmt, dass man es so behauptet. Das ist – da es überaus schwierig wird, die Spaltung von Eigenem und anderem inhaltlich zu begründen – nichts weiter als ein Formalismus. Kultur kann per definitionem weder identitär noch identitätstauglich sein. Das Wesen von Kultur ist ihre permanente Veränderung, und wer behauptet, Kultur sei ein Vehikel zur Etablierung einer UNS- oder WIR-Identität, hat Geschichte nicht verstanden. Welche aus heutiger Sicht kulturfremden Bestandteile UNSERE westliche Kultur maßgeblich mitbegründet haben, ist kaum zu überblicken: Papier aus China, Gewürze aus Indonesien, Kaffee aus Afrika, Algebra aus Arabien, Schriftkunst aus Phönizien, Astronomie aus Asien, Monotheismus aus Ägypten, christlicher Glaube aus Palästina, die Zehn Gebote aus dem Sinai. *Ex oriente lux:* Die europäische Kulturgeschichte wurde von Osten aus be- und erleuchtet. Europa, die Tochter des Königs Agenor, stammte aus dem heutigen Libanon, und der große christliche Kirchenvater Augustinus war Nordafrikaner.

Seit Jahrtausenden (seit der sesshafte Mensch dennoch

wandert) entsteht Kultur in Tausch und Teilung durch Teilhabe und Teilnahme am Vorhandenen. Durch Diffusion, Vermischung und Fortführung dessen, was anderswo, was in der Fremde gedacht, gefunden, ersonnen, gemeint, probiert und erfahren wird. Immer schon waren es Einwanderer, die Einfluss auf die nationale Identität hatten, über die Jahrhunderte hinweg haben sie die Traditionsbestände mitgeschaffen.

Irene Götz, die als Europäische Ethnologin nationale Selbst- und Fremdbilder erforscht, bemerkt etwa zur Identität der Deutschen: »Seit dem Dreißigjährigen Krieg wanderten aus Italien bildende Künstler und Baumeister, aber auch Händler mit Südfrüchten, die ›Pomeranzenkrämer‹, Ziegelarbeiter und Maurer ein. Sie alle veränderten das Bild insbesondere der bayerischen Städte, so wie die Hugenotten andere Regionen mitprägten.« Polen, die zwischen 1885 und 1914 den Arbeitskräftemangel im Ruhrgebiet kompensierten, prägten Deutschland in Teilen genauso, wie es die Türken getan haben. Als Referenzquelle für eine postnationale Identitäts-Politik zwischen antinationaler Haltung und Party-Patriotismus könnte der Satz des ehemaligen Bundespräsidenten Horst Köhler dienen, der anlässlich seiner Festrede zur Deutschen Einheit 2008 befand, Kultur stehe für einen »Speicher an Erinnerungen, Erfahrungen und Gelerntem«, von Einheimischen wie Eingewanderten gleichermaßen. Die zeitgemäße Kulturnation Deutschland wäre eine junge und bunte Einwanderungsgesellschaft in regionaler und urbaner Vielfalt, kurzum: eine multiethnische Bürgergesellschaft. »Dieses ... Exempel einer Verbrüderung und Vergemeinschaftung«, notiert Götz in ihrem Buch »Deutsche Identitäten«, »spielt nicht nur mit den traditionalen Klischees und Stereotypen, sondern belehrt über den (mit der Staatsbürgerschaftsreform im Jahr 2000 offiziell besiegelten)

Wandel vom ›ethnos‹ zum ›demos‹: Zugehörigkeit hängt von Willen, aufgeklärtem Wissen und entschiedenem Bekenntnis und nicht von der Abstammung ab.« Der Soziologe Armin Nassehi hat die Konsequenz dieses Gedankens ebenso schön ausgedrückt: Das *Hier* werde zu einem *Wir* nicht durch kulturelle Oktroys, sondern »durch gesellschaftliche Selbsterfahrung, durch eine alltägliche Praxis, die man durch geeignete Maßnahmen auch Einwanderern ermöglichen muss – durch Teilhabe an Bildung, am Arbeitsmarkt, am konkreten Leben.«

Viele der einst in Erz gemeißelten Parameter für Identität und Zugehörigkeit in Deutschland haben sich in den vergangenen Jahren aufgelöst: die bipolare Ordnung von West und Ost, Kapitalismus und Kommunismus, und die nationalpolare von BRD und DDR. Die metaphysische Bindung an Kirche, Gott und Religion ist weitgehend verlottert; die absolute Souveränität des Nationalstaats durch die Delegation von Rechten an die Europäische Union freiwillig aufgegeben. Die lebenslange Erwerbsbiografie, die Bundeswehr als Bestandteil nationaler Sicherheit, die Familie als Keimzelle der Gesellschaft, die berechenbare Rentenformel, das Gefühl, Herr im eigenen Haus zu sein – abgeschafft, aufgegeben, verloren. Statt der Fiktion gemeinschaftlicher Identität herrschen heute individualisierte »Identitätsepen«: Geschichten einer subjektiven Selbsterfindung als digitaler Bohemien oder polyglotter Kosmoplit, als Metropolen-Hipster oder Provinz-Nerd im imperativischen Dreiklang des Individualismus: Entfalte dich! Verwirkliche dich! Mach das Beste aus dir!

Niemand muss heute an einen Gott glauben, aber jeder darf. Niemand braucht heute zu heiraten, jeder kann hetero-, homo-, bi-, pan-, poly- oder sonstwie-sexuell sein. Uneheliche Kinder sind gang und gäbe und Homo-Ehen hoffähig. Jeder darf seinen Körper tätowieren, und jeder kann mit Ringen in der Nase Arzt werden. Für alles gibt es einen Coach, die Selbstdarstellung wird immer individualisierter. Im Streben nach Anerkennung, Erfolg und Glück ist nichts unmöglich, man hat gelernt, das Leben als Event zu begreifen. Es scheint, als wäre die Konstruktion einer kollektiven Identität so fragil geworden, wie die Unterscheidung zum Fremden diffus ist. Die späte Moderne ist eine weitgehend entkontextualisierte und enttraditionalisierte Epoche, und man hätte zu fragen, ob es heute, im Zeitalter der Grenzverluste, jenen Typus von Fremdheit, gegen den das Eigene konstruierbar ist, überhaupt noch gibt. Gehören wir und der uns begegnende Fremde nicht demselben raum- und zeitlosen, unverorteten, digitalisierten Kommunikationszusammenhang an?

Das aber hieße, dass es DAS FREMDE als solches gar nicht mehr gibt. Wenn einem das Fremde als Distinktionskriterium des Eigenen abhandenkommt, steht die eigene Identität infrage. Wer ist man dann? Hat man dann nicht auch die Heimat verloren? Ist Heimat nicht die Reproduktion einer jeweils kollektiv verschmolzenen Subjektivität? Ist eine behauptete Heimat überhaupt noch vonnöten?

Recht auf Niederlassung

Die Bundesrepublik ist nach den USA das weltweit beliebteste Zuwanderungsland. Im vergangenen Jahr wollten dem Statistischen Bundesamt zufolge 2,13 Millionen Fremde in Deutschland sicher sein und heimisch werden. Das sind rund 670 000 mehr als 2014, woraus sich dann ein »Wanderungsüberschuss« von 1,139 Millionen erklärt, wenn man rund eine Million Menschen abzieht, die Deutschland im Gegenzug verlassen haben. Jeder Fünfte in der Bundesrepublik hat Migrationshintergrund, 36 Prozent aller Menschen mit besagtem Hintergrund stammen aus der Türkei. Die größte Gruppe der Zuwanderer im Jahr 2015 bildeten Syrer, die zweitgrößte Rumänen. Des Weiteren sind es vor allem Polen, Spanier, Italiener, Bulgaren und afrikanische Flüchtlinge, die nach Deutschland kommen. Alle Ankommenden stellen uns die Frage: Wem gehört Deutschland? Und, viel größer: Wem gehört die Welt?

Wem ein Aufenthaltsrecht gewährt wird, der erhält, angehörigkeitsrechtlich betrachtet, implizit auch die Chance auf Einbürgerung. Die deutsche Staatsangehörigkeit ist das größte Desiderat für die allermeisten nach Deutschland kommenden Zuwanderer – wer einem Staat angehört, ist dessen politischer Bürger mit allen Rechten und Pflichten. Ist aber, wer einem Staat angehört, auch Angehöriger besagter Nation? Zwischen dem Abstammungsprinzip des *Ius sanguinis* und dem Geburtsortsprinzip des *Ius soli* existiert ein feiner Unterschied; die meisten europäischen Staaten haben für ein modernes Staatsangehörigkeitsrecht das seit 1913 gültige Abstammungs- um das Geburtsortsprinzip ergänzt, so auch die Bundesrepublik mit Beginn des Jahres 2000. Paragraf 4 Absatz 1 des deutschen Staatsangehörigkeitsrechts lautet: »Durch die Geburt erwirbt ein Kind die deutsche Staatsangehörigkeit, wenn ein Elternteil die deutsche Staatsangehörigkeit besitzt.« Und dann der entscheidende Absatz 3: »Durch die Geburt im Inland erwirbt ein Kind ausländischer Eltern die deutsche Staatsangehörigkeit, wenn ein Elternteil entweder seit acht Jahren rechtmäßig seinen gewöhnlichen Aufenthalt im Inland hat und ein unbefristetes Aufenthaltsrecht … besitzt.«

Was gelegentlich unter dem Radar allzu ideologisch vergifteter Diskussionen verloren geht, ist ein nüchterner Blick auf die Tatsache, dass das deutsche Staatsangehörigkeitsrecht weit über dasjenige anderer Staaten Europas hinausgeht. Für das deutsche Recht genügt die achtjährige Aufenthaltsdauer eines Elternteils mit Daueraufenthaltsrecht. So kann jeder Flüchtling oder Zuwanderer, der weder die deutsche Sprache beherrscht noch Kenntnis der Rechtsordnung hat, über das Aufenthaltsgesetz zu einem deutschen Staatsangehörigen werden; der für die Einbürgerung notwendige Daueraufenthalt eines Elternteils garantiert ja nicht, dass dieser, wie früher nachzuweisen war, die deutsche Sprache beherrscht oder Kenntnisse über Gesellschaft und Rechtssystem besitzen muss. Nach drei Jahren Aufenthalt bekommt jeder Flüchtling, in dessen Heimatland noch immer Krieg herrscht, den Rechtsanspruch auf Niederlassungs-Erlaubnis. Wer als Verfolgter und Geflohener Schutz erhält, erhält meist auch ein Bleiberecht, dem oft eine Niederlassungs-Erlaubnis und irgendwann die Einbürgerung folgt. Einbürgerungen sind neben Grenzkontrollen das Hochamt des souveränen Nationalstaates, der mit diesen Instrumenten die Zusammensetzung der Bevölkerung reguliert und die Steuerungshoheit über das Staatsvolk ausübt.

Ewige Wiederkehr des Gleichen

Geschichte wiederholt sich gewöhnlich, biblische zumal. Der Exodus der Israeliten aus Ägypten dient als Präambel zur Migrationshistorie der Menschheit. Der Weg aus der Versklavung durch Not, Hunger, Elend, Krieg und Gewalt ins ersehnte Reich ist *das* alttestamentliche Leitmotiv schlechthin: Rettung durch Flucht, Erlösung durch Hoffnung. Die Flucht nord- und westwärts, die Massenwanderung nach Europa, ist eines der größten Probleme und Herausforderungen europäischer Politik und überhaupt: einer globalen Politik der Moral und Menschenrechte. Das Heer der entwurzelten und heimatlos gewordenen Flüchtlinge, das »Rendezvous mit der Globalisierung« (Wolfgang Schäuble), stellt eine neue Weltordnung dar. Geschätzt 60 Millionen Menschen sind derzeit auf der Flucht vor Armut, Bürgerkrieg und Dürre; manche Sozialwissenschaftler rechnen mit bis zu 600 Millionen Wanderungswilligen weltweit – vornehmlich Wirtschaftsflüchtlinge, die zwar nicht direkt an Leib und Leben bedroht, langfristig aber an einem guten Leben gehindert sind. Eine Aufgabe künftiger Philosophie könnte sein, jene Kriterien zu definieren und auf den Begriff zu bringen, unter denen nicht durch Krieg und Folter, sondern auch durch Dürre und Hitze menschenunwürdige Bedingungen gegeben sind, die als leibbedrohend und lebensgefährdend eingeschätzt werden können.

Wanderung ist das explizite Menschenrecht auf universell gültige Freizügigkeit. In Artikel 13 der Allgemeinen Erklärung der Menschenrechte der Vereinten Nationen heißt es 1948: »Jeder hat das Recht, jedes Land, einschließlich seines eigenen, zu verlassen und in sein Land zurückzukehren.« Das Recht gilt für jeden Menschen ohne Ansehen der Person, ohne Rechtfertigung der Gründe, ohne Angabe der Herkunft. Das Recht auf Freizügigkeit ist ein Recht auf Freiheit. Gegenteil dieses Rechts ist die Freiheitsberaubung durch Kasernierung mittels Zaun oder Mauer. Am Recht auf Wanderung scheiden sich Demokratien und Diktaturen, was nicht heißt, dass Demokratien keine Grenzen brauchen, und was auch nicht heißt, dass jeder Wanderer auch überall willkommen ist. Recht auf Wanderung ist nicht gleich Recht auf *Ein*wanderung. Dem Recht auf Wanderung (Emigration) entspricht auch nicht die Pflicht zur Aufnahme (Integration). Dem Recht auf Freizügigkeit und Wanderung jedes Menschen steht das Recht der Angestammten auf Ausschluss und Abgrenzung gegenüber – das ist der moralische Konflikt der Epoche der Grenzverluste. Der Zielort der Wanderung ist ja immer schon ein einheimischer, mit der Grammatik von Traditionen und Bräuchen beschriebener und vorgeschriebener Raum. Jeder, der einen anderen Raum betritt, betritt somit ein räumliches Werk aus Rechten und Regeln, Normen und Sitten.

Weil der Homo faber Europas sukzessive ausstirbt und der Homo sacer der restlichen Welt die Frage nach dem Besitz der Welt nicht länger ungestellt sein lässt, wird man Heimat künftig nicht mehr mit der Ab- und Umgrenzung der Scholle verteidigen können. Die Nation als organisierter Verbund jener, die per Geburt oder Einbürgerung auf einem bestimmten Boden siedeln, könnte sich in Zukunft als unbrauchbar erweisen. Die große Theoretikerin Hannah Arendt hat – in Bezug auf Staatenlose, Flüchtlinge und Displaced Persons – in ihrem 1949 erschienenen Essay »Es gibt nur ein einziges Menschenrecht« formuliert, dass dieses als Recht auf Heimat auch ein Recht auf anerkannte Zugehörigkeit zu einer politischen Gemeinschaft ist, ohne dass alle anderen Rechte auf Beruf, Meinungsäußerung und Religionsausübung wertlos wären. Und der Jurist Bernhard Schlink schreibt flankierend, Heimat sei das Recht, an einem Ort rechtlich anerkannt und rechtlich geschützt zu leben, zu wohnen, zu arbeiten, Freunde zu gewinnen, eine Familie zu gründen, und man könnte anfügen: Es ist das Recht, Erinnerungen auszuprägen, Sehnsüchte zu generieren und Vergangenheiten zu verklären.

Wenn es kein einklagbares Recht auf Heimat als solche gibt, dann ein menschenrechtliches auf Behausung als Voraussetzung für das Recht auf Entfaltung, Freiheit und Teilnahme. Durch die Behausung wird das Individuum adressier- und identifizierbar. Zwar gibt es ein Menschenrecht auf Heimat, weil es ein Recht auf Leben gibt, doch existiert zwischen Menschenrechten und Bürgerrechten – worauf der niederländische Migrationssoziologe Paul Scheffer hingewiesen hat – ein großer Unterschied. Menschenrechte sind universell, Bürgerrechte territorial. Deshalb hat nicht jeder Mensch den gleichen Anspruch auf Rechte, die innerhalb einer begrenzten Gemeinschaft zu vergeben sind. Die Erfahrungen der vergangenen 40 Jahre mit Immigration und Integration haben Scheffer zufolge gelehrt, dass Migranten in wachsender Zahl keineswegs leicht zu integrieren seien. Die meisten seriösen Migrationsforscher ziehen den gleichen Schluss und sagen deutlich: Migration ist immer auch ein Verteilungskonflikt. Wenn das autochthone Unbehagen der Einheimischen sowohl soziale als auch kulturelle Ursachen hat – die im Gefühl eines Verlusts der eigenen Kultur begründet sind –, gibt es schließlich einen Moment, da Segregation nicht mehr aufrechterhalten werden kann. Scheffer etwa führt Marseille, Birmingham oder Malmö an, wo 40 oder mehr Prozent der Bevölkerung aus Migranten und ihren Nachkommen bestehen und Alteingesessene und Neuankömmlinge sich nicht mehr aus dem Weg gehen können.

Die berühmtesten Beispiele für solcherart »Superdiversität« sind New York, Singapur und Johannesburg: expandierende, multireligiöse und multiethnische Einwanderungs-Metropolen mit hoher Komplexität (in New York ist heute jeder dritte der acht Millionen Einwohner im Ausland geboren, Tendenz steigend); die Urbanisten gehen davon aus, dass zunehmend mehr Städte wirtschaftlich, demografisch und kulturell ähnliche Entwicklungen erleben werden. Wenn es dann in superdiversen Kommunen zur leibhaftigen Konfrontation des Einheimischen mit dem Gebiets- und Kulturfremden kommt, muss eine Gesellschaft lernen, sich im (gewaltlosen) Konflikt ständig zu erneuern. Erst wenn die Einheimischen den Verlust der vertrauten Welt bewusst zur Kenntnis nehmen, eröffnet sich die Möglichkeit, Erfahrungen rational zu deuten: »Gerade um großzügig zu bleiben«, resümiert Paul Scheffer, »brauchen wir Grenzen.« Die Frage sei dann nicht mehr, ob Grenzen gezogen werden, sondern von wem. »Wenn Menschen mit einer liberalen Haltung nicht über Grenzen nachdenken wollen, dann ziehen am Ende Menschen mit autoritären Einstellungen die Grenzen.«

Integrationen und Identitäten

Neben »Bildung« geht vielen Zeitgenossen nur noch ein Begriff aus dem Arsenal spätmoderner Problemlösungsrhetorik schneller über die Lippen: Integration. Als wäre mit dem Aussprechen des Worts bereits das Programm benannt. Als wäre Integration eine Währung, die sich einfach so konvertieren ließe, ohne auch nur zu fragen, ob damit womöglich nicht ein viel zu hoher Anspruch formuliert ist, ob es sich nicht um Inflationsgefahr handeln könnte und man sich besser über Inklusion, Annäherung oder temporäre Hospitalität unterhalten sollte. Oft werden besagte Leitbegriffe gekoppelt in der Annahme, durch mehr Bildung erreiche man bessere Integration.

Integration setzt Integrität voraus: den Willen zur Zuwendung, sonst wäre sie ein rein sozialtechnisches Verfahren über die Köpfe von Menschen hinweg, die eine derartige Fremdbestimmung, so ist zu vermuten, auf Dauer nicht hinnehmen werden. Hinsichtlich der Integration geht es nicht nur um Arbeitsmarktchancen, sondern um kulturelle Kompatibilität von Norm- und Wertvorstellungen. Das erfordert weit mehr als nur formale Registrierung, Unterbringung und Versorgung von Nicht-Eigenen, und das ist weit mehr als nur die Organisation einer infrastrukturell vollzogenen Eingliederung. Integration ist ein umfassender Beheimatungsprozess, der Zeit, Geduld, Geld und eine doppelte Bereitschaft benötigt: jener, die integriert werden sollen, sich in eine neue kollektive Wert-, Normen- und Rechtsgemeinschaft einpassen zu wollen; und derer, die integrieren sollen, ihren kulturellen Identitätsraum für Fremde zu öffnen. Jede Integration ist eine Prozedur, die Reziprozität, Gegenseitigkeit, voraussetzt – in der reflexiven wie nicht reflexiven Form. Ein Fremder muss *sich integrieren,* und die Einheimischen müssen *ihn integrieren.* Der Gebiets- oder Kulturfremde *(allochthon)* muss sich in die ihm neue Wertegemeinschaft eingliedern wollen, wie auch die Gemeinschaft der einheimischen *(autochthonen)* Werte-Träger den Gebiets- und Kulturfremden in ihren von Völker-, Europa- und Verfassungsrecht eingewobenen Raum muss eingliedern wollen. Wohlgemerkt: Eine Wertegemeinschaft ist keine Gesinnungsgemeinschaft. Sie basiert auf Vorstellungen praktischer Ethik und gelebter Sittlichkeit, die über einen langen Zeitraum hinweg bestätigt, beglaubigt, befolgt und für gut befunden wurden.

Herrschen auf der einen Seite Integrationsfurcht und auf der anderen Integrationsunkenntnis, steht das Eingliederungsunterfangen auf wackligen Beinen. Flüchtlinge, die einwandern, legen ihre Normen, Sitten und Traditionen ja nicht an der Grenze ab, sondern tragen gute wie nachteilige Eigenschaften in den neuen, präfigurierten Raum mit hinein, woraus im positiven ein dialektischer Kulturalisationsprozess, im negativen eine antagonistische Reibung entstehen könnte. Asylsuchende und geflüchtete Menschen sind ja keine Menschenrechtsaktivisten.

Integration ist also ein problematischer Begriff, weil er Anpassungsleistungen erfordert, deren Güteklasse unterschiedlichen Weltanschauungen und ideologischen Interpretationen unterliegt. Integrative Eingliederung bedeutet immer auch die erzwungene Aufgabe eigener Rechts- und Wertgrundsätze – wenn nicht gesetzlich, dann durch eine konventionelle Sittlichkeitsmoral. Oft, und das ist das Problem der gegenwärtigen Situation eines sich zuspitzenden Konflikts zwischen bedingungslos gewährter Humanität und deren emotionaler Ablehnung, ist der normative Überbau denen, die bedingungslose Zuwanderung fordern, nicht bekannt. Wer Fremde über das Instrument des Asylrechts ins eigene Revier einwandern lässt, lädt damit nicht nur politische Konfliktkonstellationen der Auswanderungsländer (Türken gegen Kurden sowie Erdoğan-Türken gegen Gülen-Türken) oder religiöse Fronten (Sunniten gegen Schiiten) ein. Er holt sich auch Wert- und Normvorstellungen ins Land, die mit den eigenen von der Gleichberechtigung der Frau, selbstbestimmter Sexualität und Laizismus unvereinbar sein können – und es oft sind. Patriarchale Traditionen, rigide Kleidungsvorschriften und kulturelle Normen der Zwangsverheiratung, des Ehrenmords oder der Subordination von Rechtsstaatlichkeit unter Gottesgerichtlichkeit mögen, für sich genommen, kulturell gewachsen und im jeweils fremden Kulturkreis legitim sein (was an dieser Stelle weder bewertet werden kann noch soll). Für jede Form der Verständigung entscheidend ist hingegen, inwieweit man sie im eigenen Kulturgebiet zu tolerieren oder hinzunehmen hat. Der Konfliktkomplex aus tatsächlicher und gefühlter Benachteiligung, tatsächlicher und gefühlter Diskriminierung, Mehrheits-Diktat und Minderheiten-Recht zwingt zu einer realistischen Verhandlung. Weltfremd wäre zu glauben, ein kulturfremder Zuwanderer hätte die gleichen Vorstellungen von Ruhe, Sauberkeit und öffentlicher Ordnung wie der Einheimische, der sich dafür immer belächeln lassen musste. Muss der Zuwanderer sich anpassen? Muss er neben den geschriebenen auch die ungeschriebenen Regeln der neuen Heimat befolgen? Oder verhält es sich umgekehrt: Muss der Einheimische sich an den Zuwanderer anpassen? Aus Achtung vor dem kulturell anderen müssen – zielt man auf gelingende Integration – die Wertvorstellungen und sozialen Normen a priori akzeptiert und geachtet werden, solange sie mit der Verfassung vereinbar sind. Es wäre ja unglaubwürdig, bigott und gewalttätig, von Zuwanderern zu verlangen, die Bindekräfte ihrer verlorenen Heimat – ihre Sitten und Gebräuche – in der neuen Heimat einfach aufzugeben. Respekt ist immer reziprok zu denken: Sowohl die Migrations- als auch die Eigengemeinschaft muss die einzelne personale Würde egal welches Menschen welcher Herkunft auch immer respektieren, nur dann entsteht Werte-Pluralismus, der die eine Vorbedingung hat, dass er mit dem Grundgesetz vereinbar sein muss. Das heißt aber auch: Wer hereingelassen wird, bringt mögliche Traumata, psychische Labilität, Gewalterfahrungen oder Kränkungen mit. Integration bedeutet dann für die neue Heimatgemeinschaft, den Traumatisierten psychosoziale Hilfe zukommen zu lassen – als Vorschuss-Loyalität und Prävention gegen Spätfolgen, die sich in Depressionen oder, im äußersten Fall, in Gewalt ausdrücken können.

Trotz alledem darf und muss eine Art Vorleistung erwartet werden: Anpassung an die herrschenden Regeln, gemäß den Gepflogenheiten der gewachsenen Mentalität der neuen deutschen Heimat. Der Staat müsste, damit Integration gelingt, in aller Deutlichkeit Grenzen ziehen und Regeln formulieren – zur Orientierung aller Nichtdeutschen und zur Beruhigung aller Deutschen. Was dürfen, was sollen, was müssen wir von Neuankömmlingen, Migranten und Flüchtlingen erwarten, die den in so langer Zeit durch Selbstverständnis-Arbeit mühsam kultivierten Boden der Bundesrepublik betreten?

Das zum Beispiel: Auf diesem Boden wird der Holocaust nicht geleugnet; in deutschen Schulen erfährt die Evolutionstheorie den gleichen Respekt wie die Welterschaffung durch welchen Gott auch immer; in deutschen Schulen gibt man Frauen die Hand; auf deutschem Boden respektiert man die Gleichberechtigung der Geschlechter; auf deutschem Boden sieht man sich in die Augen; auf deutschem Boden darf jeder homosexuell, transsexuell, ungläubig und gottesleugnerisch sein; auf deutschem Boden wird nicht gehasspredigt; auf deutschem Boden achtet man das Recht und gilt das gleiche Recht für alle; auf deutschem Boden steht das Grundgesetz über Bibel, Koran und Thora (allesamt in monotheistischem Geist verfasste Schriften im Übrigen, die gleichermaßen auf der vermeintlichen Offenbarung eines Gottes basieren).

Die zum Teil geschriebenen, zum Teil ungeschriebenen Normen bilden die Rahmenordnung der metaphysischen, rechtlichen und politischen Heimat, die die Bundesrepublik Deutschland anzubieten hat. Sie zu teilen darf und muss von Einwanderern verlangt werden. Sollte Regierungspolitik diese Selbstverständlichkeit nicht unmissverständlich aussprechen? Ganz gewiss sollte mit Klarheit als unverhandelbar gesetzt sein, was die Republik leitet und ausmacht, was sich in Jahrzehnten als richtig und gut erwiesen hat und beileibe nicht immer unumstritten war – die Gleichstellung der Frau etwa, die Gleichstellung homosexueller Partnerschaften, die Liberalität jedes deutschen Staatsbürgers, nach seiner Fasson glücklich zu werden, solange er die Verfassung achtet.

Gelingende Integration hieße, konkret gesprochen: Neben Religionsunterricht sollte als gleichberechtigtes festes Fach ab der ersten Klasse auch Ethik angeboten werden, auf dass eingewanderten Kindern demokratische Grundwerte und soziale Kompetenzen vermittelt werden. Es hieße, Kitas personell bestens auszustatten, Schulen und öffentliche Einrichtungen in schwierigen Stadtteilen zu fördern, um zu verhindern, dass Salafisten die besseren Sozialarbeiter werden, wie der Psychologe Ahmad Mansour und der Grünen-Politiker Cem Özdemir in einem gemeinsam verfassten Aufsatz fordern. »Heranwachsende sollten erleben«, schreiben sie, »dass sie mit ihrer Biografie und ihrer Identität dazugehören. In Schulen, Universitäten, Behörden und Vereinen kann eine Öffentlichkeitskampagne mit dem Tenor ›Du gehörst dazu!‹ das Entstehen eines ›Wir-Gefühls‹ in der Gesellschaft unterstützen.«

Ängste sind in der Mitte der Gesellschaft angekommen, sagen die Psychologen und Traumaforscher, und zwar so massiv, dass viele Bürger dem deutschen Staat bereits gekündigt haben – innerlich wie in verstärktem Maße auch nach außen. Dass die Angst vor dem Fremden eine angeborene

Furcht ist, lässt sich nicht leugnen; dass viele jener, die sich einem rationalisierten Humanitarismus verpflichtet haben, ihre Ängste aus Scham oder Isolationsfurcht verleugnen, weil nicht sein kann, was nicht sein soll, ist tragisch. Selbst wenn Übergriffe, Nötigungen und sexistische Anmache in Klubs, Freibädern oder auf öffentlichen Plätzen statistisch nicht überrepräsentiert sein mögen, sind Frauen dennoch völlig zu Recht beunruhigt und besorgt. Ihr Gefühl der Unsicherheit und Bedrohtheit muss ebenso ernst genommen werden wie die Anliegen und Erfolgsgeschichten jener, die geflohene Fremde bei sich zu Hause aufnehmen. Jede Frau in Deutschland muss, wenn sie das will, von deutschen wie nicht deutschen Männern unbehelligt im Minirock zu jeder Tages- und Nachtzeit durch jede Straße jeder Stadt gehen können. Dass Politiker und Parteien die bestätigten Vorfälle nutzen, um das Bild der vom dunklen Ausländer vergewaltigten Germanin für politische Gefolgschaftsgesinnung zu stilisieren, ist mies, unangemessen und zynisch.

Wie immer in Angelegenheiten des Stereotypieverdachts besteht das größte Problem in der Quantifizierbarkeit der bekannten, reportierten und geschilderten Einzelfälle: Wie viele Fälle von Übergriffen durch Fremde legitimieren die qualitativ seriöse Ableitung einer realistischen »Wahrheit«? Psychologen prophezeien steigende Aggressionen durch grundsätzliches Misstrauen und einen veritabel erhöhten Stresslevel durch den ständigen Kampf gegen die eigene Fremdenfurcht. Denn könnte im Fall scheinbar liberaler Köpfe die harsche Verachtung rechter Wähler nicht auch eine Kompensation des eigenen Unbehagens angesichts massenhafter Kulturfremdheit sein?

Aus der Traumapsychologie ist zu lernen, dass die Therapie von Ängsten damit beginnt, sich dieselben einzugestehen. Was bewältigt werden soll, muss vorab gehoben werden.

Tugendhochmut und Assimilation

Jetzt geht es nicht mehr um richtige und falsche Flüchtlings-politik, um Revier-Reflex und Heimat-Exil. Das Kind ist in den Brunnen gefallen. Aus dem Untergrund erheben sich die Dämonen, Hitler steht im Raum wie der weiße Elefant, und schon haben wir es nicht mehr mit dem Menschenrecht auf Heimat und der Assimilation des Homo sacer zu tun, sondern mit deutscher Geschichtsbewältigung und dem Selbstverständnis als Republik. Die Debatte hat sich vom Grund ihrer Entstehung abgelöst. Im primitiven Reiz-Reaktions-Modus eines ebenso primitiven Freund-Feind-Schemas scheint es nur noch Gut und Falsch zu geben.

Die moralpathetisch umflorten Solidaritätswellen in der Bevölkerung ziehen im europäischen Ausland die Kritik am deutschen »Tugendhochmut« (Oliver Jens Schmitt) gegen-über den Osteuropäern auf sich. Polen, Ungarn und die Slo-wakei beziehen bekanntlich eine geradezu sture Position, die deswegen stur genannt werden kann, weil sie sich vom deut-schen Quoten-Diktat nicht zur Aufnahme von Flüchtlingen zwingen lassen will. Eine interessante Überlegung der Deutschland-Kritiker lautet wie folgt: Der Muslim könnte die ideale Projektionsfläche für Mitgefühl und Überlegen-heit des deutschen Moralbürgers sein, weil er, der Muslim, anders als ein orthodoxer Christ aus der Ukraine, so exotisch sei, dass er sich diskursiv wie paternalistisch einfach kontrol-lieren lasse. Mitgefühl, Solidarität und Hilfsbereitschaft für den exotisch anderen, heißt das, steigere das moralische Selbstwertgefühl der Deutschen; in den Staaten Osteuropas hingegen herrsche die Angst vor, die für sie noch neuen kulturellen Koordinationssysteme, innerhalb derer sich die Menschen soziale Orientierung und Anschluss an Westeuropa erhoffen, würden durch die Masseneinwanderung umgewälzt.

Zwischen *formaler* und *gelingender* Integration existiert ein beträchtlicher Unterschied. Integration ist das Signal- und Schlagwort einer Phraseologie, mit der jeder ungefähr das Gleiche zu assoziieren vermag: Das Fremde soll ins Eigene. Aber wie? Dem Soziologen Armin Nassehi zufolge besteht die Attraktivität moderner Lebensformen darin, mit möglichst wenig Bekenntnissen auskommen zu können. An diesem Maßstab sollte sich jeder orientieren, der Einwanderung gelingen lassen will. Genau dieses Minimum an Bekenntnissen wiederum überfordert jene, die als Bekenntnis entweder eine Bombe, eine Axt, ein Messer oder das radikale Wort von tausend Jahren deutscher Kultur als Waffe einsetzen. Woran zu sehen ist: Wer Bekenntnisse braucht, ist schwach, und Gewalt ist immer das Bekenntnis eines Minderwertigkeitsempfindens im Ringen um das gemeinsam Begehrte. Hinsichtlich des Zutritts kulturfremder Flüchtender auf die Schollen der einheimischen Heimat können selbst Gesetze keinen Zusammenhalt erzwingen. Das Integrationsgesetz verlangt nur Kenntnis der deutschen Sprache durch Integrationskurse, worüber sich auch Kenntnisse über die Bundesrepublik und die Achtung vor dem Recht vermitteln lassen. Und weiter? Bringt denn eine Integrationspflicht der Zuwanderer, bringt das eingeforderte Pflichtbekenntnis zur freiheitlichen demokratischen Grundordnung mehr als nur formale Affirmation? Ohne Bürger-Bereitschaft wird jede Pflicht zur Farce reiner Formalität.

Wer staatlich integriert ist – wer also eine Unterkunft hat, einen Deutschkurs bezahlt erhält und seiner Schulpflicht nachkommt –, ist noch lange nicht gesellschaftlich integriert (wie vice versa jemand, der zwar in heiterer Nachbarschaft lebt, aber keinen Integrationskurs besucht hat, als offiziell nicht integriert gelten kann). Der Staat hat kein Recht zur Umerziehung von Ausländern und Einwanderern, weil er damit gegen die Verfassung verstieße. Man kann Menschen nicht zur Teilnahme zwingen, man kann Teilnahme nur ermöglichen. In einer Demokratie hat jeder das Recht auf Teilnahmslosigkeit, solange er das geschriebene Recht achtet. Womöglich besteht in der Achtung des Rechts die einzige wirkliche Pflicht eines demokratischen Bürgers. Gesinnungen, Haltungen, Bereitschaften sind staatlich und gesetzlich nicht einklagbar, Werte und Normen nicht um- oder anerziehbar, und jede Form der Erziehungsanmaßung wäre ein Akt der Bevormundung gegen die Mündigkeit der Person. Die bewusste Leere an materiellen, also ethischen, moralischen, religiösen und staatsbürgerlichen Inhalten zeichnet das Differenz-Denken der deutschen Verfassung ja geradezu aus, zum Leidwesen mancher aus der »Identitären Bewegung«, aus rechts- wie linksextremen Kreisen, denen es nicht möglich ist, den Gedanken einer pluralistischen Republik zu ertragen. Wenn laut Grundgesetz alle Staatsgewalt vom deutschen Volk ausgeht, Artikel 20 Absatz 2, dann wird zu klären sein, wer wann Teil dieses Volkes ist. Klar ist allenfalls, wer es nicht ist: jeder, der es unternimmt, diese Ordnung zu beseitigen. Gegen denjenigen haben alle Deutschen das Recht zum Widerstand, wenn andere Abhilfe nicht möglich ist (Artikel 20 Absatz 4).

Nehmen wir als Problemfall praktischer Integration folgendes Beispiel an. In einem deutschen Dorf – oder einer kleinen Ortschaft – leben seit Neuestem Asylbewerber in direkter Nachbarschaft zur Eigengemeinschaftsbevölkerung. Jenseits des Schlagworts »Integration« geht es um die praktische Nachbarschaftlichkeit, und da entscheiden meist die Details, die scheinbaren Petitessen. Kulturfremde Kinder schreien und lärmen länger als einheimische, kulturfremde

Männer telefonieren laut auf offener Straße, sitzen bis nachts auf den Bänken, kulturfremde Frauen sind verschleiert, und das selbst im Sommer, das deutsche Ordnungsgefühl ist empfindlich gestört, mehr noch: Es ist eine Art Verstoß gegen die öffentliche Ruhe. Nach Jahren harter Arbeit und dem Fertigbau des Eigenheims, den ein älteres Ehepaar als Heimat betrachtet, sind die Rentner mit einer für sie völlig neuen Situation konfrontiert: Ihre Scholle, auf der sie seit 40 oder 50 Jahren leben, wird mit einem Schlag von einer großen Anzahl fremder Menschen mitbevölkert. Die Gefühle der Anwohner sind ja erst einmal berechtigt. Sie sind auch nicht falsch. Gefühle können nicht falsch sein. Sie sind da. Und wer sie nicht mag, muss die Umstände verändern, gegen die Gefühle sich ausbilden. Was ist zu tun?

Das Gerechtigkeits-Dilemma

Für die Bundesrepublik Deutschland ist die sogenannte Flüchtlingskrise der faustische Stoff schlechthin. Ein geradezu prototypischer Problemkomplex, der alle verfügbaren deutschen Idiosynkrasien zur Verhandlung aufruft: Es geht um Moral, Ethik, Recht und Rechtsordnung, um Grenzen und Aufgaben der Politik und vor allem um Erbe, Macht und Lehre der Geschichte. Er betrifft und berührt den Kernbestand des normativen Selbstverständnisses, wie er sich in über 70 Jahren Nachkriegsdemokratie herausgebildet hat: Ordnungssinn, Verwaltungsfähigkeit, Geschichtsbewusstsein, Nationalgefühl, Korrektheitsgesinnung, Leistungsethos und Gast-Ethik. Die in ewiges Erz gegossen scheinenden Normen liegen zum ersten Mal seit langer Zeit auf dem

Prüfstand. Jenseits von Humanitarismus und Ausnahmezustand geht es um weit mehr als krude Xenophobie, unleugbaren Rassismus und überwunden geglaubten Nationalismus. Alles sind Chiffren für berechtigte oder unberechtigte, mit keinem Fingerschnippen zu bewältigende Ängste vor Kontroll-, Ordnungs-, Grenz- und Besitzstandsverlust, vor der Steuerungslosigkeit des Systems, vor dem Zerfall der bislang schützenden Institutionen, vor dem Verlust des eigenen sozialen Status. Für einen Grünen-Politiker drastisch, aber eingängig rechtfertigt etwa der Oberbürgermeister von Tübingen, Boris Palmer, eine härtere Gangart in der Flüchtlingspolitik durch Zaun und Grenzbewaffnung. »Wir müssen die unkontrollierte Einwanderung beenden«, beschied er per Interview, »das bedeutet nicht, dass wir niemanden mehr reinlassen, aber wir entscheiden, wer reinkommt.«

Palmers Haltung ist sehr viel stärker im deutschen Bürgertum verbreitet, als die einen annehmen und die anderen wahrhaben wollen. Die geheimen, den Umgang mit traumatisierten, geflüchteten und Asyl suchenden Nichtdeutschen steuernden Mächte lassen sich auf einen einzigen Begriff bringen: Gerechtigkeits-Dilemma. Der unbestimmte Begriff Gerechtigkeit lässt sich grundsätzlich reduzieren auf eine geradezu mathematische Anordnung: Wer wird zugunsten von wem um wie viel belastet? Oder anders: Wer trägt eine höhere Last für wen? Gerechtigkeitspolitisch heißt die Flüchtlingsfrage dann: Wer (oder welche Gruppe) *erträgt* eine höhere Belastung zur Entlastung welcher anderer? Vor dieser rein materiellen steht aber immer erst die prinzipielle Betrachtung von Gerechtigkeit als Recht und Pflicht.

Man könnte argumentieren, die Aufnahme von Menschen sei die Pflicht des oder eines Staates. Warum? Weil Staaten für sich in Anspruch nehmen, über ein Gebiet zu verfügen und darüber zu entscheiden, wer darin Einlass findet. Das aber ist nur dann gerechtfertigt, wenn Staaten das Ihre beziehungsweise *alles in ihrer Macht Stehende* tun, damit Menschen dort überleben können, wo sie gerade leben. Die Gerechtigkeitspflicht ist eine Pflicht zur grundsätzlichen Überlebensgarantie aller Menschen, da es grundsätzlich niemandes persönliche Schuld ist, in einer Krisenregion auf die Welt gekommen, ebenso wenig wie es jemandes persönliches Verdienst ist, in ein wohlhabendes Land hineingeboren worden zu sein. Aus der Pflicht zur Hilfe erwächst erstens die Frage, ob es eine rein moralische oder eine juristisch-praktische Pflicht ist. Und zweitens, wo diese Hilfe geleistet werden soll: in der eigenen Heimat als zufälligem Zielort eines Geflohenen oder in dessen Heimat. Letzteres entspräche dem Grundsatz präventiver globaler Gerechtigkeit und setzte politische Wachsamkeit voraus, soziale Verwerfungen, entstehende Kriege oder aufziehende Naturkatastrophen von vornherein zu verhindern.

Eine Gerechtigkeitsverpflichtung ist in diesen Fällen moralischer Natur. Niemand kann einen anderen Staat *verpflichten,* Menschen innerhalb seiner Grenzen aufzunehmen, die die Mehrheit der Bevölkerung nicht in ihrem Corpus haben möchte, selbst wenn dies moralisch geboten wäre. Ist die Identität eines Staates durch die Aufnahme neuer Heimatsuchender gefährdet, darf man aus Selbsterhaltungsgründen die Aufnahme verweigern. Dann aber ist die entscheidende Größe die Bestimmung des Grades, ab dem genau die Identität (und welche im Übrigen) gefährdet, und zwar so gefährdet ist, dass die Verweigerung der Pflicht zur Allgemeinmenschlichkeit gerechtfertigt scheint.

Gerechtigkeit ist immer ein schwieriges Feld. Sie lässt sich weder be- noch vermessen. Je zersplitterter und fragmentierter die Gesamtgesellschaft ist, je mehr Subsysteme und Subsysteme von Subsystemen es gibt, je ausdifferenzierter der gelebte Pluralismus sich präsentiert, desto mehr Gerechtigkeitsvorstellungen flirren durch den Äther. Sie widersprechen einander und heben sich zum Teil gegenseitig auf: Die juristische domestiziert die biblische Gerechtigkeit, globale Gerechtigkeit hebelt lokale aus und die soziale gelegentlich die Klimagerechtigkeit. Jede Behebung einer Ungerechtigkeit aber führt notwendig zu einer neuen.

Gerechtigkeit ist – jenseits ihrer staatlichen Organisation durch Steuer, Umverteilung und Sozialpolitik – ein Gefühl, und damit beginnen die Schwierigkeiten, denn Gefühle sind subjektiv. Individuelle Gerechtigkeitsgefühle lassen sich nicht verallgemeinern zu einem, sagen wir, gesamtgesellschaftlichen Grundgefühl. Eine Ordnung ist gerecht, wenn die in ihr existenten Verhältnisse als gerecht *empfunden* werden. Wie viele Einzelne aber müssen ein Verhältnis als gerecht empfinden, damit es eo ipso nicht nur als gerecht *gilt,* sondern gerecht *ist?* Die Flucht von Menschen, die an Leib und Leben bedroht sind, fällt unter das Verdikt überindividueller, überirdischer, bedingungsloser Gerechtigkeit, wie sie auch die judäo-christliche Religion versteht: als Schutzgemeinschaft der Zu-kurz-Gekommenen, Benachteiligten, Unterdrückten, die unter besonderer Aufsicht Gottes stehen. Christliche Gerechtigkeit heute ist ja lange nicht mehr nur jene absolute Gerechtigkeit, wie sie beim alttestamentlichen Propheten Amos als Kampf des Richtergottes gegen das Unrecht auf Erden formuliert wurde. Christlich verstandene Gerechtigkeit im neutestamentlichen Sinne ist eine höchst erdnahe, geradezu soziale Angelegenheit und versteht Gerechtigkeit als Aufgabe von Schutz und Hilfe *allen* Menschen gegenüber, wie auch Jesus *allen* Menschen seiner Zeit die Liebe Gottes versprach. Aus dem christlichen Grundsatz heraus lässt sich der absolute Schutz aller Verfolgten, Gefolterten und mit dem Tode Bedrohten ableiten. Im Verständnis dieser Ethik haben auch die beiden deutschen Kirchen 2014 in ihrer ökumenischen Sozialinitiative »Gemeinsame Verantwortung für eine gerechte Gesellschaft« die Frage des barmherzigen Samariters *Wer ist denn mein Nächster?* mit reiner Nächstenliebe übersetzt: »Wer mein Nächster ist, hängt nicht von der Zugehörigkeit zu einer bestimmten Religion oder Kultur oder von der Herkunft aus einem bestimmten Kontinent ab ... Gott ist Mensch geworden und hat sein Ebenbild, den Menschen, jedem Menschen zur Sorge und Verantwortung anvertraut.«

Es stehen sich zwei Gerechtigkeits-Regime schwer versöhnlich gegenüber: das absolute und das relative. Die Anrufung absoluter historischer Gerechtigkeit leitet aus der kolonialistischen Fremdbeherrschung und Ausbeutung der außereuropäischen Welt im 19. Jahrhundert den Sühneanspruch ab, Nachfahren jener Opferländer jetzt an Wohlstand und Sicherheit der einstigen europäischen Ausbeuternationen zu beteiligen. Die globalhistorische Lesart wiederum widerspricht der Vorstellung sozialer Gerechtigkeit in der Gegenwart und ihrer Leitfrage: Wer nimmt wem was, und wer profitiert durch wen wie viel? Nicht die grundsätzliche Gleichheit der Ansprüche ist ausschlaggebend, sondern das je aktuelle Verhältnis von Geben und Nehmen. Lesen wir für einen Moment die erstaunlich hohe Ablehnung der Angela Merkelschen Flüchtlingspolitik von über 80 Prozent der Deutschen als Ausdruck wachsender Verlustängste und drehen – um Motivation und Verstörung zu verstehen – die Perspektive um: von unten nach oben, aus Sicht des »kleinen Mannes« der unteren oder mittleren Mittelschicht. Wie könnte sich ihm, dem weder Politik noch Wissenschaft die zu schaffende Problembewältigung erklärt und skizziert haben, die Lage darstellen?

Vielleicht so: Per Ausnahmeregelung werden wahllos und unkontrolliert Millionen fremder Menschen in sein Land gelassen, darunter womöglich künftige Terroristen oder Wirtschaftsmigranten, die von dem profitieren wollen, was er und die Deutschen mit harter Arbeit aufgebaut haben. Die Zahl der arbeitslosen Flüchtlinge im Land steigt, die Zahl der ungebildeten und schlecht ausgebildeten Migranten ist hoch. Grenzschutz und Einwanderungskontrolle sind unmöglich, Regierungsmitglieder reden von Rechtsbruch, Oppositionspolitiker von Staatsversagen. Deutschland, könnte der kleine Mann denken, ist der Zahlmeister für Griechenland in der Eurokrise, für die Türkei in der Flüchtlingskrise, für Syrer, Iraker und Afghanen bei der Integration. Zu Hause aber: Kinderarmut, Rentnerarmut, ständig steigende Mieten und Preise, die Kommunen sind pleite, Schwimmbäder schließen. Dass der Bürger seit Jahren sinkenden Wohlstand und prekäre Arbeitsverhältnisse hinzunehmen hat, dass er in der permanenten Angst vor Jobkürzung und Entlassungswellen lebt, lässt ein Gefühl der akuten Benachteiligung gegenüber jenem entstehen, der ohne Gegenleistung Sach- oder Geldmittel erhält.

Das Gerechtigkeitsgefühl ist zutiefst berührt, wenn das Verhältnis von Geben und Nehmen gestört zu sein scheint, und im Falle geflüchteter Asylsuchender ist dieses Verhältnis zwangsläufig gestört: Wie sollte ein Syrer, eine Irakerin, wie sollten Afghanen oder Eritreer sich je durch jahrelange Einzahlung auf das Konto des Gesellschaftsvertrags den Anspruch verdient haben, der ihnen nun aus humanitären und gesetzlichen Gründen gewährt wird? Der Asylsuchende erhält einen Vorschuss an Rechts- und vor allem Sozialstaatlichkeit, der durch nichts anderes als seine Schutzlosigkeit legalisiert, hingegen durch keine Volksbefragung legitimiert ist. Aus Sicht des kleinen Mannes kann dies auch bedeuten:

Es kommen kulturell fremde Menschen mit anderem Wert- und Sozialverständnis in »sein« definiertes Land und delegieren die Verantwortung für ihr weiteres Schicksal an ihn, den Gastgeber, der sich jetzt mühen solle, ihre Eingliederung mit seinem Steuergeld zu bewerkstelligen. Angezeigte sexuelle Übergriffe, vermehrte Diebstähle, eine explodierende Zahl der Wohnungseinbrüche bestärken sein Gefühl beschädigter Gerechtigkeit auf doppelter Ebene: dass der Gast sich an Gastrecht und dem Werte-Kanon des Gastlandes versündige und dass der Staat zwar für Schutz und Sicherheit dieser »Sünder«, nicht aber für Schutz und Sicherheit der eigenen Bevölkerung sorge. Zwischen Ursache und Wirkung, Grund und Folge, zwischen Tat und Täter wird dann nicht mehr unterschieden; der »kleine Mann« fühlt sich von »dem Ausländer« betrogen. Stereotypie bedingt Sippenhaft, und das Resultat ist ein Pauschalurteil.

Hinsichtlich des stillen wie offenen Widerstands gegen die regierungsamtliche Flüchtlingspolitik haben wir es also weder mit absoluter noch mit historischer, noch mit globaler Gerechtigkeit zu tun, sondern mit relativer sozialer. Es geht um Werte- und Interessenkonflikte in einer Zeit, da sich immer mehr Menschen einem übermächtigen, unsteuerbaren System ausgeliefert fühlen. Das Ur-Vertrauen des Einzelnen ist geschwunden, der Geborgenheitsraum verletzt. Der Bürger hat kein Vertrauen mehr in *das System*. Er ist narzisstisch gekränkt, in keiner Hinsicht mehr Herr im eigenen Haus zu sein: verunsichert durch Kriege, Grenzverluste und terroristische Attacken; bedroht durch Geheimdienste, die ein System totaler Überwachung geschaffen haben; überzeugt, dass politische Entscheidungen in eine von Konzernen, Unternehmen, Investoren und Groß-Lobbyisten dominierte Sphäre ausgelagert werden; geschwächt durch Stress, seelische Krankheiten, Erschöpfung, Überforderung und Frustration in einer Welt, die sich immer schneller dreht, immer unübersichtlicher, immer unberechenbarer wird. Und jetzt, da das hehre Freiheitsversprechen der liberalen Demokratie – jedermann habe die Chancen zu Aufstieg und Wohlstand – nicht mehr eingelöst wird, da mehr und mehr Bürger erfahren, dass *das System* etwas verspricht, das es *für sie* nicht halten kann, jetzt gedeihen Hass, womöglich Neid und Grandiositäts-Sehnsüchte. Halt geben nur noch die letzten unverhandelbaren Bezugsgrößen, die geblieben sind: Begriffe wie Ehre und Würde, Nation und Geburtsrecht. Sie sind metaphysisch und nicht disponibel; niemand kann einem die Tatsache der Geburt auf dem Boden der eigenen Nation streitig machen.

Der Ruf nach Gerechtigkeit ist also ein Ruf nach Geborgenheit, der Ruf nach Geborgenheit einer nach Übersichtlichkeit und Kontrolle. Das ist der ideale Nährboden für Populismus. Er speist sich aus dem – eingebildeten oder berechtigten – Gefühl gekränkter Gerechtigkeit jener dem »wahren Volk« Zugehöriger, die sich nutzlos, austauschbar, unbrauchbar und jetzt auch noch existenziell fremdbestimmt wähnen. Der Populismus, der sich in einer Demokratie auf jene Grundrechte berufen kann, die er selbst nicht befolgt, betreibt Emotionalisierung von Politik als Programm. Er überhitzt und moralisiert das Politische und stellt die staatstragende Frage neu: »Wer ist der wahre Souverän?« Populistische Politiker arbeiten an einem WIR-Gefühl gegen ICH-Vereinzelung und gegen die Entfremdung zwischen Regierten und Regierenden. Durch den schneidigen Appell an das UNS bieten sie eine sozialromantische Gemeinschaft Gleichgesinnter an, die romantisierende Verklärung früherer Zustände und, wie der Politikwissenschaftler Frank Decker schreibt, »das Ideal einer gewachsenen und überschaubaren Gemeinschaft, die vom Staat gegen Übergriffe geschützt wird«.

Es ist nicht zu leugnen, dass Zuwanderung kein Selbstzweck ist und ihren Preis hat. Die Währung ist monetärer, moralischer und politischer Art. Jeder zugewanderte Mensch, ob erwerbsfähig oder nicht, ist irgendwann ein Rentner, der versorgt werden muss. Wer kommt dafür auf?

Bringschuld und Befindlichkeiten

Es gehört hierzulande zu den wohlfeilen Befindlichkeiten mit langer Tradition, in Aussagen, die mit dem Narrativ einer vorformulierten Deutung nicht übereinstimmen, grundsätzlich Deutschtümelei, Xenophobie und Rassismus erkennen zu wollen. Die Reflexe funktionieren nach wie vor und betreffen auch etablierte Migrationsforscher, Sozialwissenschaftler, Ökonomen und Soziologen, die sich seit Jahrzehnten mit ge- und misslingender Integration in Einwanderungsgesellschaften beschäftigen. Für die vorliegende Betrachtung interessant sind diese nicht deutschen Forscher deshalb, weil sie nicht eine vermeintliche Diskriminierungspraxis oder gar Ausländerfeindlichkeit der Aufnahmegesellschaft für misslingende Integration verantwortlich machen, sondern den Grund in der Distanz des Einwanderers zum Wertesystem der neuen Heimat erkennen.

Wer aufgrund eigener Erfahrungen in Holland, Belgien, Frankreich oder Großbritannien gescheiterte Integrationspolitik mit soziokulturellen (und also religiösen) Traditionen vornehmlich muslimischer Zuwanderer begründet, kommt in Deutschland schnell in schwere Bedrängnis und erlebt den »Sarrazin-Effekt«: die Ächtung als wahlweise Nationalist, Kolonialist oder Rassist. Die Hypersensibilität in manchen, mehr oder weniger großen Kreisen der Bundesrepublik gegenüber Fremdheit, Kulturfremdheit, Zuwanderung, kurz: das Verhältnis zum Fremden überhaupt, führt gern zu Realitätsblindheit, Diskurs-Verweigerung und einer Kampfrhetorik der Abwertung vermeintlicher Abwerter. Selbst wenn ein Arbeitsmarkt- und Kultursoziologe wie der Niederländer Koopmans, Direktor der Abteilung Migration, Integration und Transnationalisierung am Berliner Wissenschaftszentrum, in seinen Studien die These vom Rückstand muslimischer Immigranten empirisch belegt und nüchtern beschreibt, bleibt ihm eine Kampagne nicht erspart. Koopmans' Studien zufolge passen sich muslimische Migranten zu wenig an; es gebe, sagt er, einen Zusammenhang zwischen kultureller Assimilation und struktureller Integration in den Arbeitsmarkt – was in Deutschland allerdings ein Tabuthema sei, weil die meisten Menschen unbequeme Fakten nicht hören wollten und die ideologisch getriebene öffentliche Meinung der Deutschen vom Multikulti-Traum nicht lassen wolle. Anders als jene Forscher, die Integrationsprobleme mit der ethnischen Bestrafung von Zuwanderern durch die diskriminierende Mehrheitsgesellschaft erklären, findet Koopmans deren Gründe in fehlenden Sprachkenntnissen oder problematischen Vorstellungen über die Rolle der Frau. Für einen konservativen Muslim seien schon zwischengeschlechtliche Kontakte außerhalb der Familie ein Problem, und unter Muslimen seien Mischehen, wie in allen anderen europäischen Ländern, eher selten. »Wer assimiliert ist«, leitet Koopmans aus seinen Untersuchungen ab, »ist seltener arbeitslos und nimmt häufiger am Arbeitsmarkt teil.«

Das heißt: Gut integriert werden kann nur jener Zuwanderer, der die Sprache des neuen Wohnlandes spricht und nicht nur den Kontakt innerhalb der eigenen Gruppe pflegt. Durch den Aufstieg des Multikulti-Begriffs seit den 1970er-Jahren ist Assimilation zu einem Tabu geworden. »Das Problem der Multikulti-Debatte ist«, so Koopmans weiter, »dass die Schuld für diese Umstände immer bei der aufnehmenden Gesellschaft gesucht wird.« In Deutschland gebe es einen starken Willen zu politischer Korrektheit, hingegen fehle der Wille, die Bedeutung von kultureller Anpassung zu akzeptieren.

Ist, wer so etwas behauptet, Rassist? Diesen Kurzschluss hat der israelisch-schweizerische Psychologe und Philosoph Carlo Strenger in seiner 2015 erschienenen Streitschrift »Zivilisierte Verachtung« den europäischen Gesellschaften als große Selbstlüge vorgerechnet. »Nach 1945 begann ein Prozess der Selbstkasteiung«, schreibt Strenger, »der universalistische Anspruch der Aufklärung wurde als grundlegende Kulturlüge diffamiert; der Westen solle seine Sünden abarbeiten, indem er nicht nur konkret für die Misere der dekolonisierten ›Dritten Welt‹ die Verantwortung übernehmen, sondern auch jede Lebensform und jeden Glauben respektieren müsse, weil dieses oder jenes ethnische, religiöse oder kulturelle Kollektiv so nun mal denke, glaube und lebe. Das war die Geburtsstunde der politischen Korrektheit.« Deren Grundprinzipien seien die Gleichberechtigung aller Kulturen, Glaubenssysteme und Lebensformen sowie das prinzipielle Verbot, andere Kulturen moralisch oder erkenntnistheoretisch zu kritisieren. Sie sei zur Grundeinstellung vor allem der europäischen und zum Teil auch amerikanischen Linken geworden, was zu einer hochproblematischen intellektuellen Einschüchterung geführt habe. Das Grundproblem der Linken, die durch den Imperativ der politischen Korrektheit gelähmt sei, bestehe in ihrer Selbstentmachtung. »Wenn andere Kulturen nicht kritisiert werden dürfen, kann man die eigene nicht verteidigen.« Das Prinzip der universalen Kritik sei durch das Prinzip des universalen Respekts ersetzt worden, was als folgerichtige Ausdehnung des aufklärerischen Toleranzprinzips missverstanden worden sei. Die Erkenntnis des Therapeuten? Wir alle müssten lernen, mit Zorn, Neid und Ressentiment zu leben, ohne die Urteilskraft auszuschalten. Das erfordere die Selbstdisziplin, vor dem seelischen Schmerz angesichts der Überlegenheit des anderen nicht zurückzuschrecken. Die meisten Europäer, schließt Strenger, seien nicht mehr in der Lage, für ihre Kultur substanziellere Argumente vorzubringen als rein ökonomische Erfolgsgeschichten.

Die Lehre, die Migrationsforscher aus ihrer jahrelangen Arbeit an der Basis ziehen, ist zwingend: Zuwanderung ist steuer-, Integration machbar. Niemand muss seine Identität aufgeben, jeder kann sich eine neue erarbeiten. Als unbestreitbar darf schließlich gelten, dass gelingende Integration den beidseitigen Willen zu ihr voraussetzt. Der Prozess beginnt notwendigerweise mit Kenntnis und Beherrschung der Sprache – nur so ist der Konsum deutscher Medien und Texte denkbar, die wiederum Kenntnisse über die Bundesrepublik als neuem Heimatland möglich machen, wodurch Teilnahme am gesellschaftlichen und politischen Alltag erst ermöglicht wird.

Europa und das Erbe

Es ist keine Neuigkeit, dass Europa am Beginn des 21. Jahrhunderts in keiner guten Verfassung ist, obwohl es eine gute Verfassung hat. Diverse Medien verbreiten die Mär vom Ende des Kontinents und meinen freilich die real existierende EU, und zahlreiche politische Kräfte rufen unverhohlen zur Zerstörung der Europäischen Union auf, die dieser Tage weniger eine zusammenwachsende Union als der Zwangsverbund sich zunehmend voneinander abschottender Nationalstaaten ist. Wenn Europa das Produkt der Eliten und nicht der Völker ist, dann haben die Eliten das Begehren der Völker offenbar ignoriert. Die Vorwürfe aus allen Ecken des Kontinents sind Legion: Die EU sei eine akademische, jedenfalls intellektuelle Kopfgeburt, die Okkupation Europas durch die Europäische Union ein Exerzitium blutleerer Technokratie, die Zielvereinbarung ein möglichst reibungsloser Freihandel, und um die Bürger und ihre soziale Situation gehe es, wenn überhaupt, zuallerletzt. Der emotionale Überbau: die Symbolik, die direkte Ansprache, eine gemeinsame Hymne etwa, die es den Bürgern aller Nationen erlaubte, ihre Hand aufs Herz zu legen, eine Metaphysik Europas, um alle europäischen Bürger unter ihrem Obdach geistig als »Heimat« zu vereinen – diese Hymne scheint noch nicht komponiert zu sein. Beethoven ist für eine musikalisch triggerbare Identität des Europäischen offenbar zu deutsch, und die germanische Ode an die Freude ist mehr oder weniger zu einem attischen Klagegesang verkümmert. Im allegorischen Kampf der Damen triumphiert derzeit Kassandra über Europa, und über allem steht die knallharte Arithmetik von Geben und Nehmen, Nutzen und Nachteil innerhalb eines unbeseelten Binnenmarkts.

Die geistige Heimat Europas wird ja heute als pure Selbstverständlickkeit betrachtet und nicht mehr als Wert-Zusammenhang, der stets aufs Neue errungen, beglaubigt und gegen seine Verächter erkämpft werden müsste. Am Anfang von allem steht das Römische Recht, ein ganz und gar durch Volksbeschlüsse und ohne geringste göttliche Legitimation von Menschen gemachtes Rechtssystem. Man könnte fortfahren mit der Organisation des Wissens in Form der forschenden Wissenschaft, weil sie nur dort entstehen konnte, »wo das Argumentieren und Begründen unentwegt und allerorten gepflegt wurde« (der Althistoriker Egon Flaig). Zur Pflege einer sittlichen Kultur von Argument und Rechtfertigung – dem Rüstzeug des europäischen Geistes – trägt das protestantische Ethos der Selbstverpflichtung ebenso viel bei wie die aufklärerische Autonomie der Vernunft des Individuums. Das große Erbe der geistigen Heimat Europas wurde seit jeher im Kaffeehaus verhandelt, das George Steiner einen Raum der Begegnung, der intellektuellen Debatte und des Geschwätzes genannt hat.

Das Narrativ von der falschen, deswegen abgelehnten und also kaputten EU hört sich dagegen wie folgt an: Populisten aller Länder, die sich zum Glück noch nicht vereinigt haben, sammeln mit ihren Sottisen, Abschottungsfantasien, Verschwörungstheorien und Scheinlösungen die Stimmen der Verunsicherten und Überforderten, der Abgehängten, Entkoppelten, der Denkfaulen und Verbitterten ein, um eines zu erreichen: Macht. So führt etwa die Publizistin Evelyn Roll in ihre Streitschrift »Wir sind Europa« ein und fährt fort: »Und dann? Autokratien einrichten, illiberale Scheindemokratien. Und weiter? Europa abschaffen.« Und sie ruft »uns« aufgeklärte, abgeklärte oder sogar leidenschaftlich überzeugte Europäer aller Länder – die leider auch nicht wirklich vereinigt sind – auf, nicht hilflos zuzuschauen, wie

Europa an völkischem Nationalismus zerbreche. Das hat Verve, da spricht Mut und vermittelt sich Emphase. Aber sind Diagnose und Therapie tatsächlich so einfach? Wird hier nicht abermals ein Europa der Eliten, quasi eine akademische Version des Europäischen, verhandelt und gegen eine angeblich blöde, ja, bornierte, ungebildete, verdunkelte, völkisch-faschistoide Heimatschutzsehnsucht gesetzt? Und stimmt es wirklich, wie Roll behauptet, dass der »völkische Nationalismus« wie eine ansteckende Krankheit *ein EU-Land nach dem anderen* befällt? Abgesehen davon: Ist das faschistendeutsche Wort »völkisch« in diesen Zusammenhängen tatsächlich angebracht?

Wie manche, die über die unleugbaren Defekte der EU befinden, trennt auch Roll Spreu vom Weizen in jenem »Wir-gegen-Die«-Modus, den sie den Populisten vorwirft. *Wir* guten, klugen, alles durchblickenden wahren Europäer gegen *euch* dumpfsackige Dunkelmenschen und Rattenfänger. Vermutlich besteht genau in dieser Haltung das große Missverständnis im Spannungsverhältnis von Grenzverlust und Heimschutz. Wer eine Republik Europa will, muss *alle* Bürger mitnehmen. Die Europäische Union muss, wie im Maastrichter Vertrag geregelt, neben der Staaten- vor allem eine Bürger-Union sein. Nur ein Projekt, das für *alle* zustimmungsfähig ist, wäre auch ein ethisch gutes. In jeder funktionsfähigen Demokratie westlicher Prägung können die Bürger opponieren und eine Regierung abwählen – in der EU können sie das nicht. Trotzdem entscheidet die EU über viele Dinge, die sich unmittelbar auf den Lebensalltag der Menschen auswirken. Die Politikwissenschaftlerin Ulrike Guérot, Direktorin des European Democracry Lab in Berlin, fordert mit Emphase die Transformation Europas in eine Europäische Republik, die »historisches Subjekt« werden soll. Die Europäer, so Guérot, bräuchten eine Demokratie, die das Prinzip der Gewaltenteilung endlich ernst nehme und den allgemeinen Grundsatz der politischen Gleichheit respektiere: dass alle Bürger gleich sind vor dem Recht, bei Wahlen, bei Steuern und beim Zugang zu sozialen Rechten. Folge man Cicero in seiner Definition der Republik als *aequum ius,* ergebe sich ein komplett neu gestalteter europäischer Parlamentarismus, der dem Prinzip »Eine Person, eine Stimme« genügen würde. »Dann wäre es nicht mehr möglich, die Bürger Europas dauernd gegeneinander auszuspielen, während die Unternehmen fröhliches Steuer- und Lohnshopping betreiben.« Aus dem gleichen Zugang zu sozialen Rechten, meint Guérot, ergäbe sich auch eine europäische Arbeitslosenversicherung, die das soziale Desaster in Südeuropa infolge der Eurokrise verhindert hätte.

Derjenige Pole, Ungar, Balte, Niederländer, Franzose, Deutsche, Brite, Italiener, Grieche, Ire, Tscheche oder Kroate, der nationalistischen Parolen anheimfällt, tut dies – so er keine rationalen Gründe dafür hat – aus dem Affekt. Affekt-Therapie wäre das Gebot der Stunde, denn in einer Epoche permanenter Migration und globaler Grenzverluste lässt sich die Entwicklung nicht zurückdrehen. Überfremdungs- und Verlustängsten, das haben wir aus der Sozialpsychologie gelernt, lässt sich nicht mit wohlfeilen Appellen an die Rationalität begegnen. Jetzt rächt sich die Volksvergessenheit der Staatsrechtler und Demokratie-Technokraten. Die Gesamtheit aller Menschen als Volk stellt jene Sache dar, die alle Individuen angeht: die *res publica.* Gemeinhin wird *res publica* mit Gemeinwohl übersetzt. Was aber, wenn das Gemeinwohl darin besteht, die Gemeinschaft fremdenfrei zu halten, wie es offenbar immer mehr Bürger wünschen? Dürften dann die gewählten Eliten, gegen deren vermeintliche Abgehobenheit sich der Bürgerzorn ja richtet, über den Kopf der Völker hinweg entscheiden? Wer Gemeinwohl sagt und der Republik das Wort redet, muss ja doch *alle* Bürger hören, anhören und verstehen. Er muss ihre Sehnsüchte erforschen und Wünsche erkunden. Er muss sie als Teil einer Partnerschaft politischer Repräsentationskultur betrachten, denn er, der Politiker, spricht ja im Namen des Bürgers als Teil des Volkes. Spräche er dessen Sprache nicht, wäre er ein falscher oder schlechter Repräsentant.

Der Mensch steht immer schon in einem sozialen Kontext (den man Heimat nennen könnte). Jede Meinung und Haltung basiert auf einem normativen Vorverständnis, und es ist nicht davon auszugehen, dass diese vorgelagerte Normierung bei allen gleich ist (in einem Kulturkreis aber ähnlich sein kann). Der Mensch ist nicht Ursache seiner selbst; immer schon ist das Individuum eingewoben in einen Traditionshintergrund aus kulturellen Wertvorstellungen, Selbst- und Sozialverhältnissen seines Kulturkreises und seiner Region. Der Vorrat tradierter Wertorientierungen bildet den Kontext, von dem entkoppelt niemand handeln kann. Wenn sich *der Bürger* also nicht gehört fühlt, wenn der Bürger keineswegs in babylonischer Sprachverwirrung, sondern in klarer Diktion und ohne Interpretationsspielraum kundgibt, dass er etwas *nicht* will: Dürfen Eliten, Regierungen, Parlamente dann gegen seinen Willen Aufnahme und Integration von kulturfremden Menschen beschließen? Ja. Sie dürfen es. Aus höherem Interesse. Sie müssten es. Aus Respekt vor der *conditio humana.* Sie sollten es. Aus Weitsicht.

Wie stellt sich dem etwas ratlosen, erschütterten Beobachter das so lange heiß beschworene Europa seit einigen Jahren dar? Griechenland ist so gut wie ausgeblutet, Spanien verliert seine Jugend. Italien schlingert, Belgien ist zerrissen, Polen und Ungarn rekonstruieren nationalistische Reservate, England insularisiert sich, Dänemark und Schweden verschließen ihre Schollen, die Niederlande flirten mit EU-Austritt. Frankreich ist mürbe, ausgebrannt und verwundet, die Balten fürchten den russischen Bären. Erstaunlich viele EU-Staaten reklamieren homogenes Volkstum, rekurrieren immer stärker auf die eigene Mythologie, und Teile ihrer Bürger leben den Hass auf alles Andersartige offen aus. Starke Regierungen Osteuropas agitieren gegen dominante Parteien Westeuropas, die Südländer begehren gegen Paternalismus und Arroganz der Nordländer auf und meinen damit prima facie Deutschland und sein angebliches Spar-Diktat in der Finanzkrise. Zum Vorwurf des Tugend- kommt der des Austeritätshochmuts. Deutschland, genauer: seine offizielle Wirtschaftspolitik, wird gern von nicht deutschen wie auch deutschen Journalisten, Bloggern, Schriftstellern, Politkern und Intellektuellen in Haftung genommen, wenn die Dysfunktionalität der EU erklärt werden muss. Die Kritik am vermeintlich deutschen Hegemonialismus ist mittlerweile legendär. Der Hauptvorwurf besteht in der Überzeugung, Deutschland habe mit seinem unbeugsamen Spardiktat Europa in den Ruin getrieben, sein Schuldenvermeidungs-Starrsinn habe Griechenland geradezu sozial vernichtet, dem Rechtspopulismus Vorwände geliefert und, man höre und staune, sogar den Brexit verursacht. Mehr noch: Deutschland habe den Rest Europas mit einem gigantischen Handelsbilanz-Überschuss ausgesaugt und am meisten von der Währungsunion profitiert. Deutschlands ökonomischer Erfolg, lautet die Schlussfolgerung, gehe immer auf Kosten anderer, von denen ebendieses unsolidarische Deutschland nun, in der Flüchtlingsquotierung, Solidarität einfordere.

Die Güteklasse der Anklagen soll an dieser Stelle nicht untersucht, mögliche Richtigkeit oder ideologische Aversion nicht beurteilt werden, nur so viel sei festgestellt: Der

Vorwurf suggeriert, die Wurzel so gut wie allen Übels seien schon wieder die Deutschen. Es ist die Wiederaufnahme der alten Inszenierung von Schuld und Sühne, die es in den vergangenen Jahrzehnten in unterschiedlicher Besetzung, Regie und Dramaturgie immer wieder gegeben hat; ein bisweilen eher langweilendes Stück Polit-Theater in einem Land, das fast eine Million Geflüchteter aufgenommen hat und in dem Minister bereits wegen ein paar irregulär abgerechneter Flugmeilen freiwillig zurücktreten – eine, an all dem vollzogenen Irrsinn in den USA, Russland, der Türkei, Syrien und Nordkorea gemessen, höchst bieder funktionale Demokratie.

Trotz Deutschlanddämonisierung bleibt das Grundproblem ungelöst: Niemand weiß positiv zu definieren, was Europa jenseits einer glatt polierten Plattform für den Austausch von Arbeit, Kapital, Gütern und Diensten im Wesen ist und, weit schlimmer, was es sein soll und sein könnte. Inwiefern sind wir als Angehörige diverser Nationalstaaten im Rahmen der Europäischen Union eigentlich Europäer? Was macht uns dazu? Und auf welcher Basis? Was ist die gemeinsame Idee hinter den sattsam geläufigen Stereotypen von romanischem Laisser-Faire, mediterranem Dolcefarniente, atlantischer Saudade, römischem Katholizismus und protestantischer Arbeitsethik? Die Vereinheitlichung von 27 euro-regionalen Traditionen und Geschichtlichkeiten unter der Regentschaft einer historischen Philosophie der Aufklärung?

Der angezeigte Niedergang Europas, den so viele beklagen, ist kein ökonomisches, sondern ein intellektuelles Problem. Die Philosophen haben versagt oder sind stumm geblieben. Die Soziologen haben Daten geliefert, aber keine Prozeduren vorgeschlagen. Die Politikwissenschaftler sind ideologisch polarisiert, die Ökonomen über die Sachlage zerstritten. Es gibt keine probate Lösung, keinen Präzedenzfall und kein Ideal mehr, auf das zurückzugreifen wäre. Vor lauter Selbstverständlichkeit und Geschichtsvergessenheit ist bis heute versäumt worden, Europa als vor allem *kulturelles* Gewebe zu verstehen, weil man womöglich nicht zu schätzen wusste und weiß, was der »Erasmus«-Gedanke für alle Bewohner jenes Kontinents bedeutet, der sich über Jahrhunderte hinweg mit Inbrunst immer wieder selbst zugrunde gerichtet hat: den keineswegs selbstverständlichen, grenzüberschreitenden, kulturübergreifenden, humanistischen Anspruch auf Geist, Bildung und Selbstbestimmung jedes Europäers. Vor lauter Individual-Egoismus und National-Narzissmus hat sich offenbar kein substanzielles »Wir«-Gefühl und keine paneuropäische Generationenidentität ausgebildet – im Sinne der wunderbaren Jumelage-Geschichte deutsch-französischer Städte- und Gemeindepartnerschaften. Bindung entsteht durch Verbindlichkeit, eine gemeinsame Sprache durch Verstehen und Verständnis, und dass die EU jedem Jungeuropäer zum 18. Geburtstag ein Interrail-Ticket schenken möchte, ist immerhin gut gemeint.

Stattdessen wird in der Diskussion um die EU und Europa wieder in ideologischen Blöcken gedacht, und die sind wie immer grob und ungehobelt und vornehmlich ökonomischer Natur: Neoliberalismus gegen Solidarität; Schuldenfreiheit gegen Neuverschuldung; Schuldenunion gegen Haushaltsdisziplin; Ordnungspolitik gegen Keynesianismus; regelgebundene Angebots- gegen schuldenfinanzierte Wachstumspolitik. Währungspolitisch heißt das: Die einen wollen die EU sofort zu einer Transfer- und Haftungs-Union umstrukturieren, die anderen genau das nicht.

Heißt für Europa angesichts der internationalen Entwicklung zu nationaler Vielfalt und einer Vielfalt neuer

Nationen die Alternative: Bundesstaat oder Staatenbund? Vernetzung oder Vertiefung? Die Frage reicht weiter und betrifft vor allem den weltanschaulichen Komplex der Gesellschaftspolitik. Offensichtlich sind antiliberale Programme nationalkonservativer Parteien wie die des französischen Front National, der deutschen AfD, der niederländischen »Partei für die Freiheit«, der österreichischen FPÖ oder des ungarischen Bürgerbunds Fidesz überzeugend und attraktiv. Es wäre töricht anzunehmen, alle Menschen der Welt (die Bürgers Europas inbegriffen) hätten den gleichen Sinn für säkularisierte Leistungsethik, die gleiche Wertschätzung für radikale Individualisierung, die gleiche wirtschaftspolitische Überzeugung oder die gleiche Achtung vor homosexuellen Lebenspartnerschaften, kurzum: den ebenbürtigen Respekt vor dem vermeintlich so hegemonialen Lebensstil westlicher Werte und Normen, der, genau besehen, keinesfalls gleich, hegemonial und widerspruchsfrei ist.

All jene, die nationalkonservativ, womöglich heimattümelnd veranlagt sind, jedenfalls konfessionell gebunden, all jene wollen sich nicht mit allerlei Geschlechteridentitäten, mit Bi- und Intersexualität, Transgender und Polyamorie befassen, sondern die für sie berechenbaren zwei Identitäten Mann und Frau haben. Sie bevorzugen eine Ordnung, die sie nicht als sozial und kulturell konstruiert erachten und die also nicht permanent zur Disposition gestellt werden kann. Sie präferieren ein Weltbild, welches das Leben als biologisches Faktum anerkennt, und wollen einen Staat, der ihre Wertvorstellungen repräsentiert. Es sind jene, die den Verlust des heimischen Dialekts, der heimischen Waren, der tradierten Folklore betrauern, die jedes Ungemach als Resultat einer herrschaftsfrei vagabundierenden Gleichmachungsglobalisierung auffassen und sich, zur Passivität verdammt, den Umständen einer Fremdbestimmung durch Sub- oder

Hypersysteme, ständige Mobilität und Diversität ausgeliefert fühlen – das mögen nicht die bevorzugten Europäer westlicher Medien- und Intellektuellen-Eliten sein, aber es sind Europäer. Es sind ebenso Bürger Europas, wie auch die es sind, die die Abschaffung der Nationalstaaten zugunsten einer europäischen Zentralregierung fordern. Und wie jene anderen Europäer es sind, die, wie so viele Osteuropäer, auf dem Territorium jenes kulturell und sprachlich so ungeheuer vielseitigen und vielschichtigen Kontinents leben und dennoch nicht die Sozialisation einer amerikanisch und marktwirtschaftlich geprägten Liberalität erfahren haben, sondern die erzwungene Homogenität einer kommunistischen Glückseligkeit, da man zwar die Internationale sang, aber die sowjetische Imperiale zu meinen hatte.

Der bulgarische Politikwissenschaftler Ivan Krastev vom Wiener Institut für die Wissenschaft vom Menschen erklärt das Jahr 1968 zum Kristallisationspunkt einer für West und Ost diametralen Entwicklung. Westdeutsche seien durch *ihr* 1968 kosmopolitischer, Ostdeutsche hingegen durch *ihr* 68 und die Niederschlagung des Prager Frühlings mittels Truppen des Warschauer Pakts misstrauischer geworden. War 68 im Westen eine Chiffre für Befreiung, Internationalität und die Identifikation mit der nicht westlichen Welt, war 68 im Osten Europas eine Zeit des erwachenden Nationalismus in Form einer Rebellion (etwa der Tschechen) gegen die dominante Sowjetunion. In Osteuropa, so Krastev, gebe es deshalb heute Politiker, die nicht bereit seien, den Westen und dessen Institutionen, Gewohnheiten und Handlungsweisen vorbehaltlos zu imitieren. Der Westen sei seit 1989 von der radikal falschen Annahme ausgegangen, dass zur Verwirklichung der idealen Welt überall westliche Institutionen nötig seien: demokratische Wahlen, die Gleichstellung von Hetero- und Homosexualität, Personenfreizügigkeit, Grenzabbau. Die aktuelle Zerrissenheit Europas in West und Ost gründet nach Krastevs Überzeugung im Verschwinden der US-amerikanischen Dominanz.

Gänzlich anders lautet die Analyse europäischer Befindlichkeiten aus dem Mund eines US-Amerikaners – des Historikers Norman Naimark etwa, Experte für die sowjetische Politik in Europa nach dem Zweiten Weltkrieg und für Völkermord und ethnische Säuberungen im Europa des 20. Jahrhunderts. »Die kommunistischen Systeme«, so Naimark in einem Interview, »haben Korruption zu einem Teil des Lebens gemacht und den Betrug am Staat zu etwas, was gleichgültig hingenommen wurde. Ethnische, religiöse und nationale Rivalitäten wurden unterdrückt und niemals offen thematisiert oder abgearbeitet ... Die Geschichte der Beziehungen mit der Sowjetunion beförderte auch einen Kult der Opferrolle unter vielen Osteuropäern, der es noch schwerer macht, sich den eigenen Vergehen und Verbrechen in Vergangenheit und Gegenwart zu stellen.«

Veränderung als Zustand

Wenn das Eigene *das Deutsche* wäre, das Deutsche aber das Europäische ist, dann wäre die territoriale Eigenheit, die gegen das exterritoriale Fremde verteidigt werden soll, folglich Europa. Europa aber ist und hat keine Identität, vielmehr definiert es sich geradezu durch die Abwesenheit einer Identität. Die Repräsentation der völlig verschiedenen europäischen Völker durch die Parlamente geschieht nach wie vor durch den Nationalstaat, der allein die »Werte, Leit-Ideen und den Zusammenhalt einer ganzen Gesellschaft verkörpern und verwirklichen« kann (der ehemalige Präsident des Verfassungsgerichts Hans Jürgen Papier). Wenn im Fall Europas von Identität zu sprechen ist, dann als Verbund verschiedener Repräsentationen und Identitäten. Sie speisen sich aus tradierten Sitten, Gebräuchen, Sprachen und Weisen zu einer bis heute so und nicht anders gelebten Geschichtlichkeit. Die Wirklichkeit hat immer recht, jede andere Behauptung unterliegt strenger Beweispflicht.

Es ist nicht zu leugnen: Die Krise Europas ist eine Krise der Repräsentation. Zunehmend mehr Bürger fühlen sich, ihre Werte, Sorgen, Anliegen politisch nicht mehr repräsentiert. Der unterschiedlich hohe Grad an demokratischem Parlamentarismus innerhalb der EU-Mitgliedsstaaten lässt eine parlamentarische EU-Demokratie bis auf Weiteres fraglich erscheinen. Wenn die Idee Europas in der Synthese diverser Kulturen über einen langen Zeitraum hinweg besteht, wäre sein Selbstverständnis das eines ewigen Transitraums, eines Schmelztiegels, der sich Fremdes immer schon zu Eigenem gemacht hat. Darin vermutlich bestand und besteht die große kulturelle Leistung der Völker dieses Kontinents. Kultur ist kein Zustand, sondern Bewegung; Kultur ist etwas, das sich permanent verändert, das Impulse, Reize, Widersprüche in sich aufnimmt, amalgamierend, verschmelzend, dialektisch verarbeitend. Und Globalisierung heißt nicht nur Hegemonie des freien Handels und des ökonomischen Prinzips, sondern auch Durchlässigkeit der Grenzen für Lebensstile, Künste, Sprachen, Literaturen und Musiken. Man darf es geo-kulturell überspitzen: Durch Globalisierung könnte der Norden südländisch-gemütsfreudiger, der Süden hingegen protestantisch-disziplinierter, der Westen östlicher, der Osten westlicher werden und so fort.

Globalisierung bedeutet notwendig auch Verlust von Haltungen und Normen durch Diversität und Durchmischung, und was für die Welt als solche gilt, gilt im Besonderen für Europa als eine Art Kleinglobalisierungs-Labor. Was diesem globalisierten Europa hingegen zu fehlen scheint, ist Langatmigkeit, Geduld und Gelassenheit. Alles, was gut werden soll, muss reifen; das kann man von Wein, Käse und der Philosophie lernen. Politiker, die auf kurzfristige Belohnung durch Demoskopen und auf billige Affirmation durch Leitartikler und Kolumnisten setzen, denken weder per- noch retrospektivisch. Sie denken nicht in längeren Abschnitten in die Zukunft und nicht in historischen Zeitabschnitten geschichtlich. Sie sind Augenblicksverwalter. Die EU, bemerkte EU-Kommissionspräsident Jean-Claude Juncker unlängst, dürfe nie ein Konstrukt sein, das gegen die europäischen Nationen gebaut werde. »Ich bin nicht für den europäischen Schmelztiegel, sondern für die vielzitierte Einheit in Vielfalt.« Die europäischen Nationen seien kein Provisorium der Geschichte, sondern auf Dauer eingerichtet.

Um die Organisationsform der europäischen Idee aus dem Geist der Geschichte wird es in mittlerer Zukunft gehen müssen. Was wären die Optionen? Europa als Bundesstaat. Oder als Staatenbund. Oder als »europäische Konföderation«, wie Ernest Renan 1882 weitsichtig prophezeite. Oder als Vereinigte Staaten ohne England, wie Churchill 1946 hellsichtig träumte. Wie viel Gemeinschaftlichkeits- und Heimatpotenzial hat das historische Projekt Europa noch, das mit der Montan-Union begann, mit der Europäischen Atomgemeinschaft, der Europäischen Wirtschaftsgemeinschaft und den Römischen Verträgen von 1957, dem dann die Einheitliche Europäische Akte 1986 folgte, die Währungsunion, der Schengen-Raum, das sich über die Verträge von Maastricht 1992, Amsterdam, Nizza und Lissabon 2007 bis zur heutigen Europäischen Union entwickelte?

Analog zur Erfolgsgeschichte des römischen Rechts als Fundament West- und Mitteleuropas, das die einheimischen Rechte schrittweise überformend zu einem »lateinischen Europa« führte (der Rechtshistoriker Michael Stolleis), lautete die hehre Lehre aus dem Zivilisationsverbrechen des Zweiten Weltkriegs: Europa soll und muss mehr sein als die Ausprägung von Nationalismen. Bei aller Kritik an den Institutionen der EU wird ja oft übersehen, welch historisch einmaliges Wunder dieser idealistische Systementwurf hervorgebracht hat (und noch immer hervorbringt): über 70 Jahre Frieden auf einem Boden, der so oft verheerendes Schlachtfeld war. Gerade die leviathanhafte EU aber bereitet den Bürgern Europas offenbar zunehmend das Gefühl, von einer kafkaesken, abstrakten und intransparenten Bürokratie-Zentrale regiert und fremdbestimmt zu werden. Als Individuum nicht gebraucht zu werden und austauschbar zu sein ist die unerhörte Kränkung jener, die sonst nicht viel haben im Leben und denen nun, schlüpfte man in ihre Köpfe, das Letzte genommen werden soll, woraus sie – neben dem Stolz auf IHRE Fußball-*National*mannschaft – Selbstwert generieren können: die klare, unmissverständliche und unstreitbare Zugehörigkeit zu IHRER Nation.

Kann und soll man aus der, aus *dieser* Geschichte lernen? Für eine neue Union der Europäer setzt der Wunsch nach einer Zentralregierung mit allerlei autonomen Regionen gleiches ökonomisches Niveau, ähnliche Arbeits- und Leistungsethik voraus. Ist das nicht der Fall, entstehen zwangsläufig Hierarchien: des Wachstums, der Erwartungen, der Gewinne, der Ansprüche. Aus enttäuschten Erwartungen resultiert oft Ablehnung, manchmal Hass und Verachtung. Die Überfrachtung der Erwartungen an die EU als Zähmungsmedium eines entfesselten Hyperkapitalismus und

seiner unleugbaren Exzesse müsste in vielen Ländern zwangsläufig zu großen Enttäuschungen führen. Der *demos* ist und
denkt nicht europäisch, auch wenn die akademischen Eliten
das gerne hätten.

Wer immer ein einheitliches Europa mit Skepsis betrachtet, müsste in erster Linie von den positiven Segnungen für
den Einzelnen überzeugt werden. Womöglich wäre der
wichtigste Job, der in diesen Tagen der Spaltung und Zerris-
senheiten zu vergeben wäre, eine professionelle PR- und
Marketing-Abteilung Europas, die, mit einem veritablen
Budget ausgestattet, die europäische Idee durch große, viel-
sprachige, omnipräsente Werbeaktionen zu einer allseits
beliebten Marke machen würde. Zuerst müsste man zeigen,
beweisen und erklären, inwiefern jeder einzelne Europabür-
ger von der EU profitiert; was durch die Strukturfonds alles
ermöglicht wurde und wird; welche Förderungen es gab und
gibt; welche Projekte nur mithilfe der EU umgesetzt wurden
und werden; was 70 Jahre Frieden im Vergleich zu all den
Kriegen und Miseren rund um Europa bedeuten. Und dann
folgte das Kerngeschäft einer neuen EU: die politische Reform zu einer sozialen Großgemeinschaft. Identitätsstiftung
ist immer auch Identitätspolitik und somit problematisch,
weil spezifische Subjekte darüber befinden, und jedes Subjekt als Individuum seine Wertvorstellungen, Normen und
Überzeugungen mit einbringt. Obwohl im völkerrechtlich
bindenden Vertrag von Lissabon 2007 die Vielfalt nationaler
Identitäten garantiert wird und wir innerhalb einer nationalen Identität eine Vielfalt regionaler Identitäten annehmen
dürfen, liegt die Zukunft des Identitäts-Reviers Europa mit
großer Wahrscheinlichkeit in seiner Transzendierung als
Resonanzraum verschiedener Identitäten und Ethnien. Von
der für Europa typischen Vielfalt, notiert der Rechtshistoriker Michael Stolleis vorausschauend, werde sich manches

abschleifen. »Es wird unumgänglich sein, das Arbeitsrecht, das Recht der sozialen Sicherungen, das Kapitalmarktrecht, das Gesellschaftsrecht und das Steuerrecht langfristig einander anzugleichen, nicht um einen europäischen Staat mit einer einheitlichen Rechtsordnung durch die Hintertür zu erreichen, sondern in pragmatischer Absicht, um einerseits drohende Verzerrungen auszugleichen und die Lebensbedingungen einander anzunähern.«

Das ist des Pudels Kern: Um für die einen Heimat zu bleiben und für die anderen zu werden, muss sich Europa neu verstehen lernen: nicht als Reservat des Homo faber auf der Suche nach sich selbst, sondern als Rechtsgemeinschaft diverser Ethnien. Alle Europäer müssten im Rahmen der von der EU gewünschten »sozialen Marktwirtschaft« eine gute Altersversorgung erwarten, die Jugendlichen sich auf den Generationenvertrag verlassen können und mit einem europaweiten Programm zur dualen Ausbildung in Betrieb und Berufsschule eine langfristige Perspektive erhalten. Eine neue europäische Identität als überwölbende Idee vieler Identitäten müsste positive Psychologie betreiben: die Bürger beteiligen und einbinden, Anreize setzen, motivieren. Die Vermischung der Völker wird zunehmen, durch Migration werden kulturübergreifende Bindungen, Heiraten und Familien entstehen, und vielleicht wird es wieder einen vor-nationalstaatlichen Status wie noch im späten 18. Jahrhundert geben, als einen während der Reise quer durch Europa niemand an einer Grenze nach einem Pass gefragt hat, einfach deshalb, weil es weder Grenzen noch Pässe gab, sondern regionale Sozial- und Kultur-Identitäten, die nicht politisch gedacht wurden. »1800 definierte sich so gut wie niemand in Frankreich als französisch«, notiert der englische Nationalismusforscher John Breuilly, »um 1900 taten es alle.«

In einer Hinsicht hat Robert Menasse recht. In seinem Essay »Der europäische Landbote«, in dem er 2012 die Wut der Bürger und den Frieden Europas auslotete, stellt der Schriftsteller und Essayist den Zusammenhang zwischen Identität und Heimat auf eine sehr schöne Weise her: »Was ist schon ›nationale Identität‹ verglichen mit Heimatgefühl? Heimat zu haben, ist ein Menschenrecht, nationale Identität nicht. Heimat ist dort, wo Gerüche und Tonfälle eine besondere Saite in einem zum Klingen bringen, der konkrete Ort, wo man im Leben nicht zu Besuch ist, wo sprachliche Besonderheiten und schrullige Traditionen nicht unbedingt Zustimmung, aber doch irgendwie Zugehörigkeit vermitteln, Heimat ist der einzige Ort, wo auch das Diffuse und Unklare konturiert und scharf ist, die Wut auf das Kleinkarierte so groß wie die Liebe zum Grundmuster des Karierten.« Der Autor schließt mit dem bemerkenswerten Satz: »Die regionale Identität ist die Wurzel der europäischen.«

Das Regionale als Grundlage des Europäischen zurückzugewinnen heißt ja, Heimat zum Nukleus einer neuen Identitäts-Idee zu machen. Das Recht auf Heimat ist ein Recht auf Freiheit. Und das Recht auf Freiheit war zu aller Zeit zuerst eine Utopie.

Gärten des Gemeinwohls

Utopien sind erstens wieder möglich und zweitens händeringend gesucht. Weil sie etwas anderes als Visionen sind, müsste man Helmut Schmidt zufolge damit auch nicht zum Arzt gehen. Utopien haben sich emanzipiert vom Ballast ideologischer Verkrampfung, haben sich befreit vom Missbrauch durch Diktaturen, haben die Frömmigkeit selbst ernannter Moralinstanzen überdauert. Die Massenzuflucht Asyl und Schutz suchender Homo sacer ist eine existenzielle Konfrontation des weitgehend in der Komfortzone lebenden Homo faber mit der Wirklichkeit. Nicht länger ist es möglich, Probleme zu virtualisieren und in die imaginäre Zukunft zu verschieben: in das »Wird schon werden« einer heilsgeschichtlichen Errettung durch das Schicksal oder die Zeitläufte, als ginge es um Kredite, Wetten oder eine hinreißende Spekulation. Unter Konkretionsdruck zerstäubt die Entlastung durch Abstraktion – jetzt und im Hier ist der beheimatende Mensch als Leib-Existenz durch die Leib-Existenz des zu Beheimatenden herausgefordert, und insofern ist die Dialektik von Flucht und Heimat, von Grenzziehung und Entgrenzung, die Bezugsgröße politischen Handelns unmittelbarer Gegenwart und mittelbarer Zukunft geworden. Der Homo sacer stellt die Existenzfrage der Humanität an den Homo faber und erwartet eine Antwort. Nach Lage der Dinge ist es eine der entscheidenden staatsbürgerschaftsrechtlichen und daher auch politischen Fragen der Zukunft, wie die Menschheit die Angelegenheit von Recht und Gerechtigkeit existenzieller Geborgenheit klären wird: Wer darf wo wohnen? Wer hat Anrecht auf welchen Raum? Wer darf sich nur auf einem Staatsgebiet aufhalten, und wer wird diesem Staat angehörig sein?

Angesichts der Konfrontation des Homo sacer mit dem Homo faber in einer Epoche permanenter Migration und Heimatsuche wird die Menschheit umdenken müssen. Die Welt gehört allen Weltbürgern zugleich; sie gehört denen, die auf ihr sind. Wenn ein Mensch auf der Welt ist, muss ihm existenzielle Grundsicherung gegeben und Teilhabe am gesellschaftlichen Leben ermöglicht werden – in diesem Geiste versteht sich das universelle Menschenrecht. Sollen globale Verteilungskämpfe verhindert werden, soll Gewalt, Mord, Tod und der archaische Kreislauf der Rache und Gegenrache ausgeschlossen sein, muss Vernunft für neue Organisationsformen sorgen. In mittelbarer Zukunft werden zwei Drittel aller Menschen auf der Welt (wohlgemerkt: Homo sacer wie Homo faber) in Mega-Citys leben, was neue Konzepte für Ressourcen, Verkehr und Zusammenleben erfordert.

Utopien zielen gelegentlich auch auf einen Ort. Dieser Ort wäre dann ein Utopia, ein Nicht-Ort, besser: ein Noch-nicht-Ort. In den vergangenen zehn bis fünfzehn Jahren sind in der Bundesrepublik so viele neue Formen von nicht verorteten Orten entstanden, von gemeinschaftlichen Selbstorganisationen und Lebensentwürfen, auf dass Soziologen bereits von einem Bewusstseinswandel sprechen. Man könnte sagen: Viele, und womöglich immer mehr, Angehörige jener Kohorte, die das Label *Generation Y* trägt, vertreten in großer geistiger Offenheit die Paradigmen der Globalisierung: Mobilität, Ungebundenheit, Grenzüberschreitung. Zugleich gibt es unter ihnen aber auch eine Ursprungsbeschwörung, die dem permanenten Pluralismus der Lebensformen, dem Beschleunigungskapitalismus mit Zeitverdichtung und Raumvergrößerung die kleingemeinschaftliche Parzelle, die Siedlung und Kommune entgegensetzt. Es sind – nach 200 Jahren Flucht des Individuums aus der Gemeinschaft mittels zunehmender Individualisierung – Versuche gemeinschaftlicher Wir-Formationen. Manchmal haben sie den Charakter neuer Genossenschaftsmodelle und Wohnprojekte; das genossenschaftliche Wohnen erlebt vor allem in den Großstädten, in denen die Mietmärkte zum Teil horrende Teuerungsraten aufweisen, starken Zulauf. Neben der günstigen Nutzungsgebühr und dem lebenslangen Wohnrecht steht hinter der seit über 100 Jahren existierenden Idee der Genossenschaftlichkeit im Eigentlichen die Sozialisierung: der gemeinsame Besitz der Wohnungsgesellschaft, ein Gemeinschaftsunternehmen, in dem jeder Teilnehmer für einen Mitgliedsbeitrag das gleiche Mitspracherecht besitzt. All das findet mitten in den Städten statt, in urbanen Habitaten, bei denen es allerdings gerade nicht auf Individualität, Gewinnerwartung und Umsatz-Rationalität, sondern auf Gemeinwohl, Güterteilung und Gemeinsamkeit ankommt. Architekten entwerfen Öko-Städte am Reißbrett mit kurzen Wegen, kostenfreiem Nahverkehr, Markthallen für Regionalprodukte, Werkstatthäusern mit Geräten für alle, autofreien öffentlichen Orten, mit der Konstruktion einer Art antiken Agora in der digitalen Smart-City-Ära.

Städte prägen ihre Bewohner, also kommt es auf die Art ihrer Gestaltung an. Dahinter steht die Idee, dass sich der sich selbst entfremdete Homo faber wieder begegnet: sich selbst in Gestalt des anderen Homo faber wie dem anderen in Gestalt des Homo sacer, der irgendwann vom Aus- zum Inländer wird. In einem urbanen Gemeinschaftsgarten versammelt sich reichlich Wissen. Die einen haben eine Tischlerlehre gemacht, die anderen sind Ingenieure, dritte haben Gärtnerausbildung; Migranten bringen Strategien zur Überlebensproduktion mit, und alle, die kommen, können irgendetwas. Ein Unistudium ist nicht mehr unbedingt nötig, um Wissen, das künftig gebraucht wird, fruchtbar zu machen.

Begegnung durch Gestaltung – so könnte man diese Entwicklungen beschreiben und unter einem anderen Verständnis hergestellter Heimat subsumieren: Dauer, Verbindlichkeit, Sinnlichkeit, Leibhaftigkeit und Gemeinschaftsbildung durch Teilnahme und Teilhabe lässt ein spätmodernes Soziotop auf der Basis einer kommunalen Quartiers-Mentalität von Nachbarschaftlichkeit und Begegnung entstehen, dem auch die Bewegung der »Commonisten« zugerechnet werden kann. Mit Kommunismus hat dieser Commonismus nichts zu tun, vom Geist des hippieesken Kommunardentums ist man weit entfernt. Die neu konzipierten Commonisten-Räume sind Utopie-Labore. Dem Prinzip Abschöpfung steht das Prinzip der Wertschöpfung gegenüber, dem Ich-Atom die Wir-Gruppe. Zu einer solchen »Wir-Crowd« gehört jeder, der dies will; auf eine Ideologie muss sich niemand verpflichten; ein kompaktes Weltbild gibt es nicht. Individualität muss nicht ins Kollektiv eingepasst werden, Verschiedenheit ist gewollt, und die Selbstbeheimatung eines Commonisten in der Genossenschaft bedarf keiner sichtbaren Akklamation. Man hat es also hier nicht mit rauschebärtigen Hipstern im Holzfällerhemd zu tun, die ohnehin nur maskierte Individualisten im Probezeit-Modus mit Rückfahrticket erster Klasse sind – das iPhone in der Cargohose, um täglich das Derivaten-Konto zu checken. Vielmehr sind die neuen Heimaten investorenfreie Räume, in denen es um Rückbindung an reale Güter, an selbst mitgebrachte Produkte und die Rücksicht auf die tatsächlichen Bedürfnisse derer geht, die physisch und leibhaftig hier sind.

Reale Nachbarschaftsverhältnisse in der Wohnanlage, dem Stadtteil, der Gemeinde bilden sich heraus; über digitale Netzwerke und ihre Foren und Blogs etablieren sich Communitys und virtuelle Geborgenheitsräume. Sie ersetzen territoriale Definitionen von Heimat und ermöglichen neue Sozietäten. Eine politische Gemeinschaft definiert sich ja durch die Regeln, Normen und Verträge, die jene ihr geben, die ihr zugehören. Jede Gemeinschaft begründet sich durch die Menschen, die in ihr sind – egal, welchen Ton ihre Haut, welchen Tonus ihre Muskeln, welche Länge ihre Nase, welche Farbe ihre Haare haben. Eine Gemeinschaft basiert auf der Überzeugung ihrer Teilnehmer und schafft so normative Verbindlichkeit, die durch Dauer zu Gesetzen wird. Ein besseres Fundament für Sittlichkeit gibt es nicht. Sie bildet sich durch Loyalität und Teilnahme im Rahmen der selbst auferlegten Regeln aus, die wiederum über die Zugehörigkeit entscheiden. Wer nicht dazugehört, kann über seine Zugehörigkeit auch nicht entscheiden, insofern ist der Fremde angewiesen auf die Aufnahmebereitschaft der Einheimischen. Die Krise des Homo faber ist nicht nur eine Finanz- und Öko-Krise, sondern eine Reproduktions-Krise. Angesichts der fundamentalen Spaltungen der Nationalgesellschaften in zwei Teile bedarf es doch einer grundlegenden Veränderung, eines prophylaktisch gedachten, demokratisch organisierten Transformationsprozesses. Die Reform reicht nicht mehr. Reformen belassen das System, das ja gerade verändert werden soll. Elinor Ostrom, die amerikanische Nobelpreisträgerin für Wirtschaft, hat ihr Forscherleben dem Nachdenken darüber gewidmet, wie sich Menschen selbst organisieren. Auf ihren Arbeiten gründet die Überlegung, dass die Menschen ihre Probleme durch Kooperativen und Netzwerke in den Griff bekommen. Den virtuellen Netzwerken folgen immer reale.

Die Hinwendung zur ökologischen Stadtgestaltung, in der Garten-Reservate und Bodenflächennutzung gegen Retorten-Neubau und Platzverdichtung angehen, ruft eine Idee auf, die es bereits in antiken Zeiten gegeben hat. Sie entspricht den auf Sinnlichkeit, Gemeinschaftlichkeit und Verbindlichkeit ausgerichteten Heimatrefugien in den Städten.

Oikos als Hausgemeinschaft

Wie könnte eine Identität multikultureller Identitäten in einem Land entstehen, dessen Willkommenspathos weltweit für Hochachtung, Verstörung und Verwunderung sorgt und eben damit – zur Verstörung und Verwunderung anderer Nachbarn – zugleich auch einen Alleingang vollzieht, zwar humanitaristisch und nicht militaristisch motiviert, aber eben doch mit dem Anspruch auf Exklusivität und Sonderweg? Wäre es vor dem Hintergrund unvermeidbarer Mischungsverhältnisse nach dem größten aller Grenzverluste – der Aufhebung von »Meinem« und »Deinem« – nicht klüger, Güter oder Dienstleistungen stärker als bisher in und durch Kooperativen und ihre mikrosozialen Kreisläufe organisieren zu lassen? In der Kooperative ist das Produkt an seinen Entstehungswert zurückgebunden. Auf diese Weise entsteht Wertschöpfung. Wertschöpfung ist nachhaltig, und Nachhaltigkeit schafft soziale Normen.

Das Verschwinden der Vielfalt und die Ausrottung der Arten, lautet das Vermächtnis des Ethnologen Claude Lévi-Strauss, seien die großen Fehler der Moderne gewesen. Die Zerstörung des Gleichklangs aus Ratio und Poesie und die Abspaltung der Rationalität haben zu einem Überhang der Logik geführt und den Mythos als Wissenssystems jenseits der Logik eliminiert. Die Summa des Ethnologen ließ sich auf folgende Maxime reduzieren: Wer zu viel des Endlichen nimmt, zahlt einen hohen Preis. Das wussten die primitiven Völker besser als die spätmodernen. Also kann die Lektion in praktischer Ethik nur darin bestehen, das unseren Nachfahren zu übertragen, was wir von unseren Vorfahren erhalten haben. Diese Wertverlagerung ist zugleich Sinn-Verlagerung und gewiss vereinbar mit höchster Technologieeffizienz, Ressourcen schonender Energie und ausdifferenzierter Marktwirtschaft. Das Individuum, im Sinne des Wortes das »Nicht-Teilbare«, müsste seine Kraft und Energie nicht auf Abgrenzung und Abschottung verwenden, sondern auf Eingemeindung, Beteiligung und den nicht monetären Austausch möglichst vielfältiger Weisen von Wissen. So könnte Heterogenität zur gesellschaftlich wertvollen Ressource eines *oikos* avancieren.

Oikos im griechisch-antiken Sinne begreift Heimat als metaphysisches und rechtliches Obdach. Die mikrosoziale Gemeinschaft als Keimzelle einer Gesellschaft. Die Enklave des Vertrauten. Die Verbundenheit und Verbindlichkeit der Familie. Der Begriff der Heimat löst sich von seinem herkömmlichen Sinn und erfährt eine Transformation in den Oikos. Mit ideologischer Verbrämung, sozialistischer oder antistaatlicher Ideologie hat das Oikos-Prinzip nichts zu tun, es zielt auf Höheres: die Partizipation an der Polis. Partizipation – wohlgemerkt das Gegenteil von Ausgeschlossenheit und Ausgrenzung – beschreibt das Verhältnis von Teilhabe und Teilnahme an Welt und Umwelt. Die kulturelle Evolution, so scheint es, steht vor ihrem nächsten Sprung: Statt Nationen könnte es künftig konföderierte, auf Parzellen basierende Bündnisse geben, Netzwerke von Kooperativen, in denen das Heterogene im biologischen Sinne des Wortes – die Mischung und Vielfalt der Gene – zu völlig neuen Organisationsweisen führt. Die Sozialpsychologie versorgt uns mit dem Hinweis, dass Teilhabe selbstverpflichtende Verantwortung hervorruft. Eigenverantwortung stärkt soziale Gesinnung und motiviert Engagement, und je größer das Mitspracherecht ist, desto eher identifizieren sich Menschen mit einer Gegebenheit. In der mikrosozialen Einheit der Kooperative ist die Last der Verantwortung auf die einzelnen Mitglieder verteilt. Ohne Verantwortung entsteht kein Vertrauen, ohne Vertrauen keine Geborgenheit, ohne Geborgenheit keine Heimat.

Der Oikos – worin Ökonomie und Ökologie gleichermaßen begriffen sind – generiert das wichtigste Bindemittel zerfallender Gemeinschaften: das *Gefühl* der Beteiligung. Das *Gefühl,* zu brauchen und gebraucht zu werden. In der symbiotischen Bestimmung von Brauchen und Gebrauchtwerden, im Brauchtum sozusagen, ermöglicht sich soziale Anerkennung in der loyalen Gemeinschaft. Das Ziel der nächsten Gesellschaft müsste doch sein, den immer größer werdenden Teil des Homo sacer – all die Nomaden, Flüchtenden und Migranten dieser Welt – klug einzubinden, damit die bewährte Gesellschaft stabil bleibt. Die oiko-nomische Frage hinter der oiko-logischen Idee lautet folgerichtig: Wer sorgt für neue Behausungen in Zeiten permanenter Migration, sobald die Frage geklärt ist, wer wo wohnen darf?

Die Geschichte der großen Metropolen und Städte zeigt, dass immer schon Menschen von überall her dorthin strömten, wo sie ein gutes Leben führen, ihren Glauben leben und in Freiheit Handel treiben konnten. Die klügsten und erfolgreichsten Herrscher hatten stets begriffen, dass Ausschluss und Ausgrenzung niemals zum Erfolg führen. Im Gegenteil. Kaum eine Stadt lehrt die Vorteile einer Aufnahme und Assimilation von Christen, Juden, Muslimen und anderen besser und nachhaltiger als – in seiner historischen Genese betrachtet – das heutige Istanbul, das als Konstantinopel und Byzanz die Welt über Jahrhunderte hinweg beherrschte und prägte.

Der so legendäre wie pragmatische Osmanen-Herrscher Mehmet II. hatte bestens verstanden, dass er die mit allerlei Fähigkeiten ausgestatteten Menschen aus allen Teilen der Welt benötigte, um Istanbul auf- und als ökonomische und kulturelle Großmacht auszubauen – was eher strategischem Interesse entsprang als reiner Menschenfreundlichkeit, gewiss, und die Berichte über Grausamkeit und Zwangsrekrutierung des osmanischen Sultans sind Legion. Dennoch geht es ein Stück weit auch ums Prinzip und also darum, dass die Osmanen – klug, wie sie waren – andere Traditionen anderer Kulturen übernahmen, wie es weit früher auch in Bagdad geschehen war, die als neue Hauptstadt des Abbasiden-Reichs 762 n. Chr. gegründet wurde und sich zur größten, prächtigsten und geschäftstüchtigsten Stadt der damaligen Welt entwickelte. Schiffe und Karawanen strömten ein, brachten Güter und Händler, und mit ihnen kamen Geschichten, Musiken, Kulinariken aus China, Indien, Afrika und Europa. Es entsprang stadtplanerischer (und somit politischer) Klugheit, bestimmte Milieus in bestimmten Straßen anzusiedeln: Tuchhändler, Geldwechsler, Silberschmiede. Sie alle hatten, wie der aus Afghanistan stammende Historiker Tamim Ansary notiert, ihren Stadtteil mit Gottes- und Badehäusern in diesem mächtigen Bagdad. Aufsicht über den Handel führte der Staat, und die Gesetze machte die Stadt. Jedem nach seiner Fasson, aber alle nach den Regeln des Staates – so könnte man das Grundgesetz erfolgreicher Polis beschreiben.

Gesteuerte Liberalität ist mehr oder weniger das Grundmuster aller großen, über die Geschichte hinweg kraftvoll wirkenden, manchmal legendären Ork. Amsterdam im späten Mittelalter etwa nahm vor der spanischen Inquisition fliehende jüdische Händler auf und ließ ihre Kultur in die Textur der Stadt einschreiben; von der Bereicherung der einst Geflohenen – ob als kulturelle Grammatik oder in der leibhaftigen Gestalt ihrer Nachkommen – profitiert die Stadt noch heute. Und das Volk Israel zum Beispiel entwickelte erst in der Zeit nach seiner Vertreibung um 600

v. Chr., als die Israeliten in Babylon auf ein reges Handels- und Geschäftsleben stießen, seine Gemeinschaft durch Textgebundenheit; der Zusammenhalt dieser Gemeinschaft beruhte weder auf einem gemeinsamen Territorium noch auf einer Herrscherdynastie, sondern – und das bis heute – auf der Schrift und einem Text, was eindrücklich zeigt, dass Identität nicht an Boden, nicht an Herkunft, nicht an Heimat gebunden sein muss.

Alle Gesellschaften aller Zeiten haben seit jeher von dynamischen, hart arbeitenden Migranten profitiert und tun es, in diesem Sinne ließ sich kürzlich Dennis Snower, Direktor des Instituts für Weltwirtschaft in Kiel, vernehmen, ganz gewiss auch heute. Könnte man es nicht geradezu als Wertschätzung begreifen, wenn Menschen aller Kulturen und Ethnien in eine bestimmte Stadt, eine bestimmte Region, in ein bestimmtes Land kommen? Und könnte man nicht annehmen, dass die weitaus meisten dies nicht mit dem Hintergedanken tun, einseitig das Sozialbudget anzuzapfen, Einheimische auszurauben und Andersgläubige zu töten, sondern, wie fast alle Menschen aller Zeiten, in besonderem Maße die Chance ergreifen wollen, genau an diesem Ort, in dieser neuen Heimat sich beweisen und etwas gestalten zu können, etwas zu tun, sich zu verwirklichen, durch Arbeit und Kultur ihr Leben sinnstiftend zu führen? In Schmelztiegeln diverser Kulturen (oder kultureller Diversitäten) bündeln sich unterschiedliche Energien, wie sie es in den tonangebenden Städten der Welt bis heute tun: New York, London, Singapur. Mikrosoziale Einheiten entstehen, wenn Menschen mit unterschiedlichen Fähigkeiten und Interessen in einem Distrikt zusammenkommen. Die Mechanismen makrosozialer Kreisläufe, die die globalisierte Weltwirtschaft über Kontinente hinweg etabliert, könnten genauso gut auf mikrosoziale Verhältnisse übertragen werden. Polis schafft Heimat durch die Chance auf Selbstverwirklichung und Beteiligung, das lehrt die Geschichte.

Auf die deutsche Gegenwart übertragen, hieße dies, Migranten, von denen jeder einzelne mindestens eine Begabung, ein Talent, eine Fähigkeit besitzt, in bestimmten Teilen deutscher Städte ein Geschäft ihrer Wahl aufziehen zu lassen – gewerblich registriert und reglementiert, in der Quantität begrenzt und ausgewogen, dass ein Gleichgewicht zwischen Religionen, Ethnien und Kulturen herzustellen und zu steuern ist. Syrische ICH-AGs, afghanische Familienbetriebe, türkische Schneidereien, äthiopische Cafés, nigerianische Restaurants – man mag das für verklärend, romantisierend und naiv halten, doch jeder Versuch, Heimat zukunftsfest zu denken, muss sie als Verbund, als die Sozietät freier Wir-Module in mikrosozialen Einheiten definieren. Die jeweiligen Normen des jeweiligen Verbundes sind in den Verfahrensregeln begründet, die sie, auf der Basis des Grundgesetzes und des Deutschen als Verkehrs-, Amts- und Gerichtssprache, in ständiger Entwicklung, Verwerfung und Neuformierung ausbilden. So organisieren sich mikrosoziale Einheiten, die rechtlich und politisch mit anderen mikrosozialen Einheiten koordiniert, harmonisiert und synchronisiert werden, nach verfassungsrechtlichen Leitlinien und vertraglichen Regeln. Dies wären Grundzüge eines neuen Gesellschaftsvertrages, der ein Vertrag selbstbestimmter Individuen in einer konstruktiven Heimat als reproduktiver Oikos ist.

Die kleine Einheit

In so gut wie allen Bereichen wurde in den vergangenen Jahren die »kleine Einheit« wiederentdeckt. Die Vorbehalte gegen Zentralismus und Großorganisationen wachsen in dem Maße, wie die Notwendigleit von Kooperation im Kleinen steigt. In Zukunft wird es auf die Fähigkeit zur Kooperation ankommen, auf die Kompetenz, mit unvermeidbarer Diversität umgehen zu lernen. Zuständigkeiten müssen lokal und regional organisiert werden, mit bestem Wissen und Gewissen für die mikrosoziale Heimat, die der Oikos in seinen jeweils sehr unterschiedlichen Verbünden darstellt. Der Grundgedanke einer neuen Heimat als Verbund von Distrikt-Bündnissen mit sozialen Kooperations-Kreisläufen basiert auf der schlichten Überlegung, dass das Vorhandene die Allmende der Menschheit ist: Allgemeingut.

Politisch betrachtet, ist globale Gerechtigkeit also eine Frage der individuellen Teilhabe an der Allmende, an den Commons, an dem, was uns allen zur Verfügung steht: das Material der Natur in seiner Formatierung durch Kultur. Das Allmende-Prinzip dient als Vorbild eines nicht patentier- und privatisierbaren Besitzes natürlicher Ressourcen, an denen jedermann und jedefrau zu jeder Zeit teilhaben. Es zielt auf Rückgewinnung der Grundgüter für die öffentliche Hand und das Gemeinwohl, wie es sich in den vergangenen Jahren durch den Rückkauf zuvor privatisierter Stromnetze durch die Statdverwaltungen zeigt. Privatwirtschaft ist fein, sinnvoll und effizient; die für eine Gesellschaft maßgeblichen Strukturbereiche allerdings – nach Norbert Elias die fünf großen Bereiche Infrastruktur, Gesundheit, Bildung, Energie und Verkehr – dürfen niemals von privater Hand effizienzökonomisch erpresst werden.

Historische Allmenden und zugleich praktische Gerechtigkeitssysteme sind zum Beispiel: das Bergrecht der seit dem Mittelalter zusammengeschlossenen Schweizer Almen, dem zufolge die Bergbauern selbst bestimmen, was auf ihren Almen geschieht. Die Milchgenossenschaft versteht ihre Produkte als Gemeingut, und dem »Jedermannsrecht« in Finnland oder Norwegen zufolge gehören die Grundgüter Wasser und Luft, Seen und Meere als sogenannte Commons jedem Bürger zu jeder Zeit. Wasserverteilsysteme, mit denen die Bauern seit Jahrhunderten selbst über die Nutzung des Wassers entscheiden, basieren auf der Maxime: Teilhabe generiert Verantwortung, wodurch nachhaltige Nutzung von Wasser und Weideland sichergestellt ist.

Um möglichen Einwänden zuvorzukommen, hier solle einem kommunistischen Sozialismus das Wort geredet werden, sei nach einem fulminanten Plädoyer für soziale Marktwirtschaft als eines durch Regeln und Rahmen eingefassten Kapitalismus dennoch auf das Kommunalprinzip hingewiesen, wie es sich im Tausch des Saatguts etwa auf den Philippinen zuträgt, wo in den 1980er-Jahren die Bauern mit ihrem Netzwerk *Masipag* das Saatgut zum Gemeingut (zum Common) erklärten. Sie brachten sich gegenseitig bei, wie man regionale, an örtliche Verhältnisse angepasste Sorten züchtet, dadurch auf teure Dünger und Spritzmittel verzichten kann und unabhängig von der Agrarindustrie eine größere Nahrungsvielfalt ermöglicht. In Tausch und Teilung besteht jede kulturelle Tradition, Schmiermittel ist die Kommunikation: Kultur entsteht durch Teilhabe und Teilnahme in Tausch und Teilung des Vorhandenen. Es wird dabei die symbolische Ebene des Geldwerts umgangen. Geld repräsentiert nur den Wert, den eine bestimmte Gruppe Menschen einem Gut durch Nachfrage zuweist. Das heißt: Gerechtigkeit ist künftig eine Frage der Teilhabe am

geldlosen Gemeingut. Die bis in den Exzess hineinge-
triebene Meins-Deins-Teilung erfordert unerhörte Kreativi-
tät und Energie zur Abgrenzung und Aufrechterhaltung der
Meins-Deins-Grenze. Warum diese Energien künftig nicht
in Allmenden leiten, die nachhaltig sind und als Oikos soziale Normen durch Teilhabe und Verantwortung tragen, in
reziproker Sensibilität, da mit den eigenen Bedürfnissen
stets auch die Bedürfnisse des anderen mit einbezogen werden müssen?

Wenn es, worauf vieles hindeutet, in naher und mittlerer
Zukunft um Integration und Identitäten, um praktische
Gerechtigkeit und neue Kulturen geht, steht das Prinzip der
Teilhabe und Teilnahme von Menschen unterschiedlichster
Landes-Herkunft und Kultur-Prägung an oberster Stelle einer gemeinsamen politischen Agenda, die konstruktiv gestalten muss und nicht länger reaktionär verwalten darf. Das
Commons-Netzwerk wächst langsam, aber stetig. An der
Basis werden Projekte gefördert, Nachbarschaftszentren entwickelt, Quartier-Programme zivilgesellschaftlich und de-
zentralisiert organisiert. Der Gewinn besteht in Lebensqua-
lität, nicht im Geldzuwachs. Es geht nicht mehr um materielle Anhäufung von Gütern und Produkten, sondern um
gute Produktion für Bedarf und Bedürfnis. Ein Stadtviertel
oder ein Ortsteil nimmt seine Gestaltung in die eigenen
Hände. Die selbst verwalteten Kinderläden in der Folge der
1968-Evolution waren Vorläufer: von den Eltern aus dem
Boden gestampft, vom Staat unterstützt. Die in den Groß-
stadt-Stadtteilen seit geraumer Zeit entstehenden sogenannten »Polikliniken« sind nicht nur medizinische Einrichtungen, sondern Stadtteilgesundheitszentren als Kollektivgut.
Aus Sicht der Ärzte, Anwälte und Sozialwissenschaftler, die
sich mit neuen Lebensformen beschäftigen, umfasst Ge-
sundheitsversorgung heute mehr als die rein medizinische

Versorgung und Vorsorge, weswegen herkömmliche Strukturen der Gesundheitsarbeit durch wichtige Themen innerhalb des Stadtteils ergänzt werden. Behandelt werden die Bedürfnisse und Probleme der Menschen in ihrer sozialen Gemeinschaft vielmehr anhand der Frage, wie sich Lebensumstände wie Wohnverhältnisse, Einkommen, Infrastruktur, Versorgung und Bildung auf den Gesundheitszustand der Bewohner/-innen auswirken. Neue sozio-ökonomische Kooperationsformen werden auf Parzellen errichtet, in kleinen Einheiten, die sich über soziale Kreisläufe selbst finanzieren. Je mehr Commons gegründet werden, desto größer wird die ökonomische Basis der Gesellschaft.

Leitkulturen und Identitäten

Das größte gesellschaftspolitische Problem der Bundesrepublik ist seit jeher das Verhältnis des Eigenen zum Fremden, des Nationalen zum Internationalen. Mit Vernunft betrachtet, ist Folgendes doch nicht von der Hand zu weisen: Flüchtlinge sind keine Terroristen, es können allerdings Terroristen unter Flüchtlingen sein. Wer stiehlt, ist ein Dieb, egal, wo er herkommt. Männer aller Religionen, Kulturen, aller Schichten, aller Milieus vergewaltigen, begrapschen und verachten Frauen, und wer solcherlei tut, ist ohne Ausnahme kriminell und moralisch wie strafrechtlich zu belangen. Man kann aus dem Koran und der Bibel gleichermaßen Frauenverachtung ableiten – denn immer dann, wenn ein Patriarchat die letzten Weisheiten interpretiert, sieht es nicht gut aus für die Gleichberechtigung. Wer also die christlichen Werte gegenüber den muslimischen anruft, muss sich fragen, wie es der Vatikan, die Kurie, der kirchliche Würdenträger, der Kardinal, der Bischof mit den Frauen und der Gleichberechtigung halten. Und wer im Namen der Bibel Homosexualität als Sünde bezeichnet, soll der ein Vorbild für Werte sein?

»Deutsche Leitkultur« könnte künftig auch etwas ganz anderes bedeuten als die Anrufung christlich-religiöser Erbschaft in nationalem Gewande. Wie wäre es nämlich, verstünde man als geistige Blaupause des Begriffs »Leitkultur« die Verpflichtung auf allgemein verbindliche Normen einer *res publica,* eines Gemeinwohls, einer, wie das Wort sinngemäß sagt: Sache, die uns *alle* angeht? Religiöse Werte sind diffus, setzen auf Legitimität und sind je nach Gusto moralisierbar. Man muss an sie glauben, und wer es nicht tut, schließt sich aus dem Kontext aus. Normen hingegen sind Teil einer auf Rechten und Pflichten bauenden Legalität, die es aus Eigeninteresse anzuerkennen gilt. Ethik statt Moral also: als verbindliches Regelwerk des Verhaltens zu- und miteinander.

Unter »Leitkultur« darf man also auch etwas ganz anderes als Kultur verstehen, nämlich die Rechtsverbindlichkeit sozialer und politischer Institutionen, die sich über lange Zeit hinweg als sinnstiftend und vorteilhaft bewährt haben: das duale Ausbildungssystem, der Generationenvertrag, die Tarifautonomie, die Gewaltenteilung, der Parlamentarismus, die Rechtsgleichheit, die Grundrechtsfreiheit, die Religionsfreiheit, das Prinzip der Repräsentation des Bürgers durch den Mitbürger, die Befreiung des öffentlichen Raums von religiösen Symbolen, die Trennung von Staat und Kirche. *Diese* Art von »Leitkultur« lässt sich ohne Weiteres als Resultat einer lebensweltlichen Ethik innerhalb der deutschen Gesellschaft verstehen (als Verbund von Menschen aller Ethnien und Herkünfte, die der deutschen Rechtsordnung unterstehen wollen). Sie ruft jeden Mitbürger zur normativen Selbstverpflichtung auf der Basis des Grundgesetzes auf, das im Übrigen eines der menschlich reifsten und weisesten Dokumente der Weltgeschichte ist. Leitnorm dieser Selbstverpflichtung ist und muss stets sein der Schutz individueller Unversehrtheit und die unbedingte Anerkennung der Würde des Individuums. Wo beginnt diese Würde? Bei der Unverfügbarkeit des *Menschen an sich.* Es kann bei einer »Leitkultur« also nur um doppelte Freiheit gehen. Einerseits die Freiheit *von:* von Fremdbeherrschung, von unhinterfragten Autoritäten göttlicher Offenbarungsinterpretationen, von einer Politik, die nicht durch Wahlen und Zustimmung des Bürgers legitimiert ist. Andererseits die Freiheit *zu:* zu Selbstverwirklichung, zu sexueller und religiöser Selbstbestimmung, zu freier Meinung, zu ungehinderter Versammlung, zu sozialer Kooperation. Freiheit ist immer auch die Freiheit des Andersdenkenden, sonst wäre Freiheit eine Farce; immer endet die Freiheit des einen allerdings dort, wo sie die Freiheit des anderen infrage stellt.

Ein Vorschlag des Rechtswissenschaftlers und Bundesverfassungsrichters Johannes Masing aus dem Jahr 2001 bietet einen Ausweg aus dem ungeklärten Dilemma der Bestimmung deutscher »Staatsvolkszugehörigkeit« an. Wenn der Grundsatz gilt, dass die Adressaten der Gesetze auch deren Autoren sein müssen, dann ist der *demos* der Demokratie zugleich die politische Verantwortungsgemeinschaft des Volks. In Bezug auf Ernst-Wolfgang Böckenfördes Diktum der nicht garantierbaren Voraussetzungen einer Demokratie schreibt Masing über den Wandel im Staatsangehörigkeitsrecht vor den Herausforderungen moderner Migration: »Demokratie baut vielmehr darauf, dass alle dauerhaft Gewalt Unterworfenen zu einem Personalverband zusammenwachsen – und ist hierauf freilich dann auch angewiesen.«

Immer wieder wurde und wird der »Verfassungspatriotismus« als gesellschaftliches Normengesetz einer leitenden Kultur ins Gespräch gebracht. Nach dem Universalismus der Menschenrechte und der nationalistischen Zivilreligion, wie sie die Amerikaner pflegen, ist der Verfassungspatriotismus die dritte Variante einer massenbindenden Idee mit dem Charme einer transzendenzfreien Sozialtechnik. Geprägt wurde das Wort von dem Politikwissenschaftler und Journalisten Dolf Sternberger 1979, philosophisch durchdrungen von Jürgen Habermas und politisch erhöht durch Richard von Weizsäcker – was ihm, dem Begriff, durch diese drei Persönlichkeiten allein das Adelsprädikat verleiht. Kurz gesagt benötigt der Verfassungspatriotismus zur Letztbegründung weder den Bezug auf religiöse Instanzen noch auf ethnische oder juristische Kriterien wie das blutsverwandtschaftliche Abstammungsprinzip, sondern setzt die Identifikation jedes einzelnen Bürgers eines Gemeinwesens mit den Grundwerten der durch sich selbst gegebenen Verfassung voraus. Das mag beinahe kühl konstruiert, jedenfalls aller national-romantischen Gefühle fern klingen, umgeht aber auf elegante Weise das Problem, die allgemein verbindliche Grundlage eines Gemeinwesens in religiösen, ethnischen oder kulturellen Symbolen sehen zu müssen, die, in Form von Mythen, Legenden, Flaggen oder Volksgeschichten manipulativ, ausgrenzend und auslegungsbedürftig sein können.

Weniger politisch denn eher sozial-ethisch versteht sich das Konzept der Zivilgesellschaft, die in den vergangenen Jahren, auch in der Variante der Bürgergesellschaft, das Politische aus dem Bauch der Gesellschaft heraus revitalisiert hat und die Vorlage liefert für einen belastbaren Gegenentwurf zu einem ethnisch definierten Staatsverständnis. Die Verfassung gegen und über das völkische Prinzip zu stellen ist heute ratsamer denn je. Die Verfassung ist keineswegs die Blaupause der Gesellschaft, aber sie liefert einen verbindlichen Kanon dessen, was Deutschland als sittlich und moralisch wertvoll erkannt hat. Eine Verfassung ist immer das Dokument eines rechtlich, nicht religiös verfassten Gemeinwesens mit absoluten Grundrechten und Grundfreiheiten. All das ist Ausdruck einer vorbildlichen Rechtskultur, die über Jahrhunderte mühsam erstritten wurde.

Wäre nun also in Zeiten globaler Grenzverluste und permanenter Migration ein neuer Gesellschaftsvertrag nicht überaus sinnvoll? Es ginge darin um kommunikative Rationalität auf der Basis von Diskussion und Öffentlichkeit, um sich nachhaltig und verbindlich über die eigenen Grundsätze zu verständigen, wofür man in Deutschland natürlich die deutsche Sprache beherrschen muss – und in transnationaler Zukunft die englische Sprache beherrschen sollte. Es ginge darin um eine freiwillige Unterwerfung unter die Herrschaft des Rechts. Es ginge um die Anerkennung übergeordneter Institutionen, um freiwillige Selbstverpflichtung zur Teilnahme an Gesellschaft. Man könnte das Leitkultur, man kann es aber auch republikanische Gesinnung nennen – im Sinne der *res publica,* der Sache, die uns alle angeht. Grundgedanke dieses Vertrags der nächsten, in jedem Fall multiethnischen Gesellschaft mit sich selbst wäre das normative Erbe Europas und – jenseits linker wie rechter Reflexe – die zeitgemäße *conditio humana.* Jegliche Form von Verachtung, leiblicher wie psychischer Verletzung wäre nicht möglich und die bürgerliche wie rechtliche Gleichheit aller Menschen zu gewährleisten. Der Gesellschaftsvertrag ist die Hausordnung, eine Art Mietvertrag eines Hauses, dessen Eigentümer alle sind, die im Rechtsraum Bundesrepublik gemeldet sind. Die Kraft seiner Normen liegt in ihrer Verbindlichkeit, in der durch Dialog, Erziehung, Bildung und gegenseitige Anerkennung hergestellten Verbundenheit. Mit dem Augenmerk auf dem *demos,* der den *ethnos* nicht mehr benötigt, geht es auch nicht mehr um Leitkultur, sondern um Verfassungszivilität als Grundlage einer, wie die Ethnologin Irene Götz schreibt, »aktiven Bürgerkultur mit dem gemeinsamen Ziel der Integration verschiedener gesellschaftlicher Kräfte und Gruppen«.

Niemandem wäre also Wert-Treue vorgeschrieben (die ja auch nirgendwo geschrieben steht), aber jeder, der das Land betritt, hätte sich eigenverantwortlich und rechtsverpflichtend in diesen Mietvertrag einzuschreiben. Diese Unterschrift darf und muss die Gemeinschaft von jedem Individuum verlangen, das sich als Teil des Ganzen in die Bundesrepublik Deutschland eingliedern will, woher auch immer es kommt. Unsere Wertegemeinschaft ist, wie der ehemalige Verfassungsrichter Paul Kirchhof zu Recht angemerkt hat, weder selbstverständlich noch unverrückbar und bedarf der dauernden Verwirklichung. Zumal es gar keine »deutschen Werte« an sich gibt, sondern allein menschliche oder kulturelle, die Werte des Christentums und jene der westlichen Aufklärung. Immer schon stehen wir alle in einem Traditionszusammenhang vorgefundener, vorformulierter Antworten auf die Grundfrage des Menschseins, ohne zu wissen, woher die Antworten stammen, ohne zu wissen, wie lange sie schon im kollektiven Flüstern der Weltgeschichte vorangetrieben werden, welche Ethnie, welches Volk welchen Anteil daran hat. Das scheint das ewig gültige Gesetz der Menschheit zu sein.

Der gewünschte Gesellschaftsvertrag ist freilich virtuell. Er regelt keine Rechte und Pflichten. Genau genommen ist er die große Erzählung einer Gesellschaft von und über sich. Der Gesellschaftsvertrag wäre das Narrativ eines Programms zur Selbstregulierung und Sicherung des sozialen Friedens –

eine Art Mythos der Hypermoderne, wenn man das Wort »Mythos« im Sinne des Religionstheoretikers René Girard als Antwort auf die Zerstörung einer kulturellen Ordnung versteht: Ein Mythos erschafft sich selbst als Ritual, das über die Erinnerung an seine Entstehung zu einer neuen Ordnung wird. Mit dem Selbstvertrag der nächsten Gesellschaft schriebe man gemeinsam das Narrativ einer neuen sozialen Identität, mit der Zutritt zum politischen System reklamiert würde. Es sollte gelingen, den Geist einer Gesellschaft mit den Ideen einer neuen sozialen Ethik des Gemeinwohls zu befruchten, um die auseinanderstrebenden einerseits Hass- und andererseits Ohnmachtsgefühle zu bändigen. Gewalteruptionen ließen sich präventiv verhindern, da jeder Einzelne durch die Teilnahme am Gesellschaftsvertrag eine Verpflichtung eingeht. Der Vertrag wird zu einer politisch gewollten Abmachung, die jeden Tag aufs Neue durch das Bekenntnis der Vertragspartner zu den Synchronisierungsregeln der Verbünde bestätigt wird. So ließe sich ein sozialer Verbund denken, der auf die Zugehörigkeitsloyalität seiner Teilnehmer setzen kann.

Jeder Einzelne repräsentiert durch sich selbst die Idee des Menschseins und tritt als Repräsentant dieser Idee leibhaftig vor den anderen, der wiederum den Wert der repräsentierten Idee repräsentiert. Der Repräsentant eines so hohen Wertes wie dem der Autonomie der Person kann niemals wertlos sein. Durch seine Teilnahme am Gesellschaftsvertrag repräsentiert das Individuum also letztlich die Gemeinschaft. Es wäre natürlich vollkommen absurd, in praxi vorauszusetzen, dass jeder Teilnehmer des Gesellschaftsvertrags ein gesunder, umfassend informierter und selbstständig urteilender Bürger sei, der seine eigene Vertragsschuld ständig begleicht. Die Idee eines neuen Gesellschaftsvertrags schließt eine Rückkehr zur militärischen, moralischen oder geografisch begründeten Identität homogener Gemeinschaften aus. Der Fortschritt besteht in der Bestimmung und Verknüpfung von Regeln durch alle für alle und fühlt sich einem Identitäten-Pluralismus verpflichtet: Der Gesellschaftsvertrag verpflichtet jeden Einzelnen, sein Individualwohl mit dem Gemeinwohl zu synchronisieren.

Starke Bindungen hängen von langen Zusammenhalten ab und die wiederum von bewährtem Vertrauen, das wiederum von der Loyalitätsbereitschaft des Einzelnen. Kein kulturelles System funktioniert ohne Vertrauen, und Vertrauen stellt sich nur über Zeit her. Wenn der Kredit die Leihe von Geld und also Vertrauen auf Zeit ist, verbunden mit dem Zins, der in der Zeit wächst – dann ist Zeit gewissermaßen selbst Kapital und nicht mehr nur die abstrakte Maß-Einheit einer sozialen Übereinkunft dessen, was wir Sekunden, Minuten, Stunden, Tage nennen. Wie ist es zu bewerkstelligen, dass Loyalität als Wert an sich gegenüber der Gemeinschaft gilt? Wie sind dauerhafte soziale Beziehungen aufrechtzuerhalten? Auf welches ethische Fundament wollen WIR eine neue kulturelle Ordnung bauen? Und inwieweit ist individuelle Freiheit noch länger das Fundament einer rechtsstaatlichen Demokratie? Die ökonomische Realität der Optimierung hat das zentrale Anliegen der gesamten bürgerlich-humanistischen Tradition ignoriert und geschliffen: dass jede freie (das heißt nicht despotische) Regierungsform einer starken Identifikation vonseiten ihrer Bürger bedarf. Wie stärkt man ein Gemeinwesen, das durch den verabredeten Verzicht auf seine symbolische Repräsentation in seiner Wahrnehmbarkeit prinzipiell geschwächt ist, wodurch es, was der Publizist Karl-Heinz Bohrer »Provinzialismus« genannt hat, ein nur sehr vages positives Verhältnis zu sich selbst entwickeln kann? Man stärkt es sicher nicht durch alte Symbole, Rituale oder durch Codes chauvinistischer Breitbeinigkeit, sondern durch Geist, Wohl und die soziale Identität seiner Bürger. Das setzt voraus, dass die Bürger einen starken Sinn für die Zugehörigkeit zu ihrem Gemeinwesen haben. »Dieses Solidaritätsgefühl«, meint der dem Kommunitarismus nahestehende kanadische Philosoph Charles Taylor mit Recht, »ist Bestandteil der ursprünglichen Bedeutung von ›Patriotismus‹.«

Zu diesem Prozess eines offenen, leitkulturellen Gesellschaftsvertrags können und sollen alle Kulturkreise beitragen, weil eines für alle Menschen und Religionen zu gelten scheint: Im anderen sich selbst zu sehen; im Fremden das Eigene zu erkennen; den anderen als Wiedergänger seiner selbst zu begreifen. Ethik und Ethnie schließen sich nicht aus, im Gegenteil. »Die Art, wie Hunderte oder Tausende Gesellschaften ihre eigene Lösung für ihre Probleme des menschlichen Lebens gefunden haben«, beschied Claude Lévi-Strauss 1959 in seinen Vorlesungen über Sozialanthropologie am College de France seine Zuhörer, »ob es sich um die Ehe handelt, um das Recht, um Technik, ob es sich um religiöse Riten oder magische Praktiken handelt, unsere einzige Chance, dies alles zu beherrschen, ist zu begreifen, dass jede von einer dieser Gesellschaften gefundene Lösung etwas ausdrückt, das uns allen gemein ist.«

Finis terrae

Ist Heimat letztlich einfach dort, wo man sich versteht? Wo man sich durch Verstehen wohlfühlt, wo Freunde und Vertraute sind, wo ein sozialer Oikos gegeben ist? Dann könnte Heimat jeweils neu entstehen und wäre unabhängig von einem bestimmten Ort des Zufalls, der Prägung, der Geburts- und Geborgenheitsverhaftung, die sich durch Erinnerung stets aufs Neue heraufbeschwören lässt.

Soll Heimat kein Phantomschmerz werden und bleiben, sollte man auch die Weisheit alter Völker reaktivieren, der zufolge Heimat dort zu finden ist, wo der Mensch satt wird. Im direkten wie im übertragen Sinn heißt Sattheit: wo Bedürfnisse nicht unerfüllt bleiben, wo der Mensch seinen Hunger stillen kann, wo er Nährstoffe für Körper und Geist findet. Heimat braucht das Land, wie jede Gesellschaft Rituale zu ihrem Fortbestehen braucht, um sich auf der Matrix der Weltgeschichte so einzuschreiben, dass sie erinnerbar bleibt.

Die Rehabilitierung der Heimat ist gleichermaßen in gutem wie in schlechtem Gang. Vor einigen Jahren hat der Philosoph Christoph Türcke den verhunzten, zigfach missbrauchten Begriff der Heimat vor seinen Verächtern verteidigt und einen verantwortungsvollen Gebrauch vorgeschlagen: »Solange das Gefühl, das sich Heimweh nennt, bei kleinen und großen Kindern nicht ausstirbt, gibt es keinen vernünftigen Grund, das Wort Heimat aus der deutschen Sprache zu tilgen.«

Die Institutionen erleiden Misstrauen, Kirchen verlieren an Bedeutung, der Glaube verlagert sich von Gott zur spirituellen Kosmos-Energie, alles ist in stetem Fluss und Wandel, aber eines bleibt in seiner ganzen Ungewissheit gewiss:

die Heimat. Heimat ist das, was sich auf Dauer durch sich selbst bewährt. Heimat ist dort, wo ICH bin.

Zeitgenössische Moral und herrschender Zeitgeist speisen seit Kurzem ein neues Verständnis von Heimat und Raum in unser Bewusstsein ein. In unserer Wahrnehmung fungiert Heimat als Tatsache um ihrer selbst willen. Sie ist ein von der Polis entkoppelter Raum. Das heißt: Heimat ist der Begriff eines entpolitisierten Raums um seiner selbst willen. Sie ist die aus sich selbst sprechende Vorgefundenheit. Heimat bedeutet neben Rückbesinnung und der Erzählung vom eigenen Gewordensein auch die Beschwörung der eigenen Geborgenheit und den Kampf gegen das Ungeborgene, egal, auf welchem Boden er stattfindet. Dem Heimatverlust steht ungebrochene Heimatlust entgegen. Die große Aufgabe einer globalen Gerechtigkeit von morgen bestünde meines Erachtens in der Zusammenarbeit der Menschheit, durch die das ihr Gemeinsame ausgehandelt und die Bedürfnisse des jeweils anderen mit einbezogen werden. So könnte künftig der große Marsch des Homo sacer aus den verdorrenden Regionen der Welt verhindert werden. So könnten die Folgen der Grenzverluste pariert werden. So könnten neue Gelobte Länder entstehen: als *oikoi* mit Wir-Identität, die keine nationale Identität mehr nötig hat.

Einer der durchaus alten Werte könnte schließlich die wesentliche Fähigkeit beschreiben, sich in künftigen Gemeinschaftsräumen friedvoll einzurichten: Empathie. Empathie als Gefühl für Menschlichkeit in einer jeweiligen Situation ermöglicht die Einfühlung in den Wir-Verbund der anderen Ichs. Empathie ist die zeitgemäße Variation von Solidarität in der Weltgesellschaft. Kein Mensch kann mit allen Menschen aller Weltvölker solidarisch sein, ohne sich lächerlich zu machen. Aber er kann dem Menschen an sich gegenüber empathisch sein, indem er im anderen sich selbst erkennt. Empathie ermöglicht, Leid und Schmerz, die Malaise des anderen zumindest wieder wahrzunehmen, wobei Empathie etwas anderes als Mitleid ist. Der andere ist jeder andere, nicht nur der jedem je nächste. Und obwohl nach Sartre die anderen die Hölle sind und nach Carl Schmitt der andere grundsätzlich der Feind und nach Lesart der Sozialpsychologie die Abwehr gegen den Fremden als solchen anthropologisch konstitutiv ist, baut das individuelle Verhältnis zum anderen auf die wesensmäßige Bejahung desselben als gleichwertigen Mitglieds der Gemeinschaft, die dann gleichwertige Mitglieder hervorbringt, wenn die Bedingungen dafür für alle gleich sind. Anders ist Gesellschaft nicht vorstellbar. Die große Frage künftiger Pädagogik dürfte lauten, ob man Empathie lernen oder lehren kann und, wenn ja, welcher Lehrende dazu berufen ist. Überhaupt, der Lehrer: Er wird einer der wichtigsten Berufe der nächsten Gesellschaft werden. Es liegt nahe, dass die Auswahlkriterien für die Lehrerschaft strengen Prüfungen und höchsten Anforderungen zu unterliegen haben. Der Lehrer ist Ethiker in allen Fächern. Um diesen hohen Anspruch zu erfüllen, reicht es nicht mehr, dass Legionen von Schulabgängern aus Mangel an Alternativen und Interessen auf Pädagogische Hochschulen gehen. Die Ausbildung zum Lehrer sollte eines der höchsten und am schwierigsten zu erreichenden Güter werden: die ethisch-pädagogische Elite an der Graswurzel, gebildet, ausgesucht, evaluiert nach höchsten Maßstäben und Anforderungen. Nach wie vor ist ja davon auszugehen, dass Menschen in permanenter Zeitnot, zunehmender Depression, sozialem Niedergang und verlorener Freiheit den Anforderungen des klassischen Familienmodells als Lehranstalt für Normen und Werte nicht mehr nachkommen können. Ein ethisch sensibler Bürger ist aber immer ein durch Bildung geformter, und da der Zusammenhang zwischen Bildungsniveau und individualistischer Selbstentfaltung soziologisch ausreichend belegt ist, sollte in der nächsten Gesellschaft jeder Bürger das Recht auf Wissen und Information haben, das ein Recht auf ungehinderten Zugang zu den Quellen von Informationen ist.

Phantasma und Allegorie

Als stünde man am Ufer des Sees, als ginge man durch die Souks von Marrakesch. Als sähe man vor sich die Zinnen und Recken, die Grate und Täler, die Erhabenheit und Grandezza der Alpen und des afghanischen Hindukusch. Als röche man die Erde, den Boden, den Atem der Algen, den gebrühten Kaffee in den Dörfern des äthiopischen Hochgebirges, das Aroma des Basars von Aleppo. Als zögen Nebelschwaden übers Seewasser, als spürte man die Fülle des Wohllauts in der Stille des Moments und hörte den Muezzin der Moschee von Kabul.

Und weiter. Als täte man all das wieder. Und aufs Neue. Als wiederholte sich die Wiederholung. Als übersetzte sich Vergangenes in Gegenwart, um gegenwärtig vergangen zu sein. Als riefe etwas: Komm heim! Zwei-, vier-, siebenmal. Es geht nicht um die Stunden. Es geht nicht um die Uhr. Es geht nicht um die Verabredung einer zählbaren Einheit. Zeit spielt keine Rolle. Es geht um eine andere Zeit, um die Nicht-Zeit. Um zählbare Zeit geht es hier und jetzt gerade eben nicht. Die Kirchturmglocken schlagen, ihr Klang liegt überm Land. Dieses Land, dieses Eine, das so fern ist, so weit von diesem Landstrich entfernt, gerade jetzt, da die Lider herabfallen, mitten in Tokio oder New York oder Rosenheim oder Husum, einerlei, just hier und jetzt ersteht dieses von Kirchturmglockenschlägen eingeläutete, durch Alpen und See choreografierte Land innerlich auf. Die Grenze zwischen mir und euch, zwischen Individuum und Welt löst sich auf, als verschmelze man mit dem Land, das in diesem Moment gar nicht vorhanden ist. Unter tausend Kirchturmglockenschlägen würde man *seine* Glocke heraushören. Das gemähte Gras *seines* Nachbarn riechen. Das Land erinnern, als sei es *sein* mit einzigartiger Luft gefüllter Lebensraum. Mit dem Klang *meiner* Glocke aus *meinem* Raum breiten sich in mir dessen Umstände aus. Ich spüre die Verwurzelung meines Körpers in einem bestimmten Boden, und der Kirchturmglockenklang korrespondiert mit einem Gefühl, das im Archiv der eigenen Identität diebstahlsicher verwahrt ist.

Als wäre es die Grundmelodie meiner selbst. Als reproduzierte das Gehirn stets aufs Neue ein Sein im Dasein, das längst vergangen ist in einem Leben, das immerzu im Vergehen begriffen ist. Als reduzierte es ein Leben, das viele Jahrzehnte fern diesem Ort vonstattenging, auf einen einzigen akustischen Reiz. Als holte es den Ort, das Land und Leben hervor und speiste es in die Gegenwart ein. Als wäre dann das Leben die Erinnerung an es selbst. Ein Bild, das man nie wieder loswird, hat sich eingeschrieben, und die Frage ist von nun an, ob der Mensch direkt oder indirekt sein Leben lang nach den Spuren dieses Bildes sucht. Wohin der Weg auch führt, das Bild ist immer schon da. Und dann reist man im Geiste zurück, kehrt heim, geht wieder die Wege seiner Kindheit, und es offenbart sich etwas Unerklärliches: Vertrautheit, Vertrauen, Frieden, während in der anderen, der realen Welt die Menschen sich zerfetzen, zerstören, vergewaltigen, vernichten.

Dieses Gefühl schmerzvoller Zerrissenheit in Herkunft

und Hiersein, in Utopie und Verortung wird bestehen bleiben, solange sich der Kirchturmglockenschlag im jeweils eigenen Leben als Pakt mit dem Zufall der eigenen Bestimmung erinnern lässt. Das Gefühl dieses Phantasmas tut wohl. Man kann es Geborgenheit nennen. Man muss dazu Heimat sagen.

Jasna Zajček

Kaltland

Unter Syrern und Deutschen

Der harte Alltag der Integration
und der Willkommenskultur

Jasna Zajček will wissen, welche Menschen aus Syrien nach
Deutschland kommen, wie der Krieg sie geprägt hat, worauf
sie hoffen, was sie antreibt. Sie unterrichtet als Deutschleh-
rerin in Sachsen Flüchtlinge, recherchiert in Berlin und im
Westen unter Pegidisten, Gutmenschen und Sozialarbei-
tern. Zajček zeichnet das Bild eines kalten Landes.

Kaltland, denn das Geschäft mit den Flüchtlingen ist wichtiger als ein menschliches Willkommen. Kaltland, denn
Angst und Ressentiments greifen auch unter liberalen Städ-
tern um sich. Kaltland, denn viele Flüchtlinge sind schlecht
ausgebildet, verbinden hohe Erwartungen mit geringer
Lernbereitschaft, finden die Demokratie dubios und den
CSD widerlich. Kaltland ist das Deutschland der Gegenwart. Dieses Buch ist ein Blick in den Spiegel und eine
Agenda für die Politik, die »das« wirklich schaffen will.